中世武士選書 25

駿河今川氏十代

戦国大名への発展の軌跡

小和田哲男 著

戎光祥出版

はしがき

私が今川氏研究をはじめたころ、今川氏そのものに対するマイナー・イメージの方が強かった。友人たちからも、「今川氏なんて研究して何になるの」などといわれていた。

ただ、私自身は、「今川氏の復権」などといった大それたことを考えていたわけではなく、研究のはじめは、自分の生まれたところの武将をやりたいと思っていただけで、故郷の戦国大名がたまたま今川氏だったというのが理由だった。

さて、その今川氏であるが、まとまった研究はほとんどなかったものの、史料には恵まれていた。戦前に刊行された『静岡県史料』全五輯には、今川氏発給文書がかなり含まれていて、そうした古文書からは、一般的に受けとめられているマイナー・イメージとは異なる今川氏の姿が垣間見られるように感じられた。

たしかに、永禄三年（一五六〇）五月十九日の尾張桶狭間の戦いで、二万五〇〇〇という大軍を擁しながら、わずか二〇〇〇の織田信長に敗れ、戦国大名としてみっともない負け方をしたことは否定できない事実である。しかし、そのことをもって、戦国大名今川氏が全否定されていいものだろうかという思いもあった。桶狭間の敗北は敗北として、それまで、駿河・遠江、さらに三河にまで版図を広げていった戦国大名今川氏の領国経営をきちんと掘り下げることが必要と考えたのである。

私が今川氏研究をはじめたころは、史料としては『静岡県史料』があるだけであったが、その後、

『静岡県史』資料編の刊行、『戦国遺文今川氏編』の刊行により、史料は豊富になり、それにあわせて、今川氏を研究対象とする人もふえ、研究成果もあがってきている。中でも、今川氏の検地をめぐる研究は、戦国大名検地論をリードする形となったことは衆目の一致するところであろう。その他、家臣団の編成、分国法「今川仮名目録」をめぐる研究が進み、今や、今川氏・武田氏そして北条氏の研究が、戦国大名研究の先陣を切っている感がある。

本書は、その今川氏の歴代を一人ずつ追いかけながら、今川氏の基本的な事がらを明らかにしようとしたもので、いわば、今川氏研究のたたき台の役割を負ったものと考えている。今川氏の研究がさらに進展することを願っている。

新版の刊行に際し

小和田哲男

凡例

編集部

一、本書は、著者の小和田哲男氏が、昭和58年1月に刊行した『駿河 今川一族』（新人物往来社刊行）を、弊社刊行のシリーズ「中世武士選書」第25巻として再刊するものである。

二、再刊にあたっては読者の便を考慮し、原本に左記のような訂正を加えた。

①部見出し・章見出し・小見出しについて追加や訂正を行った。

②誤字・脱字の訂正並びに若干の文章の整理を行い、ふりがなを追加した。

③本文中に掲げた表・図版は、旧版を参考に新たに作成し直した。

④写真は旧版より追加・削除を行い、再掲載分については新たに撮影し直した。

三、本書刊行にあたり、写真掲載や被写体の特定等にあたっては、掲載の御協力を賜った博物館・市役所・関係機関の御協力なしには不可能であった。併せて感謝の意を捧げたい。

目次

序章　今川氏の原流

1　足利・吉良・今川の関係

吉良長氏の子今川国氏

今川氏の源流ということになると清和源氏であるが、どのような筋道をたどって今川氏に至ったのであろうか。ふつう、略系図で示すと系図1のようになるが、これだけではよくわからないので、まず、この略系図に即しながら説明を加えることにしよう。

今川氏の古い段階のことは、『今川記』（『続群書類従』第二十一輯上所収）の「伝記上」の部分にくわしい。この「伝記上」および「伝記下」は、同じく『続群書類従』第二十一輯上所収の『今川家譜』とほぼ同文であり、人名記載のしかたがやや『今川記』の方がくわしいといった程度である。ここでは『今川記』の「伝記上」に代表させておく。

源義家から足利義兼の段階までは、説明を要しないであろう。直接、今川氏に関係してくるのは義

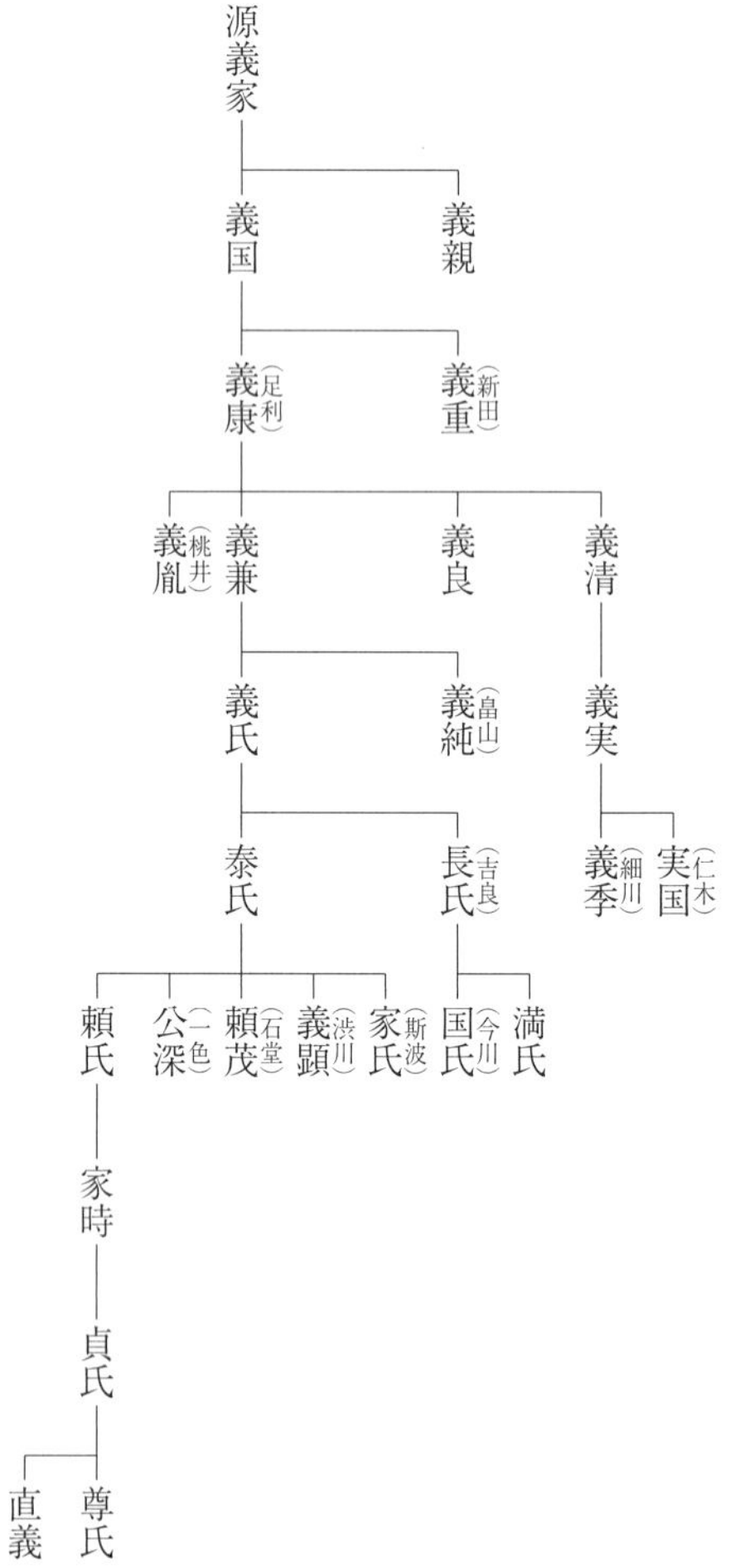

系図１　清和源氏略系図

氏の代からである。『今川記』は次のように記している。

義氏に長男有り。上総介長氏と号す。其後義氏、北条義時の息女に嫁し、泰氏を生す。此子息、母方北条なり。其比天下は、義時・泰時のまゝなれは、泰氏、惣領を継き、嫡流の家督なり。長氏は兄なから庶流になりて義氏の隠居領三州西尾へ移りて、引籠り給ひけり。義氏も、長氏に世をつかせさりし事、残多思ひ給へとも不及力、せめての親の情にや、源氏の宝物霊剣を、長氏の領所西尾に籠置も、内龍丸とて、龍の目貫打とおしたる八幡殿御刀を、長氏にひそかに渡し給ひける。是則吉良今川の先祖也。

ここで注目しなければならないことが二点ある。一つは、足利義氏が執権北条義時の息女に「嫁し」たという点である。日本の婚姻史の流れの中で、鎌倉時代までは婿取婚（＝招婿婚）、室町時代から嫁取婚という現実をみごとに反映しているという事実である。執権北条氏の婿になれるということは、それだけ足利氏の勢力の強さを物語るものである。

もう一つ、さきの文章から、北条義時の娘と義氏の間に生まれた泰氏が足利氏の嫡流とされ、長男に生まれながら長氏は庶流とされたことがうかがわれる。ふつう、江戸時代の感覚で、長男がイコール嫡男であると考えがちであるが、鎌倉時代にあっては主として母親の生まれが問題にされ、室町時代にあっては本人の器量が問題にされ、必ずしも長男が惣領になると限られていたわけではなかったのである。

これは、次の泰氏の子供についても同様なことがいえる。さきの略系図からもうかがわれるように、長男家氏は斯波《しば》氏の祖となり、二男義顕が渋川氏の祖となり、三男頼茂が石堂《いしどう》氏の祖となり、四男の公深《きみふか》が一色氏の祖となり、五男の頼氏が足利の惣領を継いだ。これも『今川記』によれば、泰氏が執権北条時頼の妹の婿となり、その時頼妹から頼氏が生まれ、他の兄たちが庶流にされたのである。なお、『今川記』「伝記上」および『今川家譜』では、足利の惣領となった頼氏を泰氏の三男とし、長兄家氏、次兄兼氏としているが、各種系図から判断すると、この頼氏の兄弟から斯波・渋川・石堂・一色といった足利氏の有力な一門が出ていることは確実と思われる。

さて、足利義氏の長男でありながら惣領とはなりえず、庶子となって三河国の吉良荘《きらのしょう》に居住し、吉良氏を名乗ることになった吉良長氏には、二人の男子があった。『今川記』「伝記上」は次のように記す。

吉良今川の元祖長氏の一男を、満氏と申す。長氏の跡を継き、西尾を譲り給ふ。此人、東福寺開山の聖一国師の御弟子に成り給ひ、吉良に実相寺を建立有り、禅法をうやまひ、久敷参得有しとかや。されは俗躰にて御けさをゆるし、国師の御門弟の最一なり。若年より御隠居有り。子息貞氏（貞義）、いまたおさなくおはしけるに、御代を渡し給ひき。吉良西尾の元祖なり。

つまり、長氏の長男満氏がそのまま吉良の家督を相続し、吉良満氏となって、長氏の本領をそのまま継いだのであるが、満氏の弟国氏がそれから分かれた。これが今川氏の発祥ということになる。

『今川記』「伝記上」の続きをみてみよう。

長氏の二男を国氏と申。長氏、西尾を満氏にゆつり、今川と申所に隠居しておはしけるか、二男国氏に、此処を譲り給ひてより、今川と名のりける。此国氏の代に、弘安年中の事にや、城陸奥入道、逆心を起し合戦に及ふ事有。国氏、父の名代に鎌倉に有合て、自身大刀打の高名、抜群の忠節ありて、鎌倉殿御教書御感の御恩に、遠江国引間庄を給りき。父長氏、長命の満足是に不過とて、義家より御代々の龍丸の御刀を、国氏に御相伝有り。其御子基氏むまれ給ひし。御こふやへ送り、御童名を龍王丸と名付られしも、此いはれ有し也。

ずいぶん長い引用になってしまったが、今川という苗字の発祥がよく説明されており、わかりやす

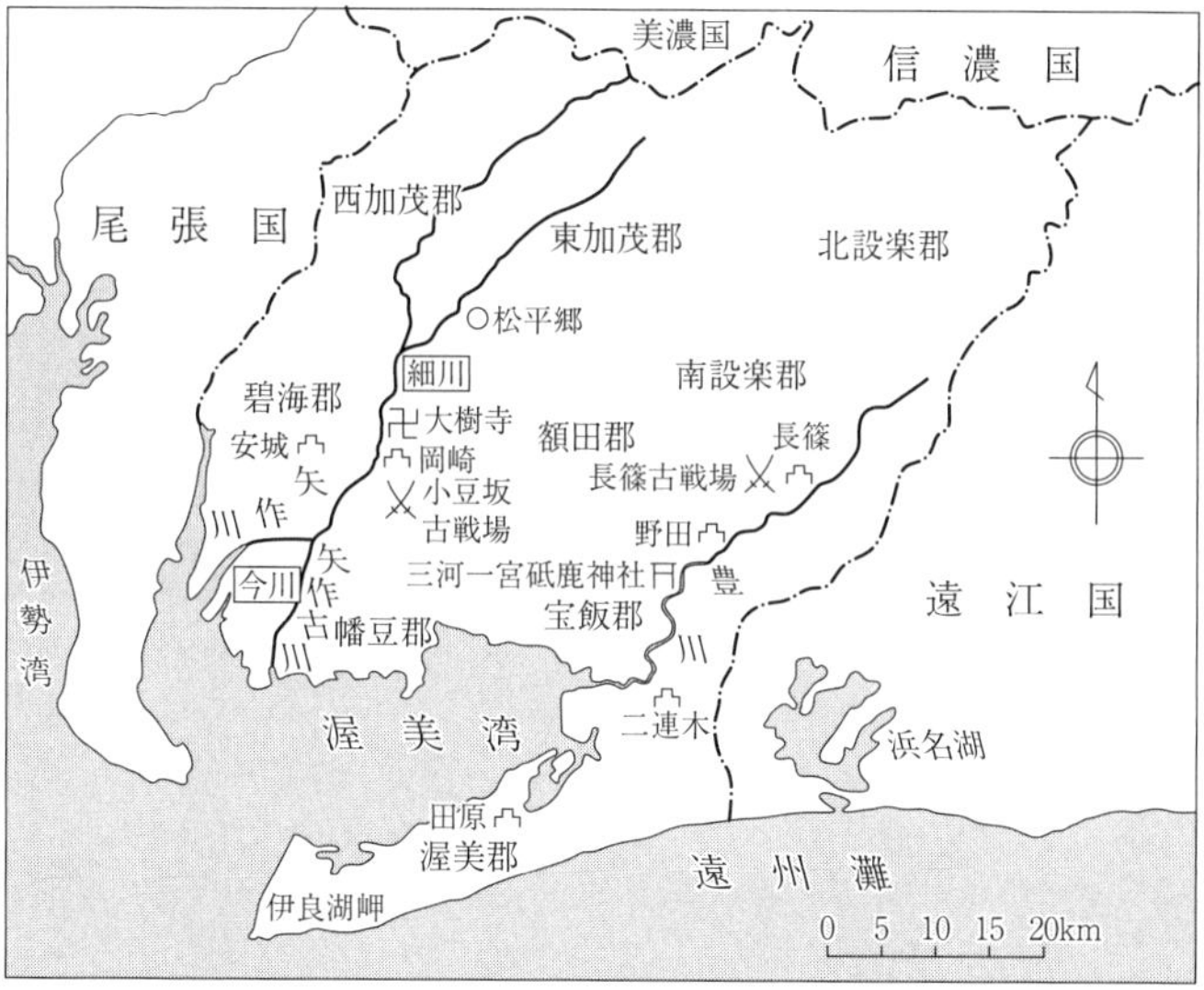

図１　三河国要図

い。この点、今川了俊の『難太平記』（『群書類従』第二十一輯所収）は、

一我等が先祖事は義氏の御子に長氏上総介より吉良とは申也。其子に満氏の弟に国氏と云しより今川とは申也。

と簡潔に記している。わかりやすくいえば、源頼朝の挙兵以来、奥州征伐などに軍功をあげ、鎌倉幕府の有力御家人の一人であった足利義兼の孫にあたる吉良長氏の二男が、今川国氏と名乗ったということになる。こうした由緒があったからこそ、後年、「御所（足利家）が絶えれば吉良が継ぎ、吉良が絶えれば今川が継ぐ」といった、将軍継承順位を示す俗伝が生まれたのである。

なお、足利一門が三河国に庶子を根づかせ、そこの土地を名乗らせて苗字にしていったことは、細川氏の例（細川郷は現在、愛知県岡崎

今川発祥の地の碑　愛知県西尾市　写真提供：西尾市教育委員会

市）にもみられることであり、庶子の分割相続による結果である。吉良も今川も三河国の地名であり、どのように庶子を輩出していったかということがよくわかる。ちなみに、三河に庶子の分立が多いということは、鎌倉期、足利氏が三河と上総の守護になっていたからである。

　ところで、今川というのは、現在の愛知県西尾市今川町のことである。現在、名鉄西尾線の西尾駅を降りて、南東約一キロほどのところに「今川発跡地」と大書した石碑があるが、そのあたりが、国氏のころの居館のあったところである。往時は、方二町（約二二〇メートル）ほどの規模をもった居館があったものであろう。現在では、土塁・堀などの遺構は認められない。

　さきに掲げた『今川記』「伝記上」から、もう一つ興味深い史実が掘り起こされる。それは龍王丸という幼名《ようみょう》である。現在のわれわれは、芸名とかペンネームを別として、親からつけられた名前で一生を通すということになるが、武士の世界では決してそうではなかった。まず幼名（童名）がある。この龍王丸のように「〇〇丸」というのや、竹千代とか犬千代などというのもこれである。元服まで幼名でよばれ、元服してはじめて実名《じつみょう》を名乗ることになる。これは諱《いみな》とか名乗《なの》りなどとよばれるが、その他に、仮名《けみょう》というものがある。五郎とか彦五郎などという名前で、その他、官途受領《ずりょう》名、たとえば、修理大夫とか遠江守などといったよび方がある。

今川氏の歴代の幼名をみると、嫡子の場合に龍王丸という名が共通している。これは惣領として後継ぎが確定された男子の幼名としての重みをもっていたわけであるが、その名前の由来がこれによってはっきりする。つまり、八幡太郎義家から相伝された「源氏の宝物霊剣」である「龍丸」という、「龍の目貫打とおしたる八幡殿御刀」の名によったものであることが明らかである。

国氏とその子供たち

国氏の長男基氏《もとうじ》が、幼名龍王丸と名づけられたことで、この龍王丸が基氏となって今川家を継いだわけであるが、基氏には何人かの弟がいた。ところが、どうしたわけか『今川記』「伝記上」には、基氏の兄弟たちの記載がみられないのである。『難太平記』に、

関口・入野・木田など、云人々は国氏の子共にて我等が祖父の弟共の末也。故殿の御為にはいとこの子ども也。今川をば基氏計相続なり。関口は母方小笠原にて其方よりゆづり得たる也。入野芸州は三浦、大多和の人々。母方にて一分ゆづり得て入野とは申也。今川の川ばたの人々と云は此人々の事也。基氏の御いもうとあまたおはしまして、御(みな)公家重縁になりしかば、その子供を今川の石川共云。名児耶とも云也。是は基氏の御養子成しかば、故殿の御為には連枝也。

とあり、この内容を簡略化して系図に示すと、『今川記』（「富麓記」）第五末尾に所収の系図（『続群書類従』第二十一輯上所収）と一致する。すなわち、系図2のようにあり、二男常氏のところに注記は

国氏
- 太郎基氏
- 次郎常氏
- 三郎俊氏　入野祖
- 四郎政氏　木田祖
- 女子　那古屋室
- 女子　石川室

系図２　国氏の子息たち

ないが、これが関口氏の祖になったことはいうまでもない。なお、『難太平記』のほかのところでは、この関口常氏を経国としているが、『尊卑分脈』のいうように、経国は常氏の改名として考えてよいようである。この点は、川添昭二氏の『今川了俊』（吉川弘文館、人物叢書117）にも論及されている。関口という苗字を名乗った理由は、常氏が三河国宝飯《ほい》郡関口郷を領していたからであると考えられる。

三男の入野俊氏は、「いりの」ではなく「にゅうの」とよんで、新野と同じ意にとってよいであろう。しかし、三河国においては、入野にしても新野にしても地名を比定することができず、あるいは遠江国浜名郡の入野郷かとも考えられるが、この点については確かではない。

四男の政氏が木田を称したのは、三河国幡豆《はず》郡木田郷に所領を与えられ、そこの土地の名をとって苗字にしたものと考えてよいであろう。

足利氏が細川・斯波・畠山・今川・吉良・一色氏などの諸氏を分出していったと同じように、今川氏も嫡男以外は新しく別家をたて、いわゆる今川の「川ばた」の家、すなわち「御一家」として家中に重きをなしていったのである。

2　中先代の乱と今川氏

基氏とその子供たち

基氏についてはこれといった事績も伝えられておらず、いかなる人物であったかもはっきりしない。しかし、その五人の男子がいずれもすぐれた働きをしているところから判断すれば、やはり並みの人物ではなかったのであろう。

いま、基氏の五人の男子としたが、各種系図、ならびに『今川記』や『今川家譜』などをみても、系図3のように、四人の兄弟の名しかあげていない。しかし、範国が五郎と名乗っていること、長男頼国が相模川で戦死したとき、今川三郎という人物も討ち死にしたことが知られるので、男子が五人いたことは、ほぼ確実だったのではないだろうか。

この基氏の子供たちが戦功をあげ、「今川に勇将あり」と天下に認めさせたのは、中先代《なかせんだい》の乱においてであった。ここで、中先代の乱について少し説明を加えておこう。

基氏
- 式部大輔頼国
- 刑部少輔範満
- 仏満禅師法忻
- 五郎範国

系図3　基氏の子息たち

中先代の乱というのは、建武二年（一三三五）七月、北条高時《たかとき》の遺児時行《ときゆき》がおこした建武新政府に対する反乱で、高時を先代、足利尊氏を後代とし、その中間にあたるので中先代とよばれたものである。当時、足利尊氏は京都にあり、鎌倉を守っていたのは尊氏の弟直義《ただよし》であった。

乱をおこした北条時行は、七月十四日に信濃国で挙兵し、二十二日には武蔵の井出沢《いでさわ》で直義の軍を破り、二十五日に鎌倉を占領した。鎌倉が陥落したとの報をうけた尊氏は、すぐに東下して時行と一戦をまじえることの必要性を考え、後醍醐天皇に、東下の許可と征夷大将軍への任官を求めたのである。ところが、後醍醐天皇の側にも不安はあった。つまり、足利尊氏を征夷大将軍に任命することは、足利幕府開設につながると考えたのである。そんなわけで、武家政権樹立を懸念した後醍醐天皇によって、尊氏への征夷大将軍任命は実現をみなかった。そればかりか、直義とともに鎌倉を捨て、時行に追われて敗走中のわが子成良《なりよし》親王を征夷大将軍に任じたのである。

時行の軍勢は、旧執権北条氏の一族だけでなく、かなりの広がりをみせていた。それは、建武新政権に対する不満をもっていた武士がかなり加わっていたことによって確かめることができるが、尊氏は、時行軍をそのまま放置しておくことは、建武中興そのものの瓦解、ひいては自己の存立基盤が危ないという危機感をもつに至り、ついに八月二日、後醍醐天皇の許可を待たず、兵を率いて京都を出発したのである。

尊氏が京都を出発した八月二日には、直義は時行に追われて三河まで敗走してきていた。尊氏軍と敗走途中の直義軍は、三河の矢作《やはぎ》で合流し、ここからいよいよ尊氏・直義軍の反撃がはじめられることになった。

今川頼国の活躍

尊氏・直義の軍勢は、八月九日、遠江に進んで橋本において敵を討ち、さらに今度は鎌倉めざして逃げる時行軍を追って、小《さ》夜《よ》中山《なかやま》で大激戦がくりひろげられた。この戦いで、尊氏側の大将今川頼国が時行側の大将名《な》越《ごえ》邦《くに》時《とき》を討ちとっている。現在でも、旧東海道の小夜中山のところに「鎧《よろい》塚《づか》」と称するものがあり、このときの名越邦時の鎧を埋めたところといわれている。

上：現在の小夜中山の様子　下：名越邦時の鎧を埋めたと伝えられる「鎧塚」　ともに静岡県掛川市　写真提供：掛川市商工観光課

このときの模様は、『今川記』にくわしい。『富麓記』の方の『今川記』もほぼ同文である。『今川記』「伝記上」の部分は、次のごとくである。

式部大夫頼国は、等持院殿中先代御退治の時、海道の大将にて、御先を奉り給ひしに、相模川大水にて、猛勢さ、へけるに、強てわたされければ、河中にて矢に当り討死なり。すへて此殿は、すぐれたる武勇の大将にておわしけるとかや。同時の合戦に、遠江国佐夜中山にて、中先代の大将名越太郎という者を討取せめくつし給ひ、また相模国湯本に敵要害を構て支ける程に、頼国、北の山に灯あかり、敵の後より大勢の中へ馳入給ひければ、敵敗軍にて、おひ破られけると也。昔の一の谷よりさかしき岩崎を、五町計落し給ふと也。

とあり、さらに『難太平記』では、

中先代合戦の時、海道の大将として自㆓京都㆒下向。遠江国さやの中山にて先代の大将名越と云者を討取き。相模国湯本にて海道のてき要害を構て支ける間、北の山に打上りて、式部入道殿の手勢計にて落されて、敵の大勢の中に馳入られしかば追破られき。今此難所をみるに、更に人馬の通ふべき道ならず、一谷よりさかしき岩崎を五町計か落されき。二条殿より給られける松風と云名馬の荒馬に乗給ひけり。馬の尻足のはひ、すねの皮みな破けるとかや。さて相模川にて又大水の時分にて敵さゝへけるを、上下の渡は佐々木判官入道以下渡しけり。中の手殊更こわかりしを渡されしかば、河中にて人馬ともに射ころされてうたれ給ひき。今川三郎と云しも河ばたといひし人も一所にてうたれき。式部入道殿は矢廿ばかり立たりけり。故殿《（範国）》は大御所の御供にて此戦にははづれ給ひしかば、後日に河底より此死骸を取出されけるなり。あまりにするどき人におはし、故に、かゝる難所にてうせ給ひけるにや。

と記し、特に、相模川の戦いにおいて、強行渡河を試み、そのため敵の攻撃をうけ、矢二十本がささって射殺された様子が彷彿としてくる描写である。

時行軍にとっては、いわば生命線ともいえる相模川である。その相模川の攻防戦が、直接勝敗に関係していったことはいうまでもない。結局、八月十八日のこの戦いで足利方の勝利が確定し、十九日、足利軍が鎌倉を奪還し、時行の逃亡によって中先代の乱の幕は閉じたのである。

範満と三郎の戦死

しかし、今川氏の犠牲はこれだけではなかった。さきに『難太平記』でみたように、今川三郎というものも相模川の戦いで戦死しているのである。名前から判断すれば、基氏の三男だった人物ではなかろうか。『尊卑分脈』にいう頼周ではないかと考えられるが、確実ではない。
なお、もう一人、二男と考えられる刑部少輔範満《のりみつ》も討ち死にしている。『難太平記』に、
刑部少輔範満は同時武蔵国小手さし原にてうたれ給ひき。重病なりしを馬にかきのせられて、力革に両足を結付させられけるとかや。もゝを切落され給ひて、酒田左衛門と云し家人に頸をとらせられき。
と、重病にもかかわらず、馬の力革《ちからがわ》に両足を結びつけて出陣したことがうかがわれる。『今川記』も同様なことを描写しているが、今川氏にとっては、五人兄弟のうち三人までの討ち死にであった。いかに大きな犠牲をはらったか、部将たちにとって、南北朝内乱というのがどのようなものであったかが、大体、理解されたのではないだろうか。

仏満禅師木像　神奈川県南足柄市・極楽寺蔵

円覚寺の仏満禅師

さて、中先代の乱で戦死しなかった二人のうちの一人が仏満禅師《ぶつまんぜんじ》である。大喜《だいき》法忻《ほうきん》といい、鎌倉浄妙寺（三十四世）、同円覚寺（三十世）、同建長寺（四十世）などに歴住した室町時代の名僧である。

ふつう基氏の四男とされているが、応安元年（一三六八）、鎌倉円覚寺の塔頭続灯庵《ぞくとうあん》で五十三歳で没したという所伝（『鎌倉志』など）が正しいとすれば、没年齢から逆算すると、範国よりは弟ということになる。しかし、この年でいくと、仏満禅師が師の太平《たいへい》妙準《みょうじゅん》に死別したのが十一歳のときになってしまい、不自然である。やはり、井上貫一氏が『仏満禅師と極楽寺』でいわれるように、師である太平妙準との死別を二十五歳のころと考え、没年を六十七歳ぐらいに考えた方が自然である。そうなると範国よりは年上となり、仏満禅師が四男で、五男の範国が五郎で矛盾なく理解できるのである。

師太平妙準が下野の雲巌寺を継ぎ、また鎌倉の浄智寺に住しているので、仏満禅師も師について、これら諸寺に参禅していたものと考えられるが、自ら開創した寺も少なくない。駿河に多いのは、やはり出身地だからであろうが、『水月余影集』によれば、次の十四ヵ寺を数えることができる。

現在、仏満禅師の木像は神奈川県南足柄市の極楽寺にあるが、『石室玖禅師語録』に「平生一笑春風面」とか、『東海一漚集』に「天生雅量、人望清揚」と評されている、おだやかな容貌をみることができる。

駿河	神護山	承元寺	妙心寺派	静岡市清水区興津
	巌腰山	瑞雲院	〃	〃
	祝融山	光明寺	〃	静岡市清水区下清水
	幡桃山	東海寺	〃	〃
	太原山	永寿寺	廃　寺	静岡市葵区富士見町
	医王山	崇寿寺	妙心寺派	静岡市清水区飯田
	広徳山	高源寺	〃	〃
	補陀山	善応寺	〃	〃
	真珠院		曹洞宗	静岡市清水区高部
下野	東光山	善徳寺	妙心寺派	足利市大町
	万寿山	光明寺	〃	足利郡北郷村
	行道山	浄因寺	〃	〃
相模	万富山	続灯庵	〃	鎌倉市円覚寺塔頭
	上関山	極楽寺	〃	南足柄市狩野

表１　仏満禅師が開創した寺院

末弟五郎範国が家督を相続することになった。はじめて今川氏を名乗った国氏から数えれば三代目ということになるが、ふつうこの範国をもって、今川氏の初代とよんでいる。それは国氏・基氏の段階では、僅々今川荘の三ヵ村を領有するにすぎなかった小規模在地領主が、範国の代に守護へと一大飛躍をとげたからであり、守護大名・戦国大名として駿河・遠江に君臨した今川氏の初代に数えるにふさわしいと考えるからである。

第一章　初代今川範国

1　美濃青野原の戦い

南北両朝の分裂

その後の今川範国の成長過程をみるために、中先代の乱後の状況について、少し説明を加えておこう。足利尊氏から中先代の乱鎮定の報をうけた後醍醐天皇は、尊氏を従二位に進めて上洛を促した。尊氏は勅使中院《なかのいん》蔵人頭具光《ともみつ》の伝えた上洛の命に従おうとしたが、弟の直義はこれに強く反対した。直義の言い分は、『梅松論』に「頻年京都に御座有し時、公家幷義貞陰謀度々に及といえども、御運によつて今に安全なり、たまたま大敵の中をのがれて関東に御座可レ然」というものであった。直義は、尊氏が天皇に無断で京都を出発したことを心配していたのである。このまま京都に帰れば、公家や新田義貞らの陰謀によって、身の安全は保障されないというものである。

尊氏も直義の意見に従って上洛をとりやめ、旧鎌倉将軍邸の跡に居館を築き、そこにとどまることになった。つまり、足利尊氏と後醍醐天皇との決裂という事態にたち至ったのである。中先代の乱があったその年、すなわち、建武二年（一三三五）十一月十九日、ついに新田義貞を総大将とする追討軍が下されることになった。

尊氏は新田義貞の軍勢を三河で迎え撃とうと、高師泰《こうのもろやす》を三河矢作川《やはぎがわ》まで下した。ところが、まさに両軍の衝突という土壇場になって、尊氏が鎌倉の浄光明寺に籠もってしまったのである。尊氏の行動には不可解なところが多いが、これもその一つで、後醍醐天皇に反旗をひるがえしたのは自分の本意ではないとし、自ら謹慎してしまったのである。総大将は直義が代行したが、こんな状態では勝てるはずがない。結局、矢作川の戦いでは足利方は大敗を喫し、つづいて十二月五日の駿河手越河原《てごしがわら》の戦い（安倍川畔）にも敗れ、箱根まで後退を余儀なくされたのである。

新田義貞の軍勢が伊豆三島までせまってきたところで、ようやく尊氏は腰をあげた。『梅松論』には、そのときの尊氏の言葉として「守護（直義）命を落されば、我有ても無益なり。但違勅は心中にをいて更に思召《おぼしめ》さず」というものを伝えているが、尊氏としては、義貞の軍がもし箱根を越えれば、わが身が危ないと判断したものであろう。

小山《おやま》・結城《ゆうき》・長沼《ながぬま》といった北関東の武士を率いて鎌倉を出発し、駿河国駿東郡竹ノ下（静岡県駿東郡小山町竹之下）に出た。そして十二月十一日、竹ノ下において、義貞方の尊良《たかよし》親王・脇屋義助《わきやよしすけ》の軍勢と戦いがくりひろげられたのである。これを箱根竹ノ下の戦いとよんでいるが、この戦いを境に、それまで優勢だった義貞方が劣勢に転じた。義貞軍は京都をめざして敗走し、尊氏軍はそれを追って

図2　南北朝内乱の経過
（①～⑱は全体の経過順位。便宜上、北朝年号で記した）

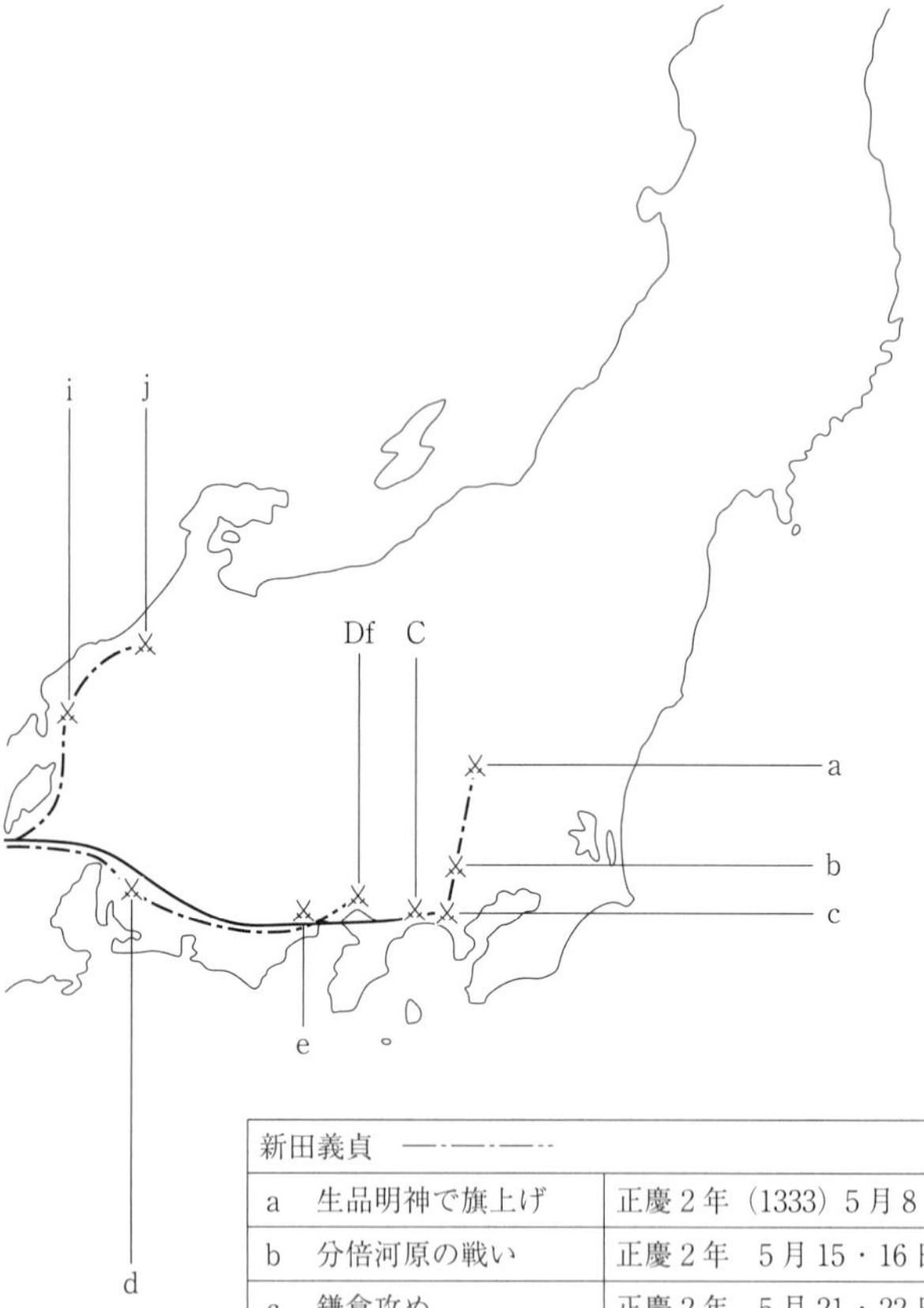

新田義貞　—·—·—··			
a	生品明神で旗上げ	正慶2年（1333）5月8日	⑤
b	分倍河原の戦い	正慶2年　5月15・16日	⑥
c	鎌倉攻め	正慶2年　5月21・22日	⑦
d	矢作川の戦い	建武2年（1335）11月25日	⑨
e	手越河原の戦い	建武2年　12月5日	⑩
f	箱根竹ノ下の戦い	建武2年　12月12日	⑪
g	摂津豊島河原の戦い	建武3年（1336）2月11日	⑫
h	白旗城攻め	建武3年3月6日～5月16日	⑭
i	金ケ崎の戦い	建武4年（1337）1月18日	⑰
j	藤島の戦い（討死）	暦応元年（1338）閏7月2日	⑱

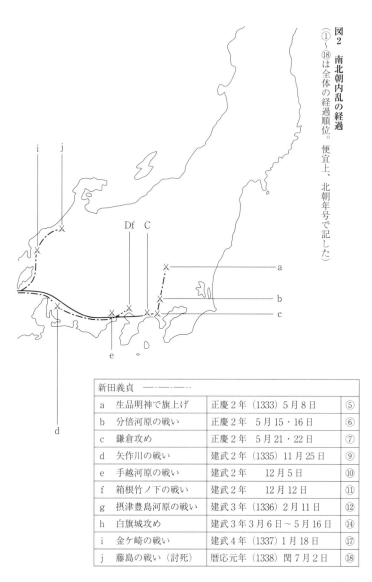

1　美濃青野原の戦い

足利尊氏 ――――――		
A　丹波篠村八幡宮で挙兵	正慶２年（1333）４月27日	③
B　六波羅攻略	正慶２年５月７・８日	④
C　相模川の戦い（北条時行を破る）	建武２年（1335）８月18日	⑧
D　箱根竹ノ下の戦い	建武２年12月12日	⑪
E　摂津豊島河原の戦い（筑紫へ敗走）	建武３年（1336）２月11日	⑫
F　多々良浜の戦い	建武３年　３月２日	⑬
G　湊川の戦い	建武３年　５月25日	⑮
H　京都を占領	建武３年　５月29日	⑯

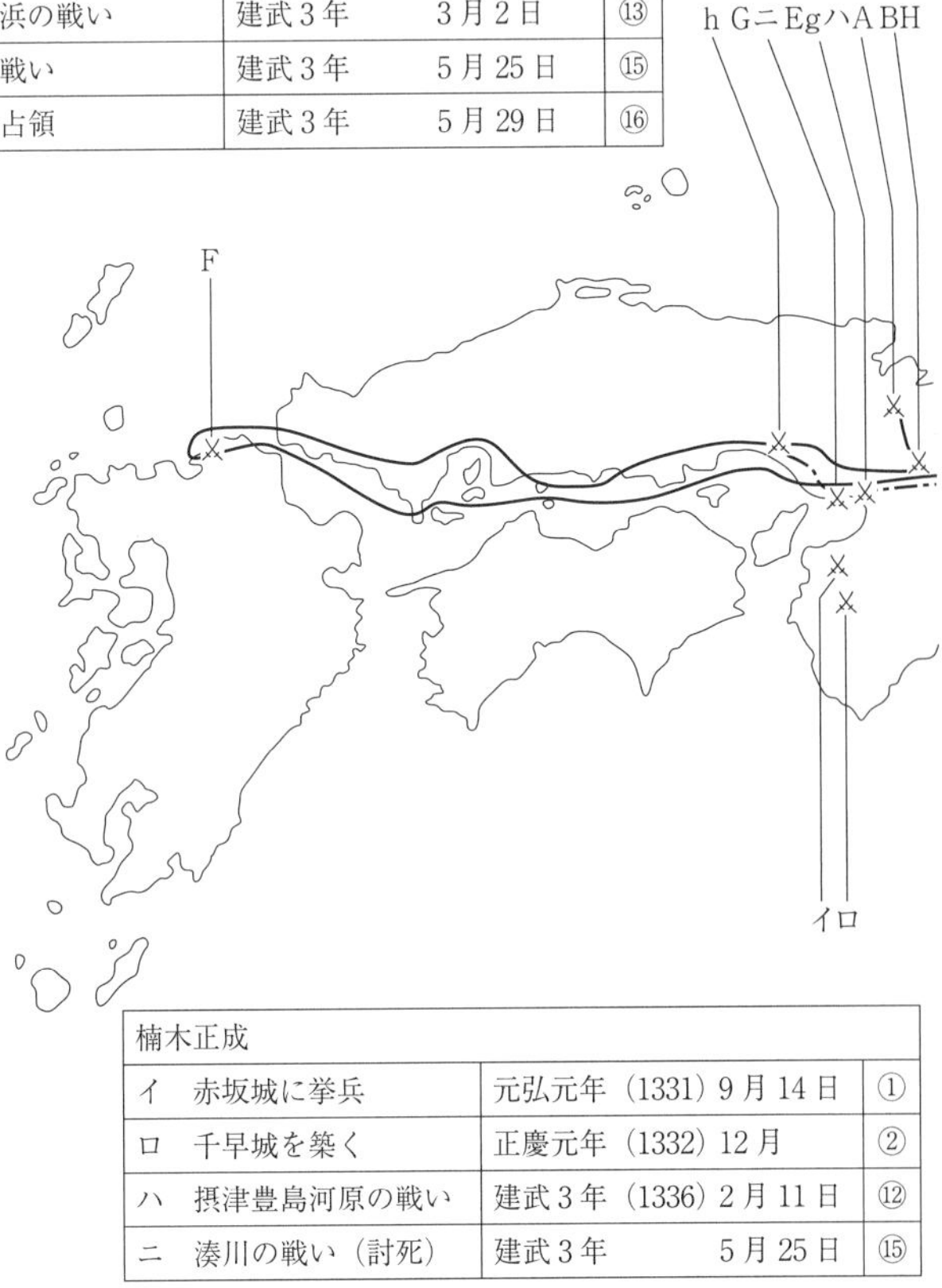

楠木正成		
イ　赤坂城に挙兵	元弘元年（1331）９月14日	①
ロ　千早城を築く	正慶元年（1332）12月	②
ハ　摂津豊島河原の戦い	建武３年（1336）２月11日	⑫
ニ　湊川の戦い（討死）	建武３年　５月25日	⑮

箱根竹之下の遠景　静岡県小山町

西上し、翌建武三年（一三三六、延元元）正月早々には京都にせまったのである。

もっとも、京都には入ったものの、そのすぐあとを奥州の北畠顕家《きたばたけあきいえ》の軍勢が追ってきており、結局、尊氏は二月十一日、摂津豊島河原《てしまがわら》の戦いに敗れ、九州に落ちていくことになったのである。このあたり、情勢はめまぐるしく変化していた。

しかし、尊氏は九州において再起をはかり、三月には筑前多々良浜《たたらはま》の戦いで菊池武敏《きくちたけとし》を破り、その勢いにのって東上を開始し、五月には摂津湊川《みなとがわ》の戦いで楠木正成《くすのきまさしげ》を敗死させ、ついに六月、光厳《こうごん》上皇を奉じて入京に成功したのである。結局、光明《こうみょう》天皇が践祚《せんそ》し、それに対し後醍醐天皇が吉野へ潜幸するという事態で、ついに南北両朝の分裂となったのである。

北畠顕家軍を青野原で追撃

建武四年（一三三七、延元二）八月、後醍醐天皇の要請をうけて、陸奥霊山《りょうぜん》城にいた北畠顕家が上洛の軍を動かしはじめ、十二月には鎌倉入りした。そして翌五年（一三三八、暦応元、延元三）正月二日、顕家は義良《のりよし》親王を奉じて鎌倉を出発し、京都をめざして進軍したのである。

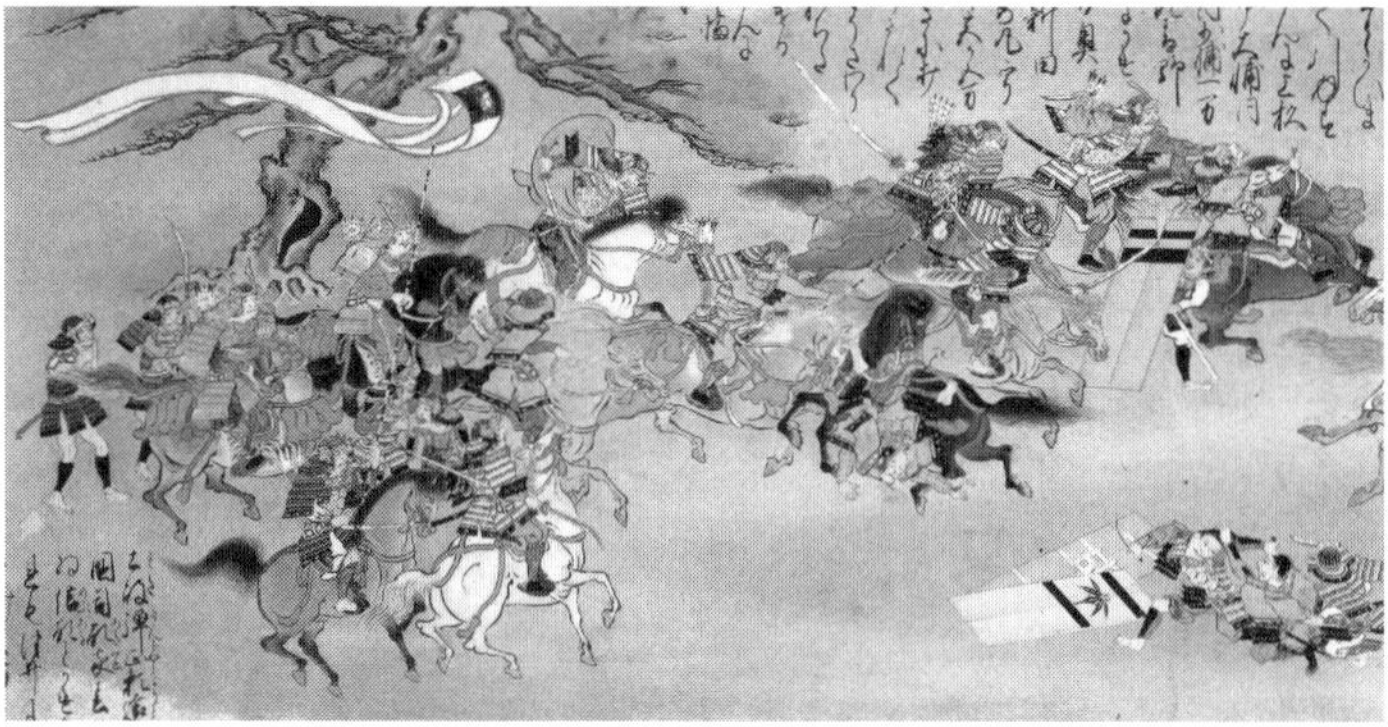

『太平記絵巻』に描かれた青野原の戦い　埼玉県立歴史と民俗の博物館蔵

そのときの進軍は、『太平記』に、

其勢都合五十万騎、前後五日路左右四五里ヲ押テ通ルニ、元来無慚無愧ノ夷共ナレバ、路次ノ民屋ヲ追捕シ、神社仏閣ヲ焼払フ。総《そうじて》此勢ノ打過ケル跡、塵ヲ払テ海道二三里ガ間ニハ、在家ノ一宇モ残ラズ、草木ノ一本モ無リケリ。

と記されているほどのすさまじさであった。もちろん、軍勢五十万騎というのは誇張であるにしても、略奪のすさまじさは事実だったと思われる（『難太平記』では三十万とする）。途中の駿河守護石塔義房《よしふさ》、遠江守護今川範国、三河守護高師兼《こうのもろかね》らはこの進撃を阻止することができず、顕家軍は美濃へ進んだのである。

尊氏は美濃青野原《あおのはら》に陣をしいた。そこを突破されれば、そのまま顕家軍に京都までなだれこまれる危険のある、いわば背水の陣であった。正月二十八日の戦いは顕家軍の勝利で終わったが、勝ったとはいっても、尊氏側の防衛線をことごとく突破することはできず、結局、垂井《たるい》（現在、岐阜県垂井町）から南に折れて伊勢路をとることになった。そのため、尊氏としては当面、一番恐れていた顕家軍と北国の義貞軍との合流という事態はさけることができたわけで、青野原の戦いそのものには敗れたものの、戦局全体としては有利な方向に動いていったのである。

範国は、この青野原の戦いに後詰めとして戦功をあげたのである。なお、この戦いのときのおもしろいエピソードがあるので、紹介しておこう。『難太平記』に、

　敵支ける間、くゐ瀬川の堤の上に非人の家ありけるにおりゐ給ひけり。夜に入て雨降しかば、敵重てかゝらぬ時、黒田（血）の味方に加り給べしと人々申けるを、只是にて明日御方を可レ待と被レ仰ければ、米倉八郎右衛門、手負ながら有けるが云く、如レ此のおこがましき大将をば焼ころすにしかじとて火を付ければ、力なく此あかりにて黒田（血）に被レ加けり。

とみえるが、範国が赤坂宿の南の杭《くい》瀬《せ》川《がわ》の堤の上の非人小屋で夜をあかし、翌朝、一番に敵に攻めかかろうとしていたのを、家臣たちが、小屋を夜襲される危険を説いたものであろう。その説得に耳を貸そうとしなかったため、家臣の一人米倉八郎右衛門という侍は、「こんな馬鹿大将は焼き殺すしかない」といって小屋に火をつけたため、範国もやむをえず、その火のあかりで退却したというものである。

このエピソードからいくつかの点をよみとることができるが、範国の「玉砕」主義的戦争観と、「家臣あっての主君」というイメージである。やはり、名将のもとに有能な家臣があったことを示している。範国の成功も、決して範国一人によって成しとげられたわけではないことを、雄弁に物語っているのではないだろうか。

2　駿河国守護として

遠江国守護職の獲得と解任

今川範国が守護となったのは、駿河国がはじめてではなく、遠江国であった。これは、建武新政下において遠江国守護職に補任され、それがそのまま南北朝に分裂した後も認められたものと考えられる（佐藤進一氏『室町幕府守護制度の研究』上）。

建武新政下における範国の遠江国守護としての徴証は、次の心省守護不入書下状（「秋鹿文書」『静岡県史料』第五輯、一八九ページ、『静岡県史』資料編6中世二、二五ページ）一通のみである。これはまた、範国文書の初見でもある。以下、文書は読み下しにして引用する。

　免じ奉る
　　八幡宮領中泉郷守護使入部の事
右、守護使検断入部を免ずる所也。但し、大犯の輩出来に於ては傍例に任せ、守護方に召し渡さしむべし。少罪の事に至らば、守護使入部を停止せしむべきの状、件の如し。
　建武元年十二月廿九日　沙弥心省（今川範国）
　　　　　　　　　　　　（花押）

ただ、この文書一通でも、今川範国が建武新政下において遠江国の守護職に補任されていたことが明らかである。さらに、そのまま南北両朝への分裂後も引きつがれていったことは、建武三年（一三三六）以後、範国が発給ないしは証判を加えた文書によって確認することができる。その具体例を二つほど掲げよう。

目安
　遠江国御家人三和次郎右衛門尉光継申す軍忠の間の事
右、今月四日、三方原御合戦の間、光継先を懸け、数多の御敵中に懸け入り、身命を捨て散々戦いを致し、凶徒を切り捨て畢《おわんぬ》。同所合戦の間、この段高木左衛門三郎、柴孫五郎見知畢。御尋ね有らばその隠れ有るべからず。然らば早く御證判を下し賜わり、後鏡に備えんがため、恐々言上件の如し。
　建武四年七月四日
　　承了　（今川範国）判

山城国御家人松井八郎助宗申す軍忠の事
今月四日建武四遠江国井伊城前三方原に於て御合戦。忠節を致し、御前先を懸け、御敵頸取井伊一族云々、その外凶徒両人切落畢。この条横地治部丞、朝常彦五郎見知畢。然らば後證のため、御證判を下し賜わり、弥《いよいよ》軍忠を致し、勇を成さんがため、恐惶謹言
建武四年七月五日

見知了　　　　　（花押）（今川範国）

ともに今川範国證判軍忠状とよばれるもので、前者は「三輪文書」（『後鑑』第一巻、一七四ページ、同前八二ページ）、後者は「土佐国蠹簡集残篇」一所収文書（同前八三ページ）である。こうした文書を出し、国内の御家人に対し軍事指揮権を発動しえたのは守護であるので、今川範国は遠江守護だったわけである。

さて、さきにみたように、美濃青野原の戦いは建武五年（一三三八）正月二十八日のことであったが、その戦いの直前、範国は駿河国葉梨《はなし》荘内（現在、藤枝市）の田地を松井氏に宛行《あてが》っている。関連文書は二通ある。

駿河国葉梨庄内田地壱町并屋敷壱所地頭代職の事
先例を守り知行せしむべきの状件の如し。
建武五年正月二日　　　　（花押）（今川範国）
松井兵庫亮殿

駿川国葉梨庄内田地壱町并屋敷壱所地頭代職の事
先例を守り知行せしむべきの状件の如し。
建武五年正月二日　　　　（花押）（今川範国）
松井八郎殿

いずれも「土佐国蠹簡集残篇」一所収文書（同前九三ページ）であるが、宛名の松井八郎は助宗のことである。この二通の文書から、今川範国が青野原の戦いの前に、駿河国にも関係していたことがうかがわれる。また、広島大学文学部所蔵の「今川家古文章写」（同前八八ページ）には、足利尊氏の下文《くだしぶみ》があり、

　下　今川五郎法師法名心省

　早く領知せしむべき駿河国羽梨庄、遠江国河会郷幷八河郷の事

右、人を以て勲功の賞として宛行《あてがう》所也。者《てへれば》、先例を守り、沙汰致すべきの状件の如し。

　建武四年九月廿六日　等持院殿（足利尊氏）御判

とみえるように、足利尊氏から勲功の賞として駿河国に領地を与えられていたことが確実である。ふつう、青野原の戦いの戦功によって駿河国守護職に補任されたといわれているが、駿河国に何らかの形で関係していたことは、注意しておかなければならないであろう。

駿河国守護今川範国

今川範国補任以前の駿河国守護は、石塔義房であった。石塔義房がいつ駿河守護職を解任されたかは明らかでないが、佐藤進一氏が指摘するように、範国が北畠顕家の防御に戦功を立てたのに対し、石塔義房は、これをくい止めることができなかったその責任を問われたものであろう。したがって、範国の駿河国守護職補任は青野原の戦いの直後、すなわち建武五年（一三三八）正月のことであると

考えられる。また、そのことは『難太平記』の「駿河国幷数十ヶ所の所領は此後詰の時の恩賞也」という部分に符合するのである。

同年五月二十七日には、駿河国正税《しょうぜい》を沙汰しており、範国の守護としての実際上の権限行使がみられる。すなわち、

駿河国池田郷正税の事
井伊城責め兵粮所として宛行うの状件の如し。
建武五季五月廿七日　（花押）（今川範国）
松井兵庫丞殿

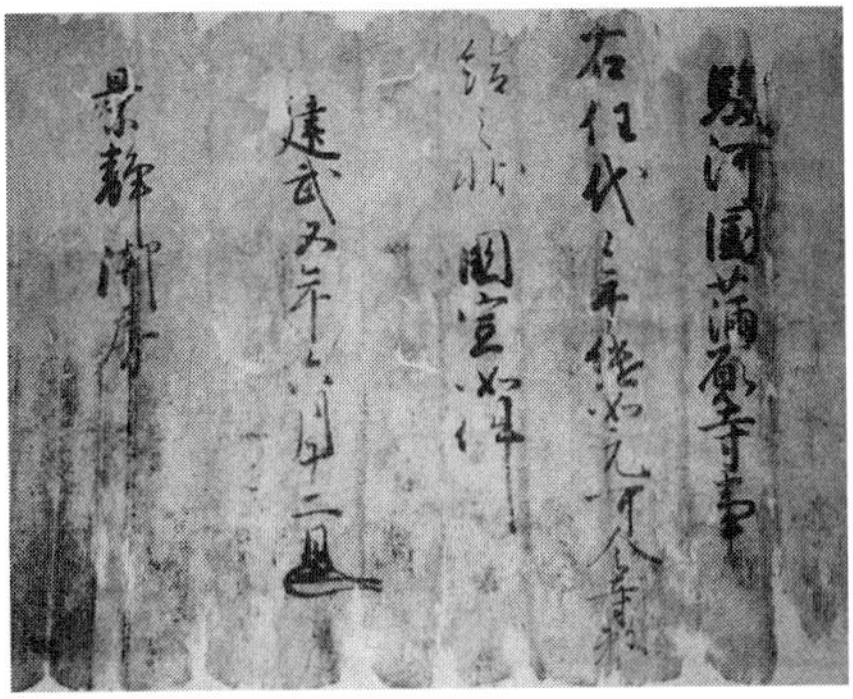
駿河国国宣　静岡市・満願寺蔵

駿河国香貫郷正税四分壱の事
井伊城責め兵粮所として宛行うの状件の如し。
建武五季五月廿七日　（花押）（今川範国）
松井八郎殿

とあるように、今川範国が駿河国池田郷（現在、静岡市駿河区）の正税を松井兵庫丞に、同国香貫《かぬき》郷（現在、沼津市）の正税四分の一を松井八郎助宗に、井伊城攻めの兵糧所として宛行ったものである（ともに「土佐国蠧簡集残篇」一、同前一〇一ページ）。

その他、国宣《こくせん》（前ページの写真）を発給しているところからすれば、国務職《こくむしき》も与えられていたことがわかる。もっとも、『静岡県史料』の編者は、「富士文書」（『静岡県史料』第二輯、一九五ページ、同前八九ページ）にみえる、

駿河国下島郷地頭職の事
去月八日国宣の旨に任せ、富士大宮司に打ち渡し奉る所也。仍って渡し状件の如し。
建武四年十月二日　景隆（花押）
明仙（花押）

という打渡状を論拠に、「此文書によりて建武四年既に今川心省が駿河守護たりしことを判ぜらる」としており、川添昭二氏も「遠江・駿河守護今川範国事蹟稿」（『荘園制と武家社会』）において、範国の守護補任をこの時点までさかのぼらせ得る可能性がないではないと指摘している。今後の検討課題としておこう。

3　駿河府中と浅間神社

今川範国と駿河府中

駿河府中は、それをちぢめて駿府《すんぷ》とよぶことがある。もっとも、一般的に駿府というよび方が使わ

れるようになるのは戦国期からで、同じ中世でも、南北朝・室町あたりの段階では府中とよばれていた。もちろん、古代以来の国府があったところで、国衙《こくが》は今の静岡市の長谷通りの北側あたりにあったとされている。

ふつう、守護の守護所は国衙所在地に設定されるケースが多い。今川氏はどうだったのだろうか。これまでの通説的見解は、はじめ大津城（現在、島田市野田城山）を本拠にし、文和二年（一三五三、正平八）、今川氏が南朝側の牙城の一つであった徳山城（現在、榛原郡川根本町）を攻略してまもなく、大津城から東方六キロの葉梨郷花倉《はなぐら》（現在、藤枝市花倉）に、居館と詰めの城を築いたとするものである。あたかもそれを裏づけるように、二代範氏《のりうじ》の墓が大津の慶寿寺に、三代泰範《やすのり》の墓が花倉の長慶寺にあり、範氏段階では大津、泰範段階に花倉を本拠にしたと考える根拠とされてきたのである。

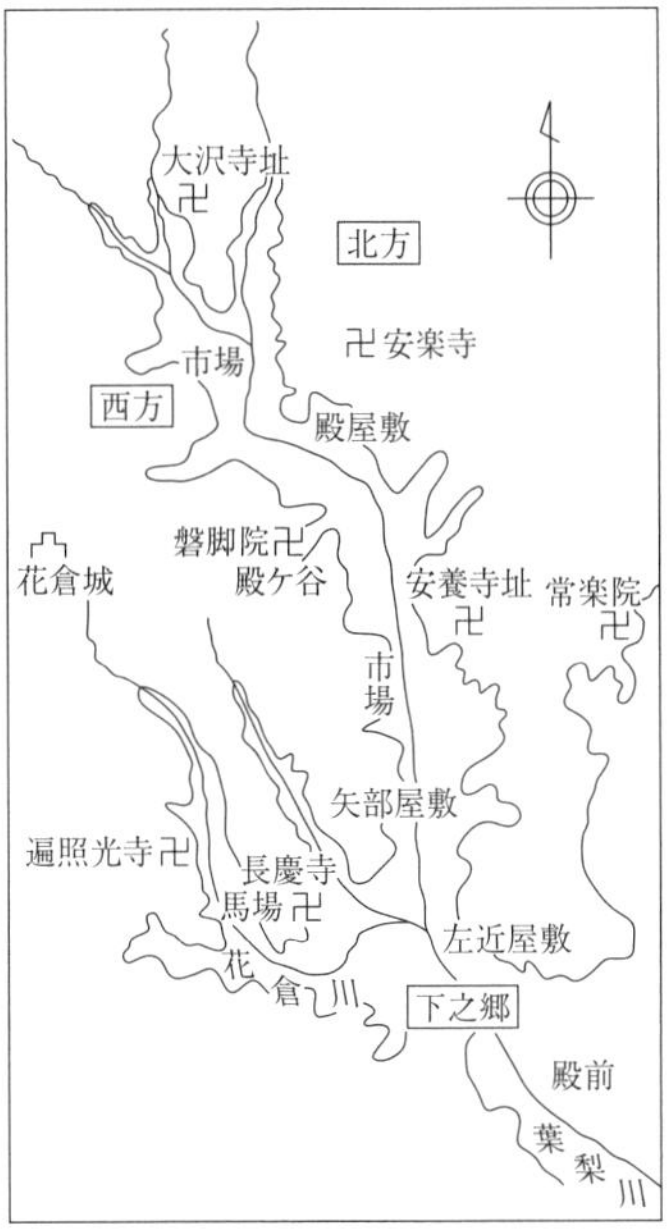

図３　花倉城周辺図　原図・関口宏行「今川氏の城下集落」

しかも、花倉には「殿屋敷」・「殿前」・「殿ヶ谷」をはじめ、「左近屋敷」・「大屋敷」などの城下集落を示す地名がたくさんみられ、また、地域の戸数の割に寺が多く、見仲寺・万福寺・浄福寺等々、すでに廃寺に

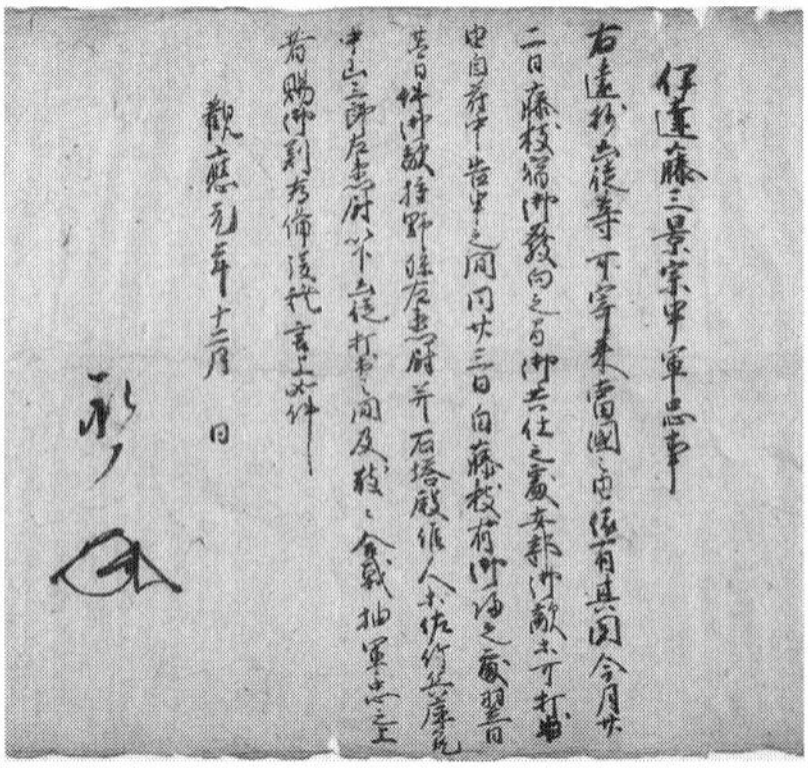

観応元年12月日付　伊達景宗軍忠状　京都大学総合博物館蔵

なった寺院址もかなりの数におよび、「市場」といった集落地名もあり、一定期間、城下集落が形成されていた様子をよみとることができる（関口宏行氏「今川氏の城下集落―花倉城の場合―」『駿河の今川氏』第一集）。

ところがその反面、後に述べるように、初代範国が駿河府中の浅間神社と密接なかかわりをもち、観阿弥《かんあみ》を招いて浅間神社の社頭で能を興行していることなどから、初代範国の代から駿河府中を本拠にしていてもおかしくはないという状況にあったことも確かである。

この点に関し、最近、「駿河伊達文書」（同前二〇九ページ）の解釈から、すでに範国の段階に、府中を本拠にしていた可能性があるということを大塚勲氏が提唱されているので、以下検討してみる。まず、問題の史料を示そう。

伊達藤三景宗申す軍忠の事

右、遠州凶徒等当国に寄せ来るべきの由、その聞こえ有るによって、今月廿二日、藤枝宿に御発向の間、御共仕るの処、安部（倍）御敵等打ち出るべきの由、府中より告げ申すの間、同廿三日、藤枝より御帰りの処、翌日廿四日、件の御敵狩野孫左衛門尉幷石塔殿候人等、佐竹兵庫亮・中山三郎左衛門尉以下の凶徒打ち出ずるの間、散々合戦に及び、軍忠を抽《ぬきん》ずるの上は、御判を賜わり後証に備えんがため、言上件の如し。

観応元年十二月　日

承了（花押）（今川範氏）

まず、「遠州の凶徒が駿河に攻め寄せるというので、今川範氏は軍を率いて藤枝宿に発向した」ということが読みとれる。これまでの通説の通り、範氏段階の本拠が島田の大津城であったとすれば、遠州の敵を迎え撃つために、わざわざ遠州とは逆の方向にある藤枝宿に「発向」することはありえない。また、藤枝宿とは目と鼻の先にあたる花倉にいたとすれば、藤枝宿に「発向」というような表現はしないであろう。つまり、この今川範氏証判伊達景宗軍忠状から読みとれるのは、今川範氏が府中を本拠にしていたこと、遠州の南朝側の軍勢を迎え撃つため、府中から軍を率いて藤枝宿まで出かけていったが、その留守をねらって「安部御敵」、すなわち、安倍城の狩野氏が府中をねらう動きをみせたので、急遽、本拠である府中にもどったということである。

南北朝合一後、四代の範政《のりまさ》の代になってはじめて府中に入ったとするこれまでの考えは、根本から改めなければならないと思われる。ただ、これだけの文書では、二代範氏段階に今川氏が駿河府中を本拠にしていたとはいえても、初代範国のときからという論証にはならない。その点で、次に、浅間神社とのかかわりについてみておくことにしよう。

赤鳥の笠験と浅間神社の託宣

駿河国守護職に補任された今川範国は、その直後、すなわち建武五年（一三三八）五月ごろ、はじめて駿河府中の浅間神社に参拝をした。浅間神社が駿河惣社《そうじゃ》だったからである。もっとも、浅間神社そのものは浅間神社という一つの神社ではなく、神部《かんべ》神社と大歳《おおとし》御祖《みおや》神社、それに浅間神社、この三つの総称で、現在では静岡浅間神社の名でよばれ、「お浅間さん」の名で親しまれている。

この三つのうち、浅間神社は富士山本宮浅間神社を勧請したもので、富士新宮といわれた。ちょうど熊野本宮に対する熊野新宮の関係と同じである。大歳御祖神社は、安倍市の守護神として古くから祀られていたものである。

浅間神社　静岡市

さて、今川範国が参拝したのは神部神社で、これが駿河惣社である。惣社というのは、古く平安時代以来、国司が着任すると、任国内の重要な諸神社に参拝することになっていたが、これはかなり厄介な仕事であった。そこで国府の近くに一社を創設し、それらの諸神を一括して勧請《かんじょう》し、惣社と名づけたのである。駿河惣社、これが浅間神社を構成する一つ、神部神社であった。

範国が浅間神社に参拝したときの様子が『難太平記』によって手にとるようにわかる。すなわち、国々入部し給ひし時、我等（了俊）少年の初にて供して、富士浅間宮に神拝時、神女託して云。遠江国ちかくして吾氏子にほしかりしかば、赤坂の軍の時、我告し事はしれりや〳〵と云り。入道（範国）殿座を退て、何事にか候けむ。不二覚悟一と申給しかば、笠じるしの事を案し時、我赤鳥をたびし故に、勝事をも得、此国を給ひきと託宣せしかば、故殿其時思合て、女の具は軍にはいまふ事そかし。いかで思ひよりせむ。誠に神の御謀と信を取給しより以来、我等も子孫もかならず此赤鳥を可レ用と被レ仰き。さるは鎮西にても大事の陣にては、毎度女騎あまた我等が夢にも見、人の夢にもみえし也。必如レ此の勝利有し也。そははや我家の武具の随一になりき。

とあり、また、『今川記』第一には、それをさらにまとめて、

一駿州御入部の初め、富士浅間へ御神拝の時、神女託し云。遠江の国ちかくて、氏子にほしかりしまゝ、笠しるしを得させし也。さるにより合戦に打勝て、此国の主と成しと申けるに、心（範国）省信を取て拝し給ふと也。今川殿の赤鳥のかさしるし此いはれなり。

と記している。

ところで、この「富士浅間」を富士宮の浅間神社とする説もあるが、惣社であることから、私は府中の浅間神社であると考えている。『難太平記』に赤坂攻めといっているのは美濃青野原の戦いのことであるが、その戦いの最中、範国はふと笠験《かさじるし》を赤鳥にすることを思いつき、それによって大勝利を得たとしたものである。

ところで、「赤鳥」とは何であろうか。「女の具」といわれていたところからすれ

図４　垢取の図

観阿弥銅像　三重県名張市

ば、赤鳥はすなわち垢取で、櫛のことである。これは今川氏の笠験として有名なので、まちがいないところであろう。

さて、このエピソードからいくつかのことがうかがわれる。一つは、守護就任を浅間神社の神の神意にもとづくものであるといって、新しく守護となった今川氏に対し、恩を売りつけようとする神社側のもくろみを読みとることができる。また、今川範国の方としても、そうした託宣をそのまま受け入れることによって、駿河国内の崇敬あつい浅間神社の神威を背景に、駿河国支配にのり出そうというねらいがあったことがうかがわれるのである。

観阿弥の能興行

もう一つ、今川氏と浅間神社とのつながりという点でいえば、今川氏に招かれた観阿弥が、至徳元年（一三八四、元中元）五月四日、浅間神社の社頭で能を奉納したことは、歴史的にみて大きな意味をもつものと考えられる。

今さらくどくどした説明は必要ないと思われるが、観阿弥といえば、その子世阿弥《ぜあみ》とともに南北朝期を代表する能役者・能作者で、観世流《かんぜりゅう》の始祖になった人物である。駿河に招いたのは今川範国ではなく、孫の泰範であるが、少なくとも、今川氏が南北朝合一まで駿河府中に入れなかったという通説に対する、明確な回答にはなるであろう。

世阿弥は『花伝書《かでんしょ》』の中で、そのときの模様を次のように記している。

亡父にて候し者は五十二と申し五月十九日死去せしが、その月の四日の日駿河の国せんげんの御前にて、法楽仕り、その日のさるがく殊に花やかにて、見物の上下、一同にほうびせしなり。

ここでは、観阿弥が五月四日に演能し、十九日に死去したという事実に注目したい。観阿弥最後の舞台が浅間神社であったと考えられるからである。なお、ついでながら、この至徳元年五月十九日、同じ日であるが、今川範国も没している。単なる偶然の一致なのかどうか、考えてみる余地はありそうである。現在のところ、その推測を検討する材料を持ちあわせていないので、以上の事実だけを指摘するにとどめておきたい。

4　幕府引付頭人として

駿遠両国守護の交代

では、次に、今川範国の駿河守護在職期間、遠江守護在職期間について明らかにしよう。表2は、

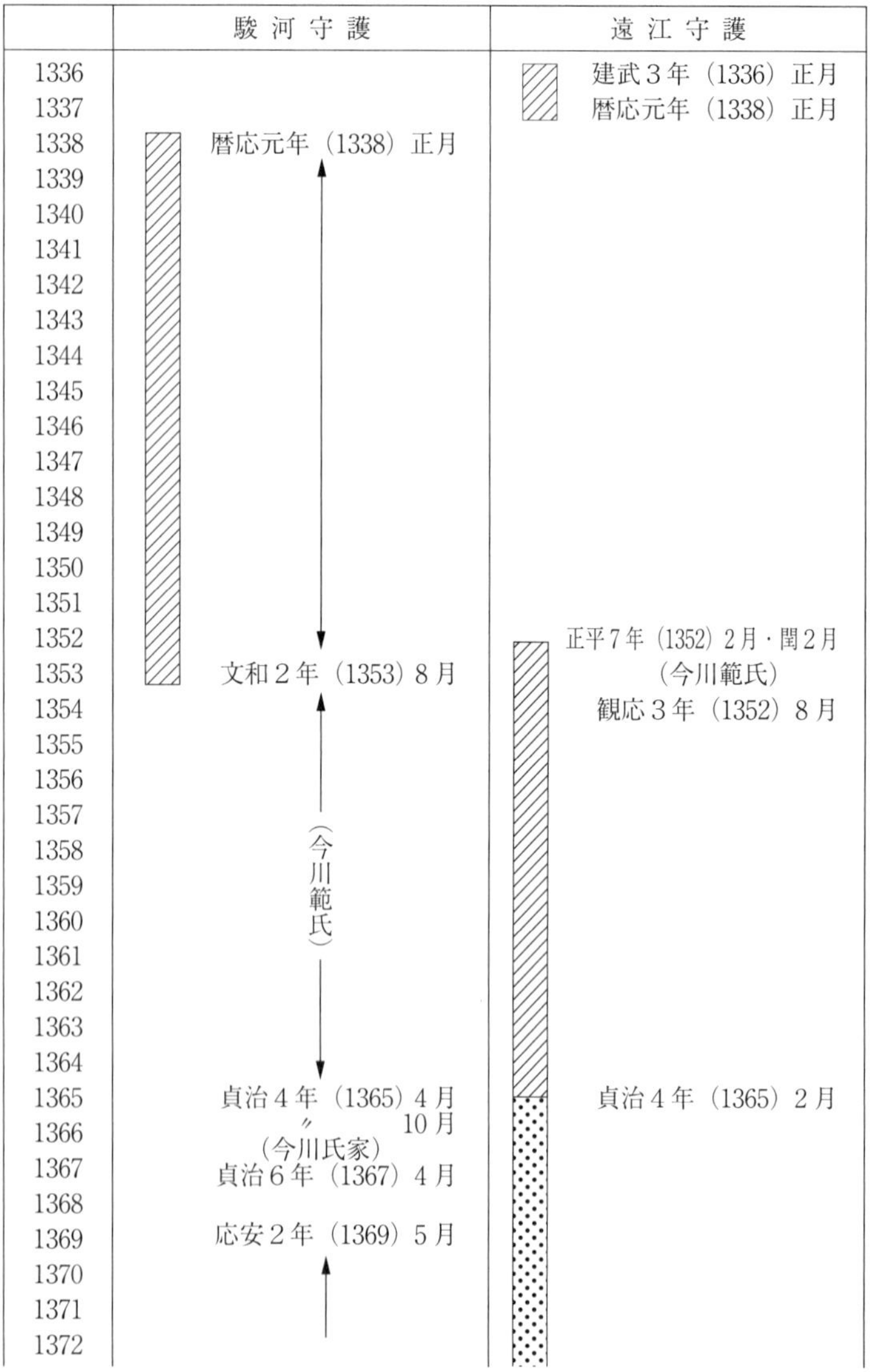
駿河守護
遠江守護
1336
1337
1338
1339
1340
1341
1342
1343
1344
1345
1346
1347
1348
1349
1350
1351
1352
1353
1354
1355
1356
1357
1358
1359
1360
1361
1362
1363
1364
1365
1366
1367
1368
1369
1370
1371
1372
建武3年（1336）正月
暦応元年（1338）正月
暦応元年（1338）正月
正平7年（1352）2月・閏2月
（今川範氏）
観応3年（1352）8月
文和2年（1353）8月
（今川範氏）
貞治4年（1365）4月
〃　10月
（今川氏家）
貞治6年（1367）4月
応安2年（1369）5月
貞治4年（1365）2月

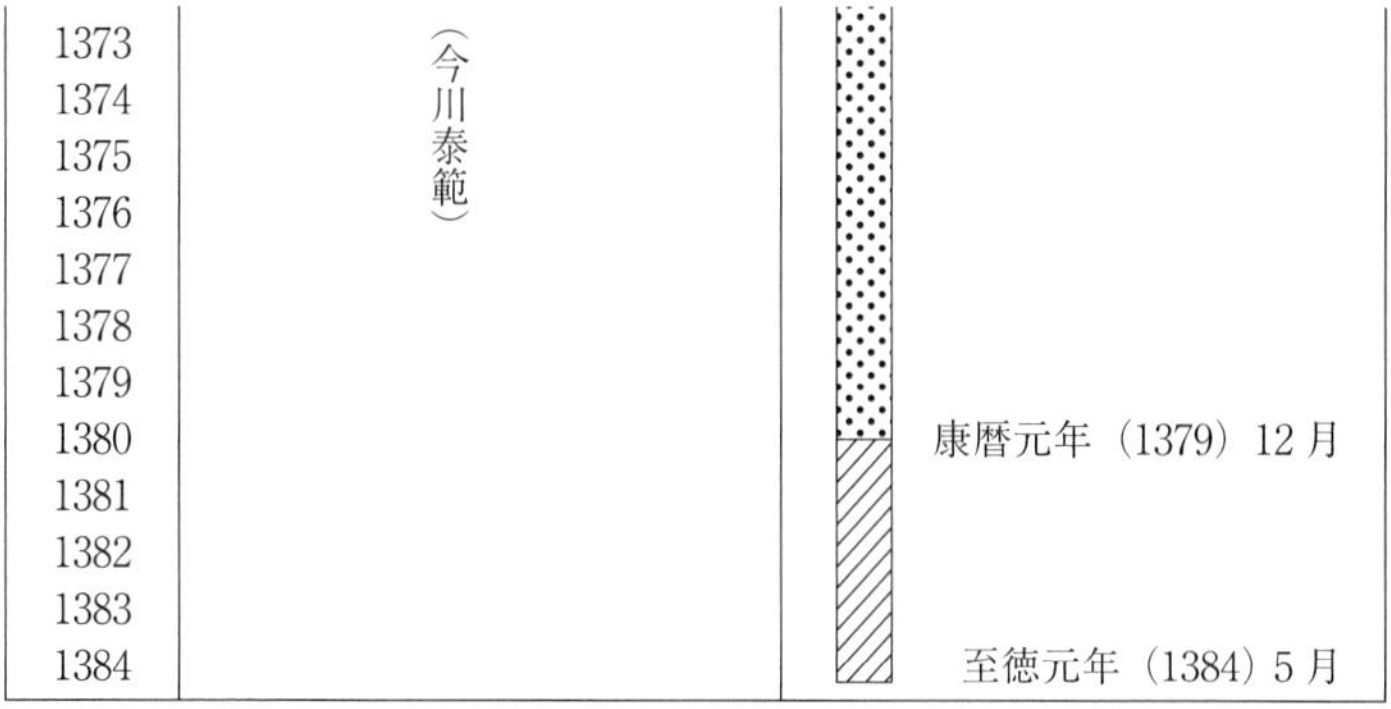

表2　駿河・遠江の守護在職期間

佐藤進一氏『室町幕府守護制度の研究』上、『角川日本史辞典』付録室町幕府諸職表をもとに作成したものである。

　この表から明らかなことは、範国は、はじめ遠江国守護として、例の美濃青野原の戦功によって駿河国守護となり、遠江国の方は、その後、仁木義長《にっきよしなが》（在職期間、以下同じ、一三三九～四三）、千葉貞胤《ちばさだたね》（一三四六）、高師泰（一三四七～四九）、仁木義長（一三五一）と変遷し、やがて観応三年（一三五二）、再び範国が遠江守護に返り咲くという経過をみせる。しかも、範国が遠江守護に返り咲いたときには、駿河国の守護を解任されたという点が注目されるところである。

　なお、その観応三年という年は、観応の擾乱《じょうらん》の軍功によって、範国の子範氏が遠江守護に補任されており、範国の駿河国守護職と、範氏の遠江守護職がちょうど入れかわった関係であったことも、注目しておかなければならない点である。範氏の遠江国守護職補任と、その契機となった観応の擾乱については、次章の今川範氏のところでくわしくふれることにしよう。

　駿河と遠江の守護の交代はなぜなのだろうか。これは、従来からもいわれている通り、観応の擾乱の終結による足利直義の死にともない、幕府中枢の体制が大幅に変化したためであろう。すなわち、範国は所領関係の訴訟を扱う引付衆《ひきつけしゅう》の長官である引付頭人《とうにん》に任ぜられ、京都在住の期間の方が多くなり、そのため、駿河よりいくぶん距離的に京に近い遠江の守護を選んだものであろう。おそらく、本拠は見付《みつけ》に置いたであろうが、主たる生活の場は京都の新熊野《いまくまの》（現在、京都市東山区泉涌寺付近）であったと思われる。

余談であるが、のち、康安元年（一三八一）九月のこと。二代将軍足利義詮《よしあきら》が執事の細川清氏《ほそかわきようじ》と対立したとき、義詮はゆくえをくらまし、ひそかに後光厳《ごこうごん》天皇を奉じて今川範国邸に入り、そこを拠点に細川清氏の討伐を準備するという事件があった。『武家年代記』・『太平記』の伝えるこの一件だけでも、今川氏が足利将軍からいかに信頼されていたかを示すとともに、範国の京都における邸宅が新熊野にあり、いつもは遠江見付に居住せず、京都での生活を送っていたであろうことが推測されるのである。

範国による荘園侵略

範国が再び遠江守護になったとき、大きな課題となっていたのは、遠江における南朝勢力の掃討であった。ふつう、遠江の南朝勢力は、暦応二～三年（一三三九～四〇、延元四～興国元）、井伊谷城、大平城などの落城によって没落したとされているが、秋本太二氏が「遠江に於ける守護領国支配の推移」（『地方史静岡』第二号）という論文で紹介された、『熊野速玉大社古文書古記録』所収の古文書一〇一（同前二六一ページ）によると、延文二年（一三五七）段階に至っても、遠江守護今川氏にとっては、対南朝勢力との戦いが重くのしかかっていたことを示している。すなわち、

熊野山雑掌幸包申す遠江国国衙職の事
半分之を打ち渡すべし。山香の村々に於ては檜（横）山村一円に於て之を遵行せしむべし。残る村々に至りては、或いは凶徒の陣、或いは奥山凶徒の向陣として軍勢等を差し置くの間、分け渡すに及ばず候。仍って受け取りを執り進むべきの状件の如し。

延文二年二月三日　　沙弥（今川範国）判

長瀬尾張守殿

とあり、今川範国の南朝征討は横山村（現在、浜松市天竜区）まで進み、それより以北の奥山方面で対戦中だったことがうかがわれる。

南朝征圧とならんで、荘園侵略も急ピッチで進められている。遠江国において具体的な形でみられるのは半済《はんぜい》である。半済というのは周知のごとく、国衙領や荘園の年貢半分を「済す」、つまり、国主や領主に納入するということであるが、残り半分は兵粮米として徴収するというものである。つまり、それまでは一〇〇パーセントまるまる荘園領主などに行っていたものが、半分の五〇パーセントを守護へというわけであるので、実質上の下地中分《したじちゅうぶん》であった。

もっともこの半済は、観応三年（一三五二）の幕府の半済令でみると、「近江・美濃・尾張・伊勢・志摩・伊賀・和泉・河内の八ヵ国の本所領の年貢を、当年一作分に限って兵粮料所として守護が

荘園・国衙	年　月　日	文　書　名	出　典
原田荘細谷郷	応安元年閏6月	東寺雑掌頼憲申状	東寺百合文書
村　櫛　荘	〃	〃	〃
都田御厨	至徳元年8月3日	幕府御教書	吉田文書
鎌田御厨	明徳2年10月15日	今川仲秋書下状	松井文書
西　郷　郷	応永12年12月20日		教言卿記
初倉荘東方	応永15年9月21日	将軍義持御教書	南禅寺文書
質　侶　荘	応永32年8月11日	〃	清和院文書

表3　遠江の半済事例（秋本太二「遠江に於ける守護領国支配の推移」による）

徴収することを認める」という内容であったが、いったん半済が行われると、八ヵ国という規定は有名無実となり、一年のみというのも意味をもたなくなっていった。遠江においては表3にみるごとく、原田荘細谷郷・村櫛荘・都田御厨《みくりや》・鎌田御厨・西郷郷・初倉荘東方・質侶《しどろ》荘などにおいて、半済が行われたことが検証されるのである。

範国の死と家督相続

次章で二代範氏のことはくわしくふれるが、範国の死より先に二代の範氏、および範氏の嫡男である氏家《うじいえ》が早逝しているので、範国から子への家督相続は、やや複雑な様相を呈している。つまり、さきにみたように、範国が遠江守護となり、それまでの駿河国守護職が子の範氏に譲られた。この駿河国守護職の譲与を、家督の譲与とはそのままに読みとれないことはいうまでもない。範国自身、その後は引付頭人として幕府の重職についているからである。その後も一貫して継承される駿河国守護職というものに重点を置いて、いわば〝駿河の今川氏〟の立場からすれば、文和元年（一三五二、観応三）の駿遠守護交代劇が、初代範国から二代範氏への代替わりの時期として考えることは可能であろう。

しかし、範氏、さらにその嫡男氏家の早逝により、範国は晩年まで第一線に立ち続けなければならなかった。したがって、範国から三代泰範への相続は、範国の死によってであるということになる。

さて、では範国の没年はいつなのだろうか。『寛政重修諸家譜』では、貞治四年（一三六五）四月晦日の没としている。また、「徳願寺過去帳」・「増善寺記」・『駿国雑誌』・『駿河志料』などでは至徳元年（一三八四）五月十九日、九十歳で没したとし、さらに、「今川家略記」（増善寺蔵『今川家略記』駿河古文書会原典シリーズ（3））・『駿河記』では永徳三年（一三八三）、八十七歳で没したとしている。

今川範国の墓　静岡県磐田市・福王寺

以上、少なくとも三説あるわけであるが、私はこの中では至徳元年説が最も蓋然性が高いと考えている。つまり、範国の発給した文書を蒐集してみると、建武元年（一三三四）十二月二十九日付の秋鹿文書からはじまり、最終は永和三年（一三七七）十一月二日付の入江駿河守に宛てた書下《かきくだし》である。つまり、この点からすると、貞治四年に没したとする『寛政重修諸家譜』の説は否定されなければならず、『常楽記』（『群書類従』第二十九輯、雑部）に、至徳元年五月十九日に九十歳で没したことがみえているので、至徳元年と断定してよいと思われる。なお、九十歳で没したという記載から逆算すると、永仁三年（一二九五）の生まれになる。連歌師宗長《そうちょう》の『宗長日記』（島津忠夫校注『宗長日記』岩波文庫）では永仁五年（一二九七）の生まれとするが、何を根拠にしたのかは明らかでない。

最もコンパクトな形で歴代を記していることで定評ある『今川家略記』には、次のようにみえる。

　範国童名松丸称二五郎一、叙二従五位下一任二上総介一嘉暦元年剃髪、号二心省入道一
伝云、範国ハ今川太郎蔵人佐源基氏の二男（マヽ）なり。元弘・建武以来足利尊氏卿に仕へ、軍功数回なり。因て尊氏卿範国を以て遠江の守護職とす。同国三倉山の辺に在住す。延元々年美濃国青野原の戦功の賞として駿河国並采邑数十ヶ所をたまふ。後範国駿州を以て嫡子範氏に譲り、遠州をもつて次男貞世に譲る。範国足利二代義詮卿ノ時致仕して老を養ふ。南朝弘和三（マヽ）年卒す。時に歳八十七（マヽ）。法名正光寺殿悟庵心省大禅定門と号す。葬地何れの処か分明ならず。今の世菩提所と伝ふ処ハ、遠州にハ見附駅某寺富士郡東泉院の寺記に見ゆ、駿州にてハ梅ヶ谷村真珠院なり。然ども其説不詳。

なお、範国は歌人としても知られている。たとえば、米原正義氏の『戦国武士と文芸の研究』によれば、観応二年（一三五一）九月十一日、醍醐寺で催された足利尊氏の松尾社法楽和歌においては、

四方の人君になひけと松の尾の
　神もすゝむる山と言の葉

と詠み、また、貞治六年（一三六七）三月二十三日の足利義詮主催による新玉津島歌合では、

うら風の吹上のはまもなのみして
　霞にこもる春のあけぼの
けふも猶はなにはなくていたつらに
　雲のみわくる春のやま道
おろかなる我ことのはもたまつ嶋
　みかくひかりをたのむ計に

という三首を詠んでおり、その他にも、今川了俊の『了俊一子伝』（『群書類従』本は『了俊弁要抄』）には、

朝な夕なそれよ〱と眺むれば
　花もときはの峯の白雪

という歌などが知られている。

第二章　二代今川範氏

1　観応の擾乱

手越河原の敗戦

室町幕府の初期の段階は、足利尊氏の独裁政治というイメージはまったくない。むしろ、その反対に、弟直義との二頭政治という色彩が濃かったのである。つまり、佐藤進一氏の図示にしたがえば図5のようになり、兄尊氏が武家の棟梁として主従制的な支配権をにぎり、侍所・恩賞方といったような軍事指揮権および恩賞宛行が尊氏の手にあり、弟直義は統治権的な側面、すなわち、安堵方・引付方・禅律方・官途奉行・問注所といったような、全国を統治する政務の総括者としてあったのである。これは一種の分権制といってよく、しばらくの間は、両者の関係はきわめてスムーズに進んだのである。

しかし、こうした兄弟による二頭政治は長くは続かなかった。それは、尊氏の補佐役というか、実務レベルでの最高責任者の地位にあった執事の高師直と直義の間に軋轢が生じたからである。よくいわれるように、直義はどちらかというと保守的というか体制擁護的で、それに対し師直は急進的で、特に既成の権威・古い秩序というものに一切の価値を認めないといった考え方が、行動の面でいろいろと衝突するようになったのである。この直義と師直との対立が、観応の擾乱のそもそもの発端であった。尊氏は執事高師直を支持し、ここに尊氏・直義の兄弟対立となり、観応元年（一三五〇、正平五）におこった衝突は、ついに翌年、全国的な争乱となってしまったのである。

特に、この兄弟対立が全国的な争乱と化した要因として、尊氏・直義それぞれの陣営がそれぞれの思惑から南朝に帰順したりしたため、ほとんど征圧され、終息するかにみえた南朝勢力が、再び息をふきかえすきっかけになってしまったことである。このときの状況を『太平記』は、「又天下三ニ分レテ、合戦息《ヤム》時非ジト、世ノ人安キ心モ無《ナカ》リケリ」と端的に描写している。

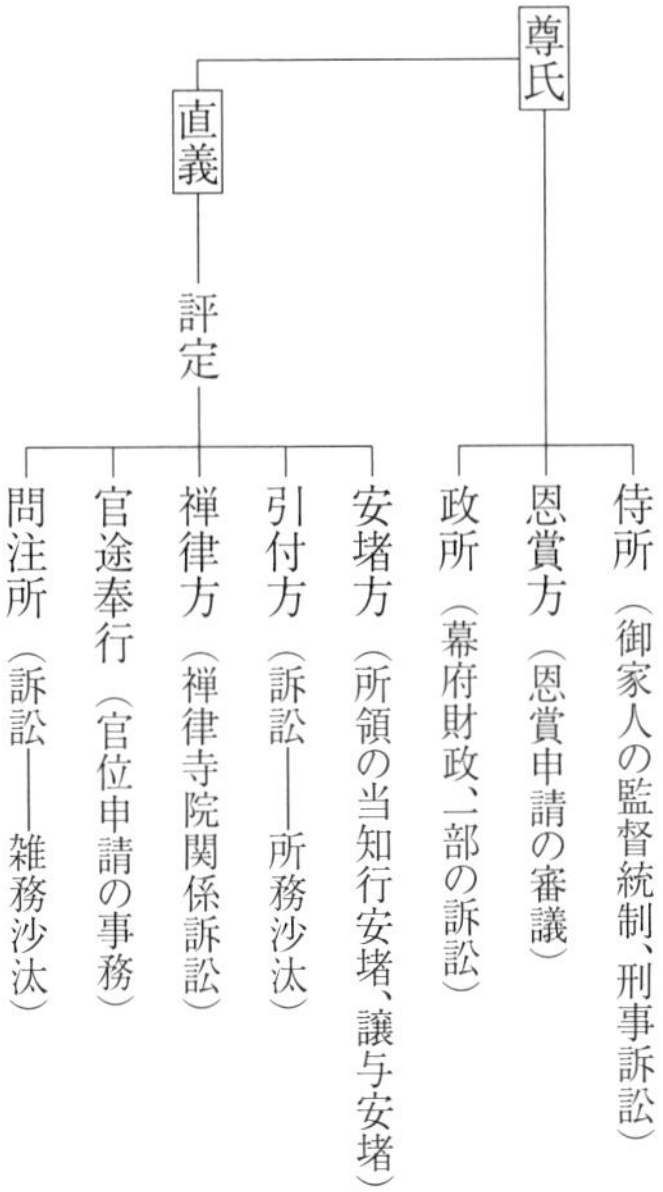

図５　室町幕府初期の政治組織　佐藤進一「室町幕府開創期の官制体系」による

観応の擾乱にあたって、諸国の守護もそれぞれ尊氏方・直義方に分かれて戦うことになったが、今川氏はそのとき、どのような身の処し方をしたのであろうか。南北朝内乱の初期に得た遠江国守護職にしても、駿河国守護職にしても、観応の擾乱で一切がふいに

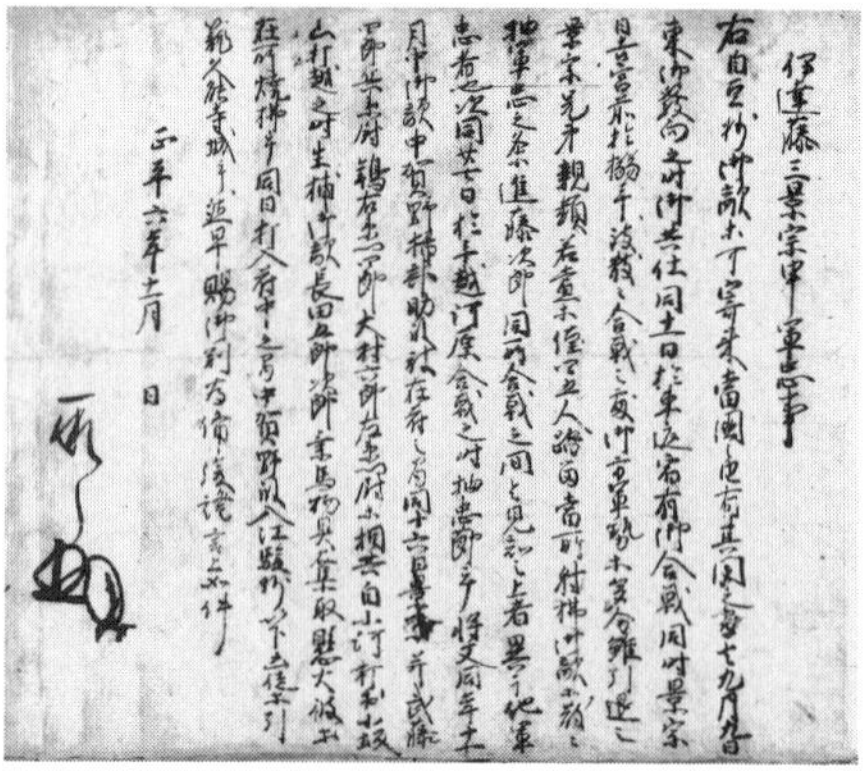

正平６年11月日付　伊達景宗軍忠状　京都大学総合博物館蔵

なってしまう危険性があったのである。

範国は、それまでの直義とのつながりの深さから直義方に属そうとしたらしいが、結局は尊氏方となり、観応二年（一三五一）九月十一日、駿河の車返《くるまがえし》（現在、沼津市）の戦いを皮切りに、尊氏方の有力部将として直義方に対したのである。二十七日には駿河の手越河原《てごしがわら》で大激戦が行われている。もっとも、このときの手越河原の戦いは直義方の優勢勝ちで、駿府は一時、直義方の中賀野《なかがの》掃部助が守るところとなった。

駿河における尊氏方・直義方の戦いの模様は、今川範氏證判伊達景宗軍忠状（「駿河伊達文書」同前二二一ページ）にくわしいのでみておこう。

伊達藤三景宗申す軍忠の事

右、豆州より御敵等当国に寄せ来るべきの由その聞こえ有るの間、去る九月九日、東に御発向の時、御共仕り、同十一日、車返宿に於て御合戦有り。同時景宗日吉宮前搦手に於て散々合戦致すの処、御方軍勢等多分之を引き退くと雖も、景宗兄弟親類若党等僅四、五人踏み留まり当所御敵等を散々に射払い軍忠を抽んずるの条、進藤次郎同所合戦の間、見知せしむるの上は、他に異なる軍忠の者也。次に同廿七日、手越河原に於て合戦の時も忠節を抽んじ畢。将又同年十一月中、御敵中賀野掃部助頭に在府せらるの間、同十六日、景宗并武藤四郎兵衛尉、鴾右衛門四郎、大村六郎左衛門尉等相共に、小河より打ち出で、小坂山打ち越すの時、御敵長田五郎次郎を生け捕り、乗馬・物具奪い取り、彼等の在所に火を懸け焼払い畢。同日府中に打ち入るの間、中賀野殿、入江駿州以下の凶徒等、久能寺城に引籠り畢。然らば早く御判を賜わり、後の証言に備えんがため件の如し。

正平六年十一月　日

承了（今川範氏）（花押）

手越河原古戦場跡の碑　静岡市

これは、今川範氏に従って参陣した伊達景宗の軍忠状である。軍忠状というのは、合戦に参加し、軍忠をたてたことを大将に注進する上申文書で、参陣した本人が軍忠の模様、戦死、負傷の様子などを報告したものである。これを大将のところにもっていき、「承了」とか「一見了」とか書き入れてもらった。つまり、後日、恩賞などの申請のときの証拠書類とされたのである。

この場合、申請者の働きぶりを認めてもらうための書類であるから、ある程度の誇張はあったであろう。しかし、大体においてはかなり事実に即した書き方をしていたものと思われる。しかも、この文書から、すでに證判を加える者、すなわち、今川軍の大将は範国ではなく範氏に代わっていた事実がわかる。この点は重視しておく必要があろう。

なお、この軍忠状から、十一月十六日に、今川範氏軍による駿河奪還がはかられたことがうかがわれる。中賀野掃部助・入江駿河守ら直義方の部将は、駿府を捨て、久能寺《くのうじ》に逃れていったのである。

このあたりまでは、観応の擾乱のいわば前哨戦で、尊氏が自ら大軍をひきいて京都を出発したのは十一月四日。二十六日に遠江の懸河《かけがわ》（現在、掛川市）に到着し、さらに進んで駿河の手越宿に到着している。いっぽう、直義の方も久能寺衆徒《しゅと》らに尊氏勢退治の祈禱を命じており、しだいに両軍の全面対決の日が、刻一刻とせまっていったことがうかがわれる。

薩埵山の激戦と尊氏自筆の感状

十二月十一日、薩埵《さった》峠に陣していた今川範氏の軍勢が、由比・蒲原で直義方の上杉能憲《よしのり》の軍勢とぶつかり、この戦いで範氏は勝利をおさめた。さらに、十三日には尊氏のひきいる本隊が薩埵峠に到着し、尊氏は、薩埵峠から尾根伝いに六キロほど北の桜野というところに陣を置き、そこを本陣とした。つづいて二十七、二十八日の両日、再度戦いがくりひろげられた。直義方としては、由比・蒲原に陣をとる上杉能憲、内房《うつぶさ》（現在、富士宮市）に石塔義房・頼房《よりふさ》父子が陣を構え、特に桜野から内房にかけての山の中で激戦となった。

観応二年（一三五一）十二月二十七日から翌二十八日にかけての戦いを、ふつう薩埵峠の戦いとか薩埵山合戦の名でよんでいるが、主戦場となった場所からすれば、桜野合戦とでもよんだ方が正しいということになる。『難太平記』では「由比山の合戦」などとしているが、『太平記』に薩埵山合戦とあることから、いつしか薩埵山合戦というのがふつうのよび方になってしまったようである。『太平記』には、そのときの模様を次のように記している。

薩埵山合戦事

将軍已ニ駿河国ニ著給ヒケレ共、遠江ヨリ東シ、東国・北国ノ勢共、早悉高倉殿へ馳属テケレバ、将軍へハハカバカシキ勢モ不参、角テ無左右鎌倉へ寄ン事難叶。先旦ク要害ニ陣ヲ取テコソ勢ヲモ催メトテ、十一月晦日駿河薩埵山ニ打上リ、東北ニ陣ヲ張給ツ。相随フ兵ニハ、仁木左京大夫頼章・舎弟越後守義長・畠山阿波守国清兄弟四人・今河五郎入道心省・子息伊予守（中略）其勢僅ニ三千余騎ニハ不過ケリ。

薩埵峠　静岡市

ここで今川心省、すなわち範国の子息として出る伊予守は範氏ではなく貞世《さだよ》、すなわち範氏の弟了俊《りょうしゅん》のことであるが、実際問題としては、範氏の働きが最もめざましかったのである。それは、十二月二十七日の薩埵峠の戦いに対する、今川範氏宛の足利尊氏の自筆感状（「今川家古文章写」同前二二六ページ）に明らかである。

昨日の合戦の忠せちことに一人当千とおぼえ候て、めでたくかんじ入て候。

正平六　　　　大御所《（足利尊氏）》

十二月廿八日　　御判

今川上総守殿

宛名の今川上総守とあるのは今川範氏のことである。ふつう範氏は上総介で、上総守ではない。原本から書写の段階で「守」から「介」になったものか、あるいは、戦闘の最中という非常時に、足利尊氏が上総介とすべきところを上総守にしてしまったものか、明らかではない。それはさておき、とにかく、合戦のあった翌日、総大将の尊氏から「一人当千」との感状を、しかも尊氏自筆の感状をもらったということは、範氏の活躍が並みのものでなかったことを物語るものである。

なお、この文書に関してもう一点つけ加えておきたい。それは、さきの今川範氏證判伊達景宗軍忠状にもあてはまる問題であるが、年号が正平となっている点である。今さらくどくど説明するまでもないが、正平という年号は南朝の年号である。つまり、この時期、足利尊氏は南朝に帰順していたことを示す。

さて、薩埵峠の戦いは尊氏方の大勝利となり、その勢いで逃げる直義方を追って翌年文和元年（一三五二、正平七）、尊氏は鎌倉に入り、ついに直義は降服した。さらに二月、直義は毒殺されてしまい、こうして観応の擾乱は一応の決着をみたのである。

遠江守護から駿河守護へ

尊氏から「一人当千」と賞された範氏には、その恩賞として、直義方となっていた仁木義長の遠江守護職が与えられることになった。さきの足利尊氏自筆感状と同じく、広島大学文学部所蔵「今川家古文章写」（同前二三三ページ）には、

遠江国守護職の事
早く先例に任せ、沙汰致さるべきの状件の如し。
正平七年二月廿五日　等持院殿（足利尊氏）
御判
今河上総介（範氏）殿

とあり、「先例に任せて」とあるのは、範氏自身、遠江守護に任ぜられた前歴はないので、父範国の「先例に任せて」の意と解せられる。さらに、闕所地《けっしょち》の自由処分権を認めた文書もあり、遠江守護として実際の支配に乗り出していったことが確認される。

その翌月の閏二月、伊達右近将監宛の足利尊氏の軍勢催促状（「駿河伊達文書」同前二三五ページ）によっても、範氏の遠江守護在職が認められる。すなわち、

遠江・駿河両国凶徒対治の事
今川上総介を差し下す所也。早く彼の手に属し、忠節を致すべきの状件の如し。
正平七年閏二月廿四日　（花押）（足利尊氏）
伊達右近将監殿

というものである。ところが、第一章で述べたように、早くもその年の八月には、遠江守護として父の範国がもどってきて、それにかわって範氏は駿河国守護職が与えられるのである。

範氏の遠江守護としての徴証は、正平七年の二月と閏二月だけしかないが、おそらくは範国が補任されるまで続いていたものであろう。しかし、それが何月であるかについては明らかにしがたい。

遠江守護職を父範国に取り上げられた格好になっていた範氏に、翌文和二年（一三五三）八月十一日、駿河国守護職が与えられることになった。「今川家古文章写」（同前二四七ページ）に、

駿河国々務職の事
先例に任せ沙汰致すべきの状件の如し。
文和二年八月十一日　等持院殿
今川上総介殿

とあり、駿河国の守護職だけではなく、国務職も与えられていたことが明らかである。なお、範氏の駿河守護在職期間は明確で、この文書にみえるように、文和二年八月から、貞治四年（一三六五）四月の死までである。その前後、範氏の特筆すべき事績として、駿河南朝の掃討作戦がある。

翌文和三年三月六日、範氏はまた足利尊氏の感状を与えられている（「今川家古文章写」）。文面は次の通りである。

じやうあまたせめなどされて、宮とりまいらせられ候て、いつの忠にもまさりてかんじおぼえて、めでたく候。猶々たび〳〵の忠せちかんじ入て候。よろづけさんのおりおほせられべく候。

文和三
三月六日　（足利尊氏）大御所御判
今川上総守殿

ここで「じやう」といっているのは「城」であり、南朝方の諸城を攻めたことをさしている。ただ、年が文和三となっていることは一考を要するところである。私は「文和二」の誤写ではないかと考えている。というのは、ふつう、感状というのは、何らかの戦功をあげたものを賞するもので、その戦功からは時間的に隔たっていない。

おそらく、足利尊氏のこの感状は城を攻めたとあるように、文和二年二月十日から二十五日にかけての今川範氏による徳山城・護応土《ごおうど》城・萩《はぎ》多和《たわ》城・四伝多和砦《しでんたわとりで》などの攻略に対応するものと考えられるからである。すなわち、

伊達右近将監景宗軍忠の事
右、徳山凶徒対治のため、御教書を成さるについて、二月十日御

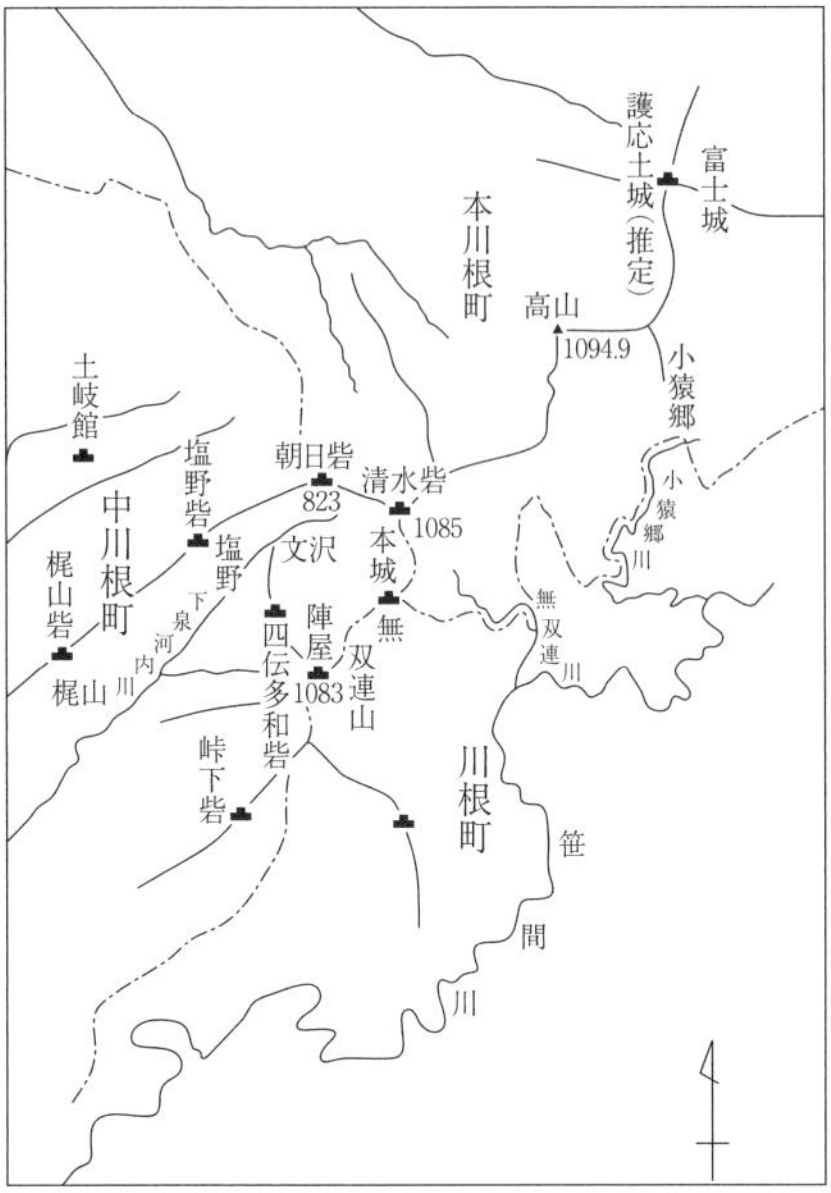

図6　徳山城とその周辺の砦（『日本城郭大系』9による）

発向の間、搦手蘽科越に罷り向かい、同十一日、萩多和城攻めを致し、御敵追落し畢。次に同十三日、護応土城に押し寄せ、至極合戦を致し、城内に切り入り、御敵等を追い落し、疵せられ畢。同十六日、朝日山に陣を取り、同十八日、鴾彦太郎城を攻め、西尾四伝多和取り、陣を寄せ、夜攻めの戦功を抽んずる処、同廿五日夜、御敵鴾彦太郎親類兄弟并石塔入道殿家人佐竹兵庫入道、蘽科以下の凶徒没落せしめ訖《おわんぬ》。然らば早く御判を賜わり後証に備えんがため、恐々言上件の如し。

文和二年二月　日

承了　（花押）（今川範氏）

とある伊達景宗の軍忠状（「駿河伊達文書」同前二四四ページ）によって明らかである。ここに出てくる石塔入道というのは石塔義房のことで、その家人である佐竹兵庫入道は、さきに今川軍によって攻められ、大津城を追われてきていた南朝側の武士である。徳山方面を本拠とする鴾《とき》氏と合流し、北朝今川範氏に対し、最後の抵抗を試みようとしたわけであるが、右の史料からうかがわれるように、二月十八日から今川範氏軍の猛攻がはじめられ、ついに七日間の対陣の末、二十五日、徳山城攻めに成功したものである。

してみると、範氏への駿河守護職補任は、この最後の駿河南朝の掃討に対する恩賞の意味も含まれていたのではないかと考えることも可能であろう。その面からも、足利尊氏の文和三年三月六日付の感状は、文和二年三月六日のまちがいではないかと考えるわけである。

2　範氏と嫡男氏家

範氏の死

『今川記』「伝記上」、および『今川家譜』はほぼ同文で、範氏については次のように記している。

一心省入道の子息数多有り。一男範氏。左馬介・中務大輔と申ける器量人にて、若年の時、阿弥陀か峯の合戦に、敵と組打し、手疵をかうむり、大御所尊氏より着到の御感の御判形を被下ける。其弟伊豫守貞世。又器量人に勝れ、才芸・能筆・管絃の道迄学ひ給ひき。然に一男範氏。文和二年五月十九日。行年三十八歳にて、父入道に先達て終り給ひき。其辞世に、

三十路餘り此世の夢は覚にけり松吹風は余所の夕暮

文和二年（一三五三）といえば、さきにみたように、徳山城攻めをした年である。しかし、この文和二年五月十九日に範氏が死んだとするのは『寛政重修諸家譜』などでも採用しており、かなり流布していた考え方であったことはまちがいない。

また、『駿国雑誌』では、何を根拠にしたものか明らかではないが、貞治元年（一三六二）十二月七日、五十歳で没したという説をたてている。さらに、「今川家略記」・『駿河記』・「慶寿寺過去帳」では貞治四年（一三六五）四月晦日、五十歳で没したとしている。つまり、

①文和二年（一三五三）五月十九日

②貞治元年（一三六二）十二月七日
③貞治四年（一三六五）四月晦日

という三説が存在するのである。では、これら三説の中で、どれが最も蓋然性が高いのであろうか。さきの範国の場合にとった方法と同様、発給文書の年月日から検討してみよう。

発給文書の点から、結論としては③の貞治四年説が正しいものということになる。すなわち、「円覚寺文書」に、貞治二年二月十六日付の由比左衛門尉宛の遵行状があり、これは範氏の発給文書であることが確実で、したがって、①の文和二年、②の貞治元年という説がともに否定されるのである。つまり、貞治四年四月晦日、五十歳で没したというのが妥当ということになる。たしかに父範国よりは二十年も早く死んだが、五十歳といえば、当時としては決して早世などというものではない。

なお、生年は、『駿河記』・『寛政重修諸家譜』・「宗長手記」のいずれもが正和五年（一三一六）としており、没年・年齢から逆算しても、それがあたる。

氏家の家督相続と死

「今川家略記」は、範氏の生涯を次のように簡略に伝えている。居住地については、前に述べたように、すでに駿河府中に進出していた可能性が高いと考えているが、それ以外のところは大体において信用してよいであろう。

範氏　称五郎　叙従五位下　任上総介中務大輔

伝云、範国の嫡男也。範氏譲りを受て駿河に封せられ、同州大津郷大草並葉梨郷花倉等に在住す。範氏二男子あり。嫡子氏家、次男泰範なり。範氏不幸にして父に先立て卒す。于時貞治四年乙巳四月晦日なり。法名慶寿寺殿雲峰信慶大禅定門と謚す。大草村慶寿寺に葬す。因て其嫡男氏家中務大輔家督す。嗣子なくして又早世。終に臨て伯父貞世か嫡子貞臣に家督を譲与て卒す。

さて、ここに、「嫡男氏家中務大輔家督す」とある部分が問題となる。というのは、字義通りに解すれば、二代範氏の家督を継いで三代氏家と数えなければならず、そうなると、泰範以下はそれぞれ一代ずつずれて、最後の氏真《うじざね》は第十一代となってしまうからである。

範氏が死んだ貞治四年（一三六五）の十月九日、二代将軍義詮から今川氏家に対し、次のような文書が出されている（『今川家古文章写』同前三四七ページ）。すなわち、

駿河国守護職の事
補任する所也。者《てへれば》早く先例を守り沙汰を致すべきの状件の如し。
貞治四年十月九日　（足利義詮）宝篋院殿
今川中務大輔殿

というもので、宝篋院殿、すなわち足利義詮による今川氏家への駿河守護補任状である。なお、さきにみたように、氏家の父範氏がこの年の四月晦日に死んでいることを思いおこす必要がある。つまり、範氏が死んでから氏家が補任されるまでの六ヵ月間、駿河守護は空位のままおかれていたということである。

この点で注目すべき一文が、『難太平記』に載っている。

一駿河国をば故殿（範国）は我等（了俊）に譲り給ふべき御志ありしを、総州（範氏）の志浅からぬ事有しかば、たびたびいなみ申き。総州故殿に先立給ひし後、亦被レ仰しをも、故中務大輔入道（氏家）に申与し也。

あらためて説明は要しないが、範国は範氏の弟了俊の器量をみ、駿河守護に了俊を推していたことがわかる。つまり、範氏が死んで、範国は次の駿河守護には了俊をと考え、将軍に連絡したものであろう。ところが、了俊は兄範氏をたて、範氏の遺児氏家こそ守護になるべきだと固辞し、結局はそのようになったが、調整をつけるため、六ヵ月間がついやされたものとみてよいであろう。

氏家は、さらに翌貞治五年（一三六六）四月八日、やはり足利義詮から「駿河国々務幷検断職」を安堵されており、着実に駿河支配を遂行していった。ところが、氏家の守護在職の徴証は、貞治六年四月で消えてしまう（佐藤進一氏『室町幕府守護制度の研究』上）。

なお、川添昭二氏の研究により、氏家は貞治五年十月、了俊とともに武藤楽阿の月次和歌会に出席していることが明らかとなり（「遠江・駿河守護今川範国事蹟稿」『荘園制と武家社会』）、氏家の死はそれ以後としなければならない。ちなみに、次の守護として泰範の名があらわれてくるのは応安二年（一三六九）であるので、氏家の死はそのころであろう。

ところで、氏家の発給文書として知られるのは、次の「安房妙本寺文書」（同前三四七ページ）一点だけである。

上野郷内大石寺の事

中納言《（日賢）》律師申す旨に候か、相違無きの様御計い候はば悦びをなし候。恐々謹言

貞治四

十二月廿九日　　氏家御判

興津美作入道殿

これは書き留めの「恐々謹言」からも明らかなように、氏家の書状、すなわち私信であり、守護職権にもとづく命令というようなものではない。このあたりからも、氏家を今川氏三代目として数えるのに躊躇する理由があるわけである。つまり、範国が文書の発給という点からいえば、永和三年（一三七七）まで存続しており、ふつう三代に数える泰範の文書発給が応安二年から始まることからみても、範氏死後、「一家惣領職」というようなものは再び範国の手にあったのではないかと考えられる。

氏家はきわめて短期間、駿河守護の地位にはあったが、守護職だけの継承は、必ずしも家督譲与の条件とはならないのではないだろうか。

今川氏家の墓　静岡県藤枝市・遍昭寺

氏家から泰範へ

さきに引用した「今川家略記」および『難太平記』からも大体のことがうかがわれるが、氏家が死んだあとの相続

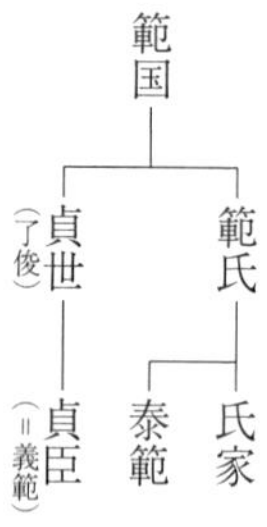

系図4　今川氏略系図（1）

においても混乱がみられた。つまり、氏家には子供がなく、死に臨んで了俊の子の孫松丸《まごまつまる》、すなわち貞臣《さだおみ》に駿河守護職を譲ろうとした。実際に譲ったのか、あるいはただ譲ろうとしただけなのか、その辺はっきりしないが、とにかく、氏家自身、自分が駿河守護になれたのは、叔父である了俊の助力があったものという感覚があり、死に臨んでその恩にむくいようとしたものであろう。

しかし、了俊はあくまで駿河守護は兄範氏の系統が継承するものと考えていたようである。このあたりの事実は、『寛政重修諸家譜』の記載が参考になろう。『寛政重修諸家譜』の貞世（了俊）のところに、「兄範氏卒するのゝち、その家督を継といへども、のち範氏が二男泰範に譲り入道して了俊と号す」とみえ、それに注して次のごとくある。

今の呈譜に、範氏卒するのゝち、長男氏家その家督を継といへども、いく程なくして死するにより、従弟孫松丸義範貞世長男が駿河国の領地をうけつぐ。のち貞世、範氏が二男、鎌倉建長寺の喝食たりしを還俗せしめ、義範が駿河国の所領をかへしあたへ、氏家が家をつがしめ、上総介泰範と名のらしむといふ。

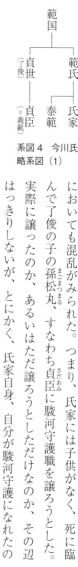

関係人物を図示すると、系図4のごとくなり、了俊の長男孫松丸というのは『寛政重修諸家譜』では義範とするが、「今川家略記」では貞臣としている。

また、この間のいきさつを、当事者今川了俊自身は『難太平記』で、一子もなくて身のまかりし時、大輔《（氏家）》入道いまだ孫松丸と云しに譲与てうせにき。猶総州の草の陰にもみ給ふ事かなしくて、今の上総入道泰範、僧にて建長寺に有しをめし上させて頭をつゝませて、国をも所領をも申与へしをば、時の管領細川武蔵守などは世にためしなうぞ申しか（下略）、

と記している。自分の子に譲られるべき駿河国守護職を辞退し、亡き氏家の弟を還俗《げんぞく》させて譲ったことを、管領細川頼之《よりゆき》も「世にためしな」きことと賞讃したという一文である。このあたりのことは、大体事実であったものと考えられる。

第三章　三代今川泰範

1　将軍義満と泰範

義満の駿河下向

鎌倉の建長寺に入り喝食《かつじき》となっていた今川範氏の二男が、還俗して泰範と名乗り、今川氏三代を継ぐことになるが、それがいつであるかについては明らかにしがたい。「宗長手記」・『駿河記』によって、建武元年（一三三四）の誕生と考えられるので、貞治六年（一三六七）とすれば三十四歳のとき、応安二年（一三六九）とすれば三十六歳のときということになり、はたして喝食のままであったかという疑問である。すなわち、喝食というのは、禅寺で食事のことを大声で知らせる役僧のことで、ふつう十歳ぐらいの美少年に美服を着せ、たれ髪で奉仕させていたものであり、三十を過ぎて喝食というのは、どう考えても不自然である。

それはさておき、氏家の死から泰範の駿河守護補任は、貞治六年四月以降、応安二年五月以前であ

る。応安二年五月二十八日付今川泰範の書状によって、泰範の駿河守護在職が認められる。すなわち、

　富士上方上野郷内大石寺の事
御書の趣息津美作入道申し候処、子細無く中納言阿闍梨に渡し付け候。この旨を以って御披露有るべく候。恐惶謹言
　五月廿八日　　宮内少輔泰範（花押）
　　　進上斎藤入道殿

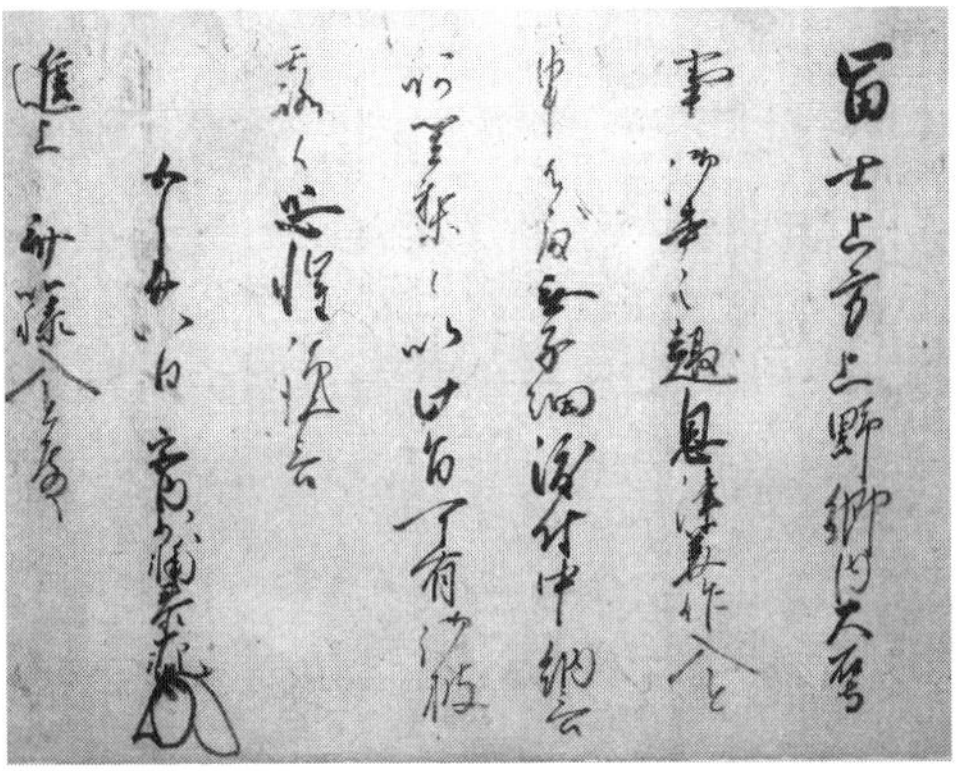
応安２年５月28日付　今川泰範書状　千葉県鋸南町・保田妙本寺蔵

とあり（「安房妙本寺文書」同前三七八ページ）、書状であるので年の記載はないが、端書《はしがき》に「到　応安二、六、十二」とあり、応安二年五月二十八日の書状であることがはっきりするのである。つまり、泰範は少なくとも応安二年以後は、駿河守護の地位にあったということになる。

　泰範の駿河守護在任中のできごととして見すごすことのできないのは、三代将軍足利義満《よしみつ》の駿河下向である。義満は延文三年（一三五八、正平十三）に生まれているが、貞治六年（正平二十二）、父義詮が死んでしまったため、わずか十歳で家督を継ぎ、翌応安元年（正平二十三）、元服して征夷大将軍となった。わずか十二歳の将軍であるが、執事

細川頼之の補佐を得て、体制を固めることに成功していった。

成功の一つの要因に数えられるのが、有力守護の討伐である。しかも義満は、討伐に先立ち諸国遊覧を積極的に行っている。名前は遊覧であるが、文字通りの物見遊山などというものではなく、敵対しそうな有力守護に対する威嚇といった側面があったことは否めない。

具体的にみると、至徳二年（一三八五、元中二）の大和東大寺・興福寺の参詣に始まり、厳島・高野山・越前気比神宮など、五年間に六つの方面におよんでいるが、富士遊覧のため駿河に下向してきたのは、嘉慶二年（一三八八）九月のことであった。

もっとも、嘉慶二年の義満の富士遊覧は、のちの義教による富士遊覧と混同されたり、義満の富士遊覧を伝える史料が『足利治乱記《あしかがちらんき》』などの後世の編纂物であることを理由に、義満の遊覧そのものを疑問視する考え方もかなり強かった。しかし現在では、義満が駿河まで下向したことはかなり確実視されるようになっている。たとえば、のち義教のとき、義満の駿河下向のときの先例が参考にされていることが、『満済准后日記』永享四年（一四三二）七月二十日の条にみえるのである。

今川上総介方より今度富士御覧のため御下向。分国駿河に於て御昼の休み御宿の事、鹿苑院殿御下向の例に任せ、律院を用うべきの条如何と云々。仍って彼寺指図、之をまいらせ了《おわんぬ》。

鹿苑院殿とはすなわち義満のことで、義満のときの状況を参考にしながら、義教の下向の準備がなされていることがうかがわれる。義満は、鎌倉公方足利氏満の動きを牽制するため駿河まで下ったのである。泰範が最大級のもてなしをしたであろうことは、想像に難くない。

明徳の乱と応永の乱

明徳元年（一三九〇）、美濃の土岐頼康《よりやす》を攻め、翌明徳二年（一三九一）、義満は十一ヵ国の守護職をもち、「六分一殿《ろくぶんのいちどの》」とよばれた有力守護の山名氏の討伐にかかった。山名氏では、時氏の死後の内紛に乗じて氏清《うじきよ》らを挑発したものである。このとき、泰範の軍勢は討伐軍に加わり、『明徳記』（『群書類従』第二十輯）に、

去程ニ東寺へハ今川上総介泰範、赤松越後守義則、佐々木六角判官高満、都合其勢八百余騎、廿六日ノ早旦ニ陣ヲ取り（下略）、

とみえている。『今川記』「伝記上」にも、

泰範は上総介にて、仲秋の後に侍所を給はりけり。明徳二年辛未の乱にも、若年にて御所の御供に参り、内野合戦にも高名し、手勢数多討死し、御袖御判の御感書を被レ下、

と記されているので、明徳の乱で戦功をあげたことは確実である。しかし、『今川記』の伝える将軍義満の袖判《そではん》の感状というものは伝わらない。

『今川記』「伝記上」はつづけて、泰範の応永の乱のときの活躍の模様を記す。

応永六年十二月、大内義弘、泉州にて合戦有し時、大内か近親九郎正之、森口と中所に大勢にて籠りしを攻へき由にて、結城越後守政広を加勢に被レ下しかは、泰範は大内か縁者なれは、公方御心をも置かれけるにやと思案しけるを、此上意を承り、忝さ肝に銘し、自身先陣に進み、森口に向ひ入かへ〳〵攻戦ひ、中国勢百六十人討取り、大勢を追散、森口城を攻落しける。又明徳に

亡ひ失し山名奥陸（マヽ）守氏清か子宮田、此時に大内と一味して、丹州よりせめ上りけるを防留へき由、重て御使ありしかは、案の如く宮田左馬助時清、大勢にて攻上る。味方は初度の合戦につかれ、先陣に進みし遠州の住人勝間田遠江守、幷今川の一族に、名児耶三郎討死し、敵きほひほこりける處を、泰範、旗本をつくし、うちはを上げ、味方をいさめ切てかかりけれは、宮田忽討負、西をさして引退く、追討に悉討取、此由上聞に達しけれは、早々馳集り御先手に加はり、弥軍功これ有へき由、仰下され候間、泰範、則つかれたる勢を残し、荒手少々引率し、血に成たる鎧着て、鞍に首三付させ、御陣へ参りけれは、御所を初め管領以下、何れも今日の働抜群成と感せらるゝ。泰範、御先へ馳加はり、終に城を攻落し、敵の大将大内義弘嫡子新介を降参させ、めしとりて参りける。此時公方、御正筆の御感書を泰範に下され、是また此家の重書の最一なり。

やや長い引用になってしまったが、応永六年（一三九九）十一月の応永の乱に際し、泰範が義満の尖兵として、大内義弘討滅にいかなる軍功をあげたかが子細に記されている。多少の誇張はあるにしても、大筋においてはこのようなものであったろう。

2　駿遠両国守護を兼任

両国守護となる

応永の乱のあった翌応永七年（一四〇〇）、将軍家から今川泰範に対して、たて続けに文書が発給されている。これはいずれも応永の乱の論功行賞によるものである。関連文書が広島大学文学部所蔵の「今川家古文章写」（同前六二九ページ）に収められているので、まずそれらの文書からみていくことにしよう。

鹿苑院殿

駿河国入江庄内入江駿河入道跡事

今川上総入道法高に宛行う所也。者《てへれば》先例を守り沙汰を致すべきの状件の如し。

応永七年二月五日

この文書は宛名が記されていないが、今川上総入道法高、すなわち泰範に宛てられたもので、入江駿河入道の所領を没収した闕所地を泰範に宛行うという内容である。発給者は鹿苑院殿、すなわち足利義満である。次の文書も宛名が欠けているが、内容から泰範に宛てられたもので、

駿河国泉庄の事

同国長慶寺元の如く領掌相違有るべからざるの状件の如し。

応永七年三月九日
入道准三宮前太政大臣（義満）御判

というものである。さらに、

鹿苑院殿
御判

駿河国蒲原庄事
料所として今川上総入道法高に預け置く也。者先例を守り、沙汰を致すべきの状件の如し。
応永七年四月廿五日

という文書から明らかなように、南朝方の影響下にあった蒲原荘が、料所として泰範に預けおかれているのである。これら一連の応永七年の文書が、いずれも前年の応永の乱鎮圧の恩賞であったことはいうまでもない。

その他、泰範はそれまでの駿河守護に加えて遠江守護も兼ねることになった。そのあたりのいきさつを説明するため、前後の守護の変遷を表によってたどってみよう。表4からも明らかなように、応永七年からは駿河・遠江二ヵ国の守護である。もっとも、遠江の方は応永十二年から同十四年までの期間、一時期、斯波義重《よししげ》の手に入るということもあったが、また同十四年からは駿遠両国守護として存続していた。

応永七年の泰範遠江守護への補任は「古証文」二所収（同前六二六ページ）の次の文書によって明

白である。

遠江国々務并守護職の事

早く先例に任せ、沙汰を致すべきの状件の如し。

応永七年正月十一日

	遠江守護	駿河守護
1384	（今川了俊）	
1385		
1386		
1387		
1388		
1389		
1390		
1391		
1392		（今川仲秋）
1393		
1394		
1395		（今川了俊）・今川泰範
1396		
1397	（今川仲秋）	
1398		
1399		
1400	今川泰範	今川泰範
1401		
1402		
1403		
1404		
1405	（斯波義重）	
1406		
1407	今川泰範	
1408		
1409		
1410		
1411		
1412		
1413		

表4　駿河・遠江の守護の変遷

入道准三宮前太政大臣御判（義満）
今川上総入道殿

泰範は、将軍義満から遠江国守護職と国務職を安堵された。それは叔父了俊の没落と深くかかわっていたのである。

了俊との関係

今川了俊はすでに述べたように、初代範国の二男、すなわち二代範氏の弟にあたる（六八ページの系図4参照）。了俊については、川添昭二氏の『今川了俊』（吉川弘文館、人物叢書117）が詳細で、ほとんど完璧に近いのでそちらに譲り、また、本書の『駿河今川氏十代』としては傍系にあたるので、ここでは概略を述べ、直系今川氏とかかわる部分の叙述にとどめておきたい。

周知のように、了俊というのは法号であり、諱《いみな》（名乗り）は貞世である。出家して了俊というようになったのは、貞治六年（一三六七）十二月の将軍義詮の死がきっかけであった。なお、これまで、了俊の生年を正中二年（一三二五）とするのが通説であったが、荒木尚・松本旭・川添昭二氏らの研究によって、嘉暦元年（一三二六）の誕生というように訂正されてきている。また没年も、従来は応永二十七年（一四二〇）八月としているが、川添氏は、応永二十五年七月に書かれた正徹《しょうてつ》の『なぐさめ草』に「故伊予守入道了俊在世の時」とあるのに注目し、了俊の死を応永二十五年七月以前と想定している。卓見であろう。

さて、了俊は七七ページの表4からも明らかなように、至徳元年（一三八四）から嘉慶二年（一三八八）まで遠江守護となり、また、応永二年から同五年は駿河半国の守護となっている。しかもその間、幕府の引付頭人に抜擢され、応安四年（一三七一、建徳二）から何と二十五年の長きにわたって、九州探題という要職に任ぜられたのである。そのころの九州は、まだ菊池氏を中心とする南朝の勢力が強く、了俊が義詮・義満にいかに信頼されていたかがうかがわれる。

もっとも、あまりに大勢力となったことから将軍義満に警戒の念をもたれ、特に大内義弘《よしひろ》の讒にあって、九州探題職を解任されてしまった。応永二年八月のことであった。了俊にしてみれば、はなばなしい九州探題にかえて、わずか駿河半国の守護である。不満がつのるのも当然であったといえよう。しかも、駿河半国の守護職の与えられ方も不自然であった。つまり、ちょうどその年、鶴岡八幡宮や円覚寺の駿河国内の所領が押領され、それが守護泰範の失態であるとし、半国をとりあげ、了俊に与えたといういきさつがあったのである。

大内義弘木像　山口市・洞春寺蔵

泰範と了俊はすでにみてきたように、甥と叔父の関係である。しかも、氏家の死にあたり、氏家は了俊の子貞臣に守護職を与えたいという意向があったにもかかわらず、了俊はそれを固辞し、氏家の弟で鎌倉の建長寺にいた泰範を還俗させ、駿河守護に迎えたのである。しかし、泰範にしてみれば、駿河半国の守護職が了俊にとりあげられたとうつったのであろう。了俊が将軍義満に要請したものと思いこんでいたようである。

このあたりの事情を、了俊自身『難太平記』の中で次のように述べている。これは、了俊が泰範を還俗させ、守護職につけたことを述べたあとに続く文章である。

（前略）其の恩を更におもひしらで、此度遠江国執心故、我等猶野心有由上聞に達と云り。哀々其時駿河国事も泰範をめし出事もなからましかば、今かゝる内心の歎にはならざらまし。天のあたふるをとらざればと云事、誠なる哉〳〵。駿河国を半分わかち給ひし事を我等望申て預りたる様に云なして、其恨に今遠江国の事も申給たるとかや。其時の事は世の知事なれば更恥侍らず、且はまた今も上としてしろしめすべければ、中々申に及ばざる事なり。かやうの親類等の不義兼て覧給ひけるにや。此一家の事も可二奉行一と故入道殿の御置文も有けるなれども、上の明にわたらせ給はぬ故に、かやうの不道不義の親類等も時にあひたるにや。おそらくはうたてしき御事也。前立て遠江国の事。仲高入道にも可二去與一との上意も難二意得一事共成しかども、任二上意一去よしも加様の御沙汰ゆへ有けるゆへにや。

これはあくまで了俊の言い分であり、泰範の側にも言い分はあったであろうが、その方は伝わらない。いずれにせよ、了俊は九州探題という役職が光栄あるはなばなしい活躍舞台であったために、駿河半国守護職には不満をもっており、その不満が、同じように幕府、ひいては将軍義満に対して不満をもつ大内義弘や、さらに鎌倉の足利満兼《みつかね》らと密かに連絡をとりあうようになっていったものであろう。

応永六年（一三九九）十一月、大内義弘が和泉堺で挙兵した。さきにも述べた応永の乱であるが、このとき、了俊は挙兵こそしなかったものの、義弘に通じていたという疑いをうけ、相模藤沢に追いやられることになった。いっぽう、泰範は戦功をあげ、駿河・遠江の両国守護を兼ねるようになった次第については、さきにみた通りである。

なお、『今川記』「伝記上」は、その間のいきさつを次のように伝えている。

鎌倉殿も上杉房州頻りに諌め申ける間、大内一味の逆心をひるかへし、京都へ御相談ありけり。其比今川了俊、藤沢に居住して氏満公と一味し、逆心をすゝめ申候由、京都へ聞へしかは、忽に可レ致二誅伐一よし、鎌倉へ被二仰付一しを、甥の泰範は日比争論事有り。了俊とは不快にて有しかとも、かゝる事は内（肉カ）親の恨なり。此時いかてこらうへきとて、身命をなけうち、頻に御訴訟申、了俊父子、其身安穏にて漸々遠州堀越・川合・中村を懸命の地に安堵し、此処にて閑居有り。応永二十七年八月廿八日、九十六歳にて終りけり。海蔵寺殿徳翁了俊大居士是なり。

つまり、ここでは、大内義弘に通じ、鎌倉公方の足利氏満《うじみつ》（応永四年に氏満が死んでいるので、その子満兼に働きかけている）に謀反を働きかけた了俊が、将軍義満によって誅伐されそうになったところを、甥である泰範が、日ごろの鬱憤をさておいて、了俊助命に動いたことがうかがわれる。泰範の助命嘆願がどのように行われたかは明らかではないが、その後、了俊が遠江の堀越（現在、袋井市）

上：了俊の開基と伝わる海蔵寺　下：今川了俊墓　静岡県袋井市・海蔵寺

に居住したことは事実であり、ここに出てきた川合・中村の地も、以来、遠江今川氏の本領となっているので、大体のことは事実であったと思われる。ただ、さきにも指摘したように、了俊の死は応永二十七年ではなく、同二十五年七月以前である。なお、了俊の文学的分野での功績については、本書の本題からはずれるので、ここでは触れない。前記川添昭二氏の『今川了俊』、荒木尚氏の『今川了俊の研究』などを参照していただきたい。

さて、話を泰範にもどそう。泰範は応永十六年、七十六歳で没した。もっとも、これには異説もあって、各種記録では、嘉慶二年（一三八八）九月二十四日に五十五歳で没したとするものが多い。「今川家略記」をはじめ、『寛政重修諸家譜』・『駿河記』などがそうである。また、年は同じであるが、月日の異説として『駿河国新風土記』は六月二十四日没としている。

しかし、泰範の発給文書からみていくと、最終は応永十四年九月九日付、三浦遠江入道に宛てられた遵行状（「駿河伊達文書」）であり、嘉慶二年説は否定されなければならない。そうなると、『今川家譜』・『今川記』のいう応永十六年の蓋然性が高いことになるが、月日については、『今川家譜』・『今川記』は九月二十六日とし、「慶寿寺過去帳」は九月二十四日としている。

なお、京都の南禅寺八十七世、相国寺十七世となった名僧大周《だいしゅう》周奝《しゅうちょう》が、泰範の葬儀のときによんだと思われる拈香《ねんこう》が「三周集」（東大史料編纂所蔵）に収められている。

長慶寺殿

為二太山禅定門一ノ拈香ス

功徳ノ林中抽二道芽一、菩提苑裏発二心花一、

陰陽寒暑不二相到一、一段風光出二当家一、

某人累葉閥閲一門光華、入則参由慎陪二玉

帖一、出則擁二雕才一樹二金牙一、（下略）

僧侶の漢詩文は非常によみにくいので、この部分を読み下しにしてみよう。

功徳の林中、道芽を抽《ぬき》んじ、菩提の苑裏《えんり》、心花を発す。陰陽寒暑、相到らず。一段の風光当家に出ず。某人累葉閥閲一門の光華、入りては則ち参由し、慎みて玉帖に陪す。出でては則ち雕才《ちょうさい》を擁し金牙を樹《た》つ。

ところで、こうした京都の禅寺の名僧によって泰範の拈香がよまれたことから、泰範は京都で死ん

で、京都に葬られたのではないかという説が提起されている（鈴木正一氏『今川氏と東光寺』）。これまで、駿河国葉梨の花倉で死んだとされてきているが、すでにみたように、泰範の居館は駿河府中であり、京都で活躍する機会が多かったことを考えあわせると、京都で葬儀が行われた可能性の方が高いのではあるまいか。

生年については、「宗長手記」・『駿河記』が建武元年（一三三四）誕生としており、応永十六年に七十六歳で没したという『今川家譜』・『今川記』の記載から逆算しても一致する。したがって、建武元年〜応永十六年の七十六年間の生涯であった。「今川家略記」は、

> 泰範　叙従五位下　任左馬介上総介
> 伝云氏家卒後伯父貞世かはからひを以て氏家か貞臣に譲與へし家督を受す。氏家の弟泰範禅僧となり相州鎌倉建長寺にありしを召上せて頭を包ませ、国・所領を中与へて兄氏家の家督を嗣しむと云。嘉慶二《（マヽ）》年戊辰九月廿四日卒。法名長慶寺殿大山仲高大禅定門と謚す。葉梨郷下之郷村長慶寺に葬る。

と略伝を記しているが、法号の「仲高」というのはどうであろう。ふつう今川了俊の弟で了俊の猶子となり、遠江守護職を継承した今川仲秋が法号「仲高」で、泰範は「法高」である。誤記があったのか不明である。

第四章　四代今川範政

1　鎌倉公方の監視役

守護大名として

鎌倉時代も、南北朝・室町時代も守護であるが、南北朝以降、守護大名の名でよばれるようになる。今川氏の場合も初代範国以来、将軍足利氏から与えられたのは遠江国守護職であり、駿河国守護職であった。それが守護大名とよばれるのはなぜであろうか。

鎌倉時代の守護には、ふつう「大犯三箇条《だいぼん》」とよばれる権限が与えられていた。この三ヵ条というのは、

①大番《おおばん》催促（大番勤仕の御家人の召集）
②謀反人の検断
③殺害人の検断

であり、大番催促は、管内御家人に対する軍事指揮権を幕府から与えられたもの、謀反人や殺害人の検断というのは重罪犯人の追捕《ついぶ》ということで、警察権を与えられたことになる。つまり、鎌倉時代の守護というのは、こうした軍事・警察権に限られていたのである。

鎌倉時代の段階では、守護が直接土地支配をしたり、管内の御家人を人的に支配するということはなかったが、やがて、南北朝内乱期を経過するなかで、それまで管内御家人にしかおよばなかった権限が、非御家人である寺社勢力、さらに、甲乙人《とこうにん》とよばれた地下人《じげにん》一般に広げられ、また、一般的な訴訟に対する裁判権を得、その判決を執行するために守護使を派遣する、使節遵行権も得ていたのである。

南北朝内乱が、守護から守護大名への大きな変化の画期になった理由はいくつかあるが、一つは、地頭・御家人らの軍事行動に対し、直接的に恩賞宛行の任にあったのが守護であった点をみすごすことはできない。つまり、守護が南北朝の内乱で合戦に出かける場合、直接に管内の地頭・御家人を指揮する立場にあったわけで、守護と地頭・御家人との間に直接的な被官関係が結ばれるようになった点である。

二点目に重視されるのは、半済である。本書第一章の今川範国のところでもふれたように、半済というのは、内乱による軍費調達のため、室町幕府が荘園・国衙領の年貢の半分を守護に与えるというものであるが、本来は一年限り、しかも地域を近江・美濃・尾張・伊勢・志摩・伊賀・和泉・河内の八ヵ国に限定していたが、年も地域もなしくずし的に拡大されていったものである。今川範国も遠江において半済を行ったことは、すでにみた通りである。

さらに、守護請とか、段銭《たんせん》の徴収とかによって、守護は急速に領主化し、大名領国制をとるようになり、これが守護とは異なり、守護大名とよばれるようになるのである。今川氏の場合も、初代範国からその萌芽がみられ、二代範氏・三代泰範と経過し、四代範政のころには完全に守護大名領国制を展開するようになっていたのである。

さきにみたように、応永十六年（一四〇九）九月二十六日（一説に二十四日）、三代の今川泰範が死に、四代範政への相続が行われた。この家督相続は何の問題もなくスムーズに行われたようであるが、範政の文書発給まで、どうしたわけか三年余の空白がある。

現在までのところ知られる限りでは、範政の初見文書は、次に掲げる「天野文書」（『静岡県史料』第四輯、八二二ページ、同前七一六ページ）である。

　遠江国笠原庄内曾我郷地頭領家同国富部郷の事
給分として預け置く所也。仍ってその沙汰を致すべきの状件の如し。
　応永廿年正月十九日　　源範泰（政カ）（花押）
　　天野（景政）左京亮殿

ここに差出者の署名として「源範泰」、とあることを問題にしたい。『静岡県史料』の編者も脚注して、「諸本源範泰とし肩註に今川上総介と加へたれど、今川本家には範泰なく、又泰範は応永十六年九月廿六日（読史備要は元中五年九月廿五日）卒去したれば、今姑く範政と推定す」と述べているよう

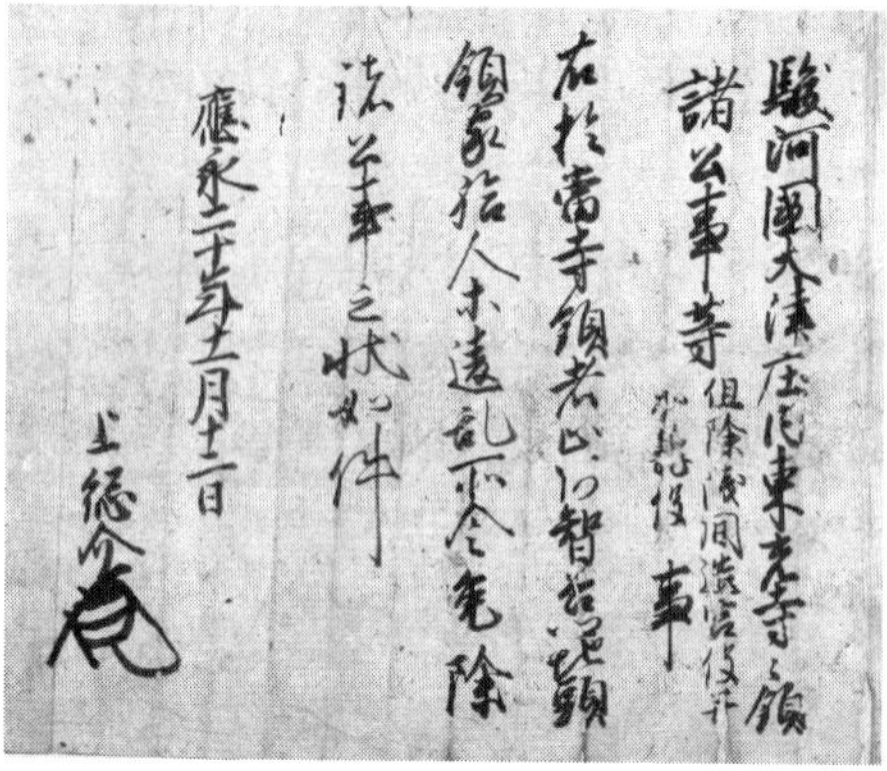

応永20年11月12日付　今川範政判物　静岡県島田市・東光寺蔵　写真提供：島田市教育委員会

に、今川範政のことであると考えられる。「範泰」名はこの文書一点しかあらわれないので、誤写とみてよいであろう。以後、同年十一月十二日付東光寺宛、同年十二月十一日付伊達藤四郎政宗宛など、範政の発給文書はふえてくる。そうしたわけで、これまで、範政の駿河守護としての徴証のはじめは応永二十年と理解されてきたのである。

　ところが、ここに、宛所のない一点の文書がある。すなわち、

　勝定院殿
　駿河国長慶寺領同国泉庄の事
　早く代々の支証并当知行の旨に任せ、寺家領掌相違（有脱カ）すべからざるの状件の如し。
　　応永十九年五月廿四日
　　　内大臣源朝臣御判

というもので（広島大学文学部所蔵「今川家古文章写」同前七一一ページ）、内大臣源朝臣というのは、冒頭の注にある勝定院殿《しょうじょういんでん》と同じ人物で、四代将軍義持《よしもち》のことである。つまり、三代将軍義満が死んだあとを継いだ四代義持が出したもので、長倉智恵雄氏は、これを今川範政に宛てたものと推定した

（「広島大学所蔵『今川家古文章』の再検討」『駿河の今川氏』第四集）。

長慶寺は泰範の菩提寺であり、その寺領支配について沙汰をしたものであるから、泰範のあとを継いだ範政に宛てたものとみるのが自然であろう。これによって、少なくとも応永十九年には、範政は駿河国守護職を得ていたことは確実であり、史料上確認することはできないが、応永十六年の泰範の死後すぐに継承したものと考えてまちがいないであろう。

上杉禅秀の乱の勃発

さきに、将軍義満が駿河に下向したとき、今川泰範が駿河府中の今川館において接待したことをみたが、駿河守護は、すでに幕府にとっては特殊な任務を課されていたことがうかがわれる。

鎌倉時代、幕府は鎌倉におかれ、京都にその出先機関である六波羅探題を置いていたが、ちょうどそれと同じ関係で、室町幕府は京都に幕府を置き、鎌倉にその出先機関として鎌倉府というものを置いていた。鎌倉府のトップは鎌倉公方で、これは鎌倉御所とか関東公方などともよばれていたのである。

足利尊氏は、北条氏滅亡後、自分は京都にいたが、関東が鎌倉幕府以来の武家政権にとっての要地であり、根拠地であったことから、支配上の重要性を重視し、はじめは弟の直義を、ついで長男の義詮を置いて、関東支配の中心としていたのである。貞和五年（一三四九、正平四）からは二男基氏にかえ、それ以来、基氏の子孫が鎌倉公方を世襲していったのである。略系図で示すと、系図5の

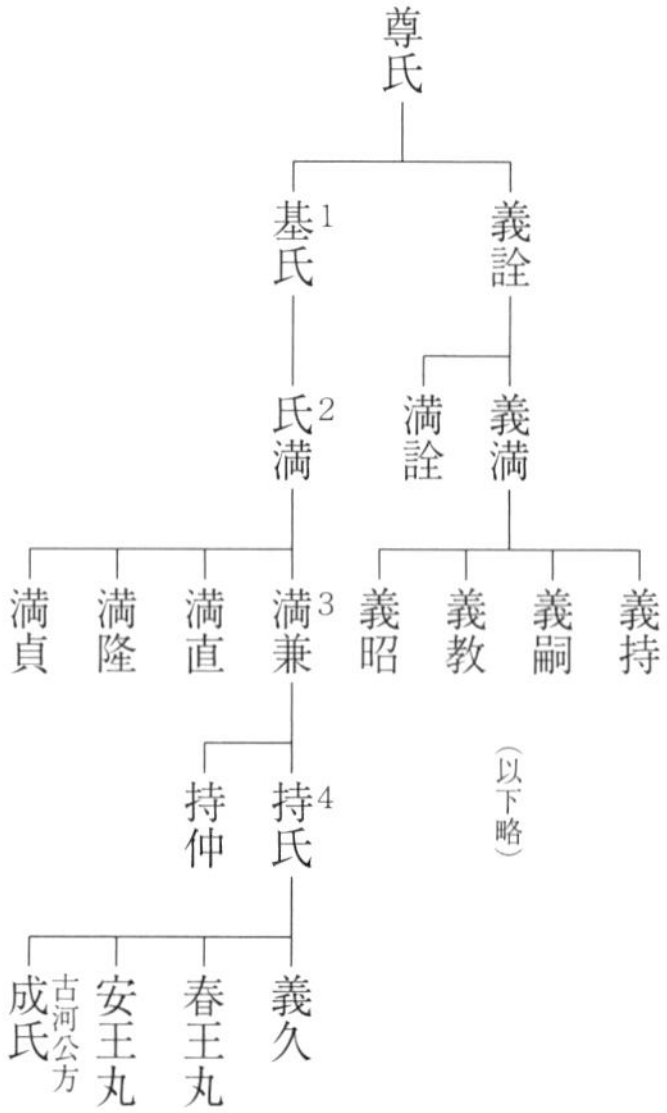

系図５　足利氏略系図　数字は鎌倉公方就任順

ごとくなり、たとえば鎌倉公方三代の満兼は、将軍義満の偏諱《へんき》（名乗りの一字を下賜される）をうけ、四代持氏も、四代将軍義持の一字を与えられており、当然のことながら、鎌倉公方は将軍の下位に甘んずる体制になっていた。もっとも、こうした歴然とした上下の関係がかえって鎌倉公方を刺激し、もとは兄と弟の関係が主従制の関係に転化してしまったととらえ、常に幕府に対する反抗的な態度をとる伏線になっていたのである。

鎌倉府の管轄地は、相模・武蔵・安房・上総・下総・常陸・上野・下野のいわゆる関八州と甲斐・伊豆をプラスした十ヵ国であり、応永ころ（一三九四〜一四二八）にはそれに陸奥・出羽の二ヵ国も加えられていた。つまり、関東十ヵ国ないし十二ヵ国は室町幕府支配の埒外に位置づけられ、いわば一つの小幕府的性格をもつ独立性の高いものであった。

具体的にみると、管下の十ヵ国ないし十二ヵ国については、鎌倉公方が独自に守護を任命できるというシステムになっており、鎌倉時代の六波羅探題のような単なる出先機関とは必然的に異なっていたのである。しかも、代々の鎌倉公方が、内心において将軍家に対する反抗意識をもっていたとすれば、幕府と鎌倉府との関係は、単に支配内部の矛盾という以上に困難な問題としてあったことをみておかなければならないであろう。

鎌倉公方の管轄する十ヵ国ないし十二ヵ国に境を接する幕府側の国々は、越後・信濃・駿河の三ヵ国である。ところが、その内、越後は上杉氏の守護領国であり、周知のように上杉氏は関東管領《かんとうかんれい》をつとめる家であり、鎌倉公方の利害と一致するため、多くを期待することはできず、また、信濃の場合、守護は小笠原氏を基本としながらも、上杉氏・斯波氏などと交代し、応永七年（一四〇〇）に新しく補任された小笠原長秀《ながひで》に至っては、国人領主の所領を認めないという動きをとったため、管内の国人と衝突し、ついには大塔合戦という内乱に発展してしまい、国人と対立したまま信濃守護としての職務を全うできず、京都へ帰ってしまうという事態もあったのである。

そのため、範国以来の伝統をもち、しかも、安定した領国支配を展開していた今川氏に期待が寄せられるようになるのは当然の成りゆきといってよかった。もちろん、駿河国が京都と鎌倉を結ぶ東海道筋にあったことも、今川氏が国堺の重鎮として重視される大きな理由であった。つまり、今川氏には幕府から、鎌倉府を監視するという特殊な任務が課せられていたのである。

そうした今川氏に課せられた特殊任務がはじめて功を奏したのは、範政のときであった。それは応永二十三年から翌二十四年にかけての上杉禅秀《ぜんしゅう》の乱においてである。

乱そのものの発端はきわめてささいなもので、鎌倉公方足利持氏が、常陸の越幡《おばた》六郎の所領を没収したことに対し、関東管領の上杉禅秀（氏憲《うじのり》）が諫言をし、それが容れられず、関東管領の職を辞

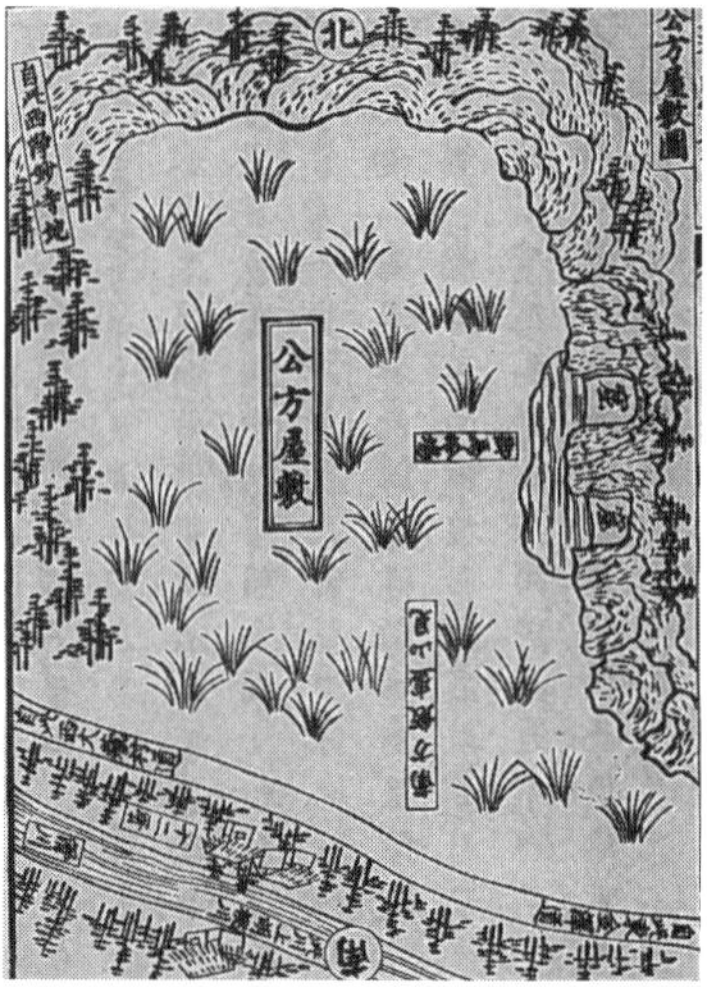

「新編鎌倉志」に描かれた鎌倉公方邸跡

退したことが、そもそものことのおこりであった。このとき、持氏が禅秀を慰留していれば、反乱というような大事にはならなかったのであるが、逆に持氏は、禅秀とは対立関係にあった上杉憲基《のりもと》に関東管領職を与えてしまったのである。同じ上杉でも、禅秀は犬懸《いぬがけ》上杉であり、憲基は山内《やまのうち》上杉であった。上杉氏内部の対立問題がからまり、事態はのっぴきならなくなり、ついに禅秀は反乱を決意するに至ったのである。

しかも、禅秀は京都にいて将軍義持に反旗をひるがえそうとねらっていた義持の弟義嗣《よしつぐ》（九〇ページの系図5参照）や、持氏の叔父である足利満隆《みつたか》らをも誘い、大規模な反乱計画を極秘のうちに準備し、ついに応永二十三年十月、十万三百騎といわれる大軍を率いて鎌倉の持氏邸を急襲した。持氏とそれを守る上杉憲基側はわずかの兵で防戦につとめたが、結局は敗れて、持氏は海岸づたいに片瀬・腰越をへて小田原に逃れ、さらに箱根権現まで走ったのである。

さて、この関係で、今川氏に関する興味深い記事が『今川記』（「富麓記」）第二にみえる。禅秀の軍勢に追われて持氏一行が逃げていく場面であるが、

> 国清寺に火をかけせめける程に、今川三河守、畠山伊豆守と名乗り、両人爰にて討死也。此三河守は上杉扇谷中務大夫朝顕の孫也。朝顕の息女今川範満範政三男の内室と成て、上杉式部大夫朝広以下の子共あまた出来、皆鎌倉に祗候有り。母方の祖父の家を継、上杉を名乗けり。されは此人々も持氏の御身にかはり、所々に討死也。

と記されている。もっとも、『今川記』の「伝記上」では、「泰範の一男民部太輔範政、後には上総介と申。母は上杉中務大輔朝顕の女なり」とあり、上杉朝顕の女が嫁いだのは、範政なのか範政の子範《のり》満《みつ》なのかは判断の分かれるところであるが、いずれにせよ、今川氏は範政のころになると、関東の上杉氏と縁組みをしていることが明らかであり、また一部は、鎌倉御所に祗候していたことがうかがわれるのである。

禅秀の乱における範政の動向

さて、鎌倉を逐われた持氏は、いったん箱根権現に逃げ、そこの別当をつとめていた証実《しょうじつ》が駿河国駿東郡の領主大森氏頼《うじより》の弟だった関係で、ひとまず大森氏のところにひそんだが、甲斐の武田信満《のぶみつ》が禅秀与党となり、来襲してくるといううわさがあったため、ついに駿河守護今川範政を頼ることになった。持氏は駿河の瀬名に逃れ、そこの安楽寺という寺に入ったのである。

範政は、さっそく持氏を保護して駿河府中の今川館に迎えるいっぽう、家臣の高木左衛門佐・米倉伯耆守を使者として上洛させ、将軍義持の指揮を仰いだ。義持としては、鎌倉公方持氏の弱体化は願ってもないことであったが、それ以上に、自分の弟をもまきこんだ上杉禅秀の勢力が強大化することは危険なことであった。そこで、駿河守護今川範政・越後守護上杉房方《ふさまさ》・信濃守護小笠原政康《まさやす》に出兵を命じ、禅秀討伐の命令を下したのである。

将軍の命をうけた範政は、さっそく三島に出陣した。葛山氏・大森氏といった駿東郡の国人領主を先鋒として足柄を越えさせ、朝比奈《あさひな》・三浦・小鹿《おしか》氏といった今川氏譜代の重臣や一族の部将が箱根を越えて鎌倉にせまったが、同じころ、越後の上杉勢も北から鎌倉を攻める態勢をとっていた。

ちょうどそのころ、範政は禅秀方の部将に書状を送り、禅秀からの離脱を勧告している。この書状は『今川記』（『富麓記』）第二および「鎌倉大草紙」（『群書類従』第二十輯）に所収され、文章は同文であるが、日付が『今川記』では十二月二日、「鎌倉大草紙」では十二月二十五日となっている。ここでは『今川記』所収のものを引用しておこう。

今度関東御開きの事、先ず以って驚き入り存じ候。仍って事の子細風聞の如くんば、右衛門佐入道逆心を構え候。京都□上意を承わり、此の如くの沙汰を致し候の由、披露の間、左様について、篇（偏）面々与力を成され候の由聞こえ候。一端は謬無きに似たり候と雖も、有名無実。誠に狂惑の至りの次第に候。中んづく、風渡《ふと》当国へ御移りの条、希代、未だ聞かざる也。爰《ここ》に、上意を以って御合力の儀、諸人に御教書を成され、忠節を致すべきの旨仰せ下さる刻、既に御□下着の上は、不承□上命に候事明白に候哉。抑《そもそも》此の如くの□上意厳重に候の間、是よりも重ねて御教書を□成され候。然りと雖も、都鄙貴命を軽んじて強いて叛逆の輩に同心致され候上は、且は先祖譜代の忠勤を失い、此の時、且は子孫の後跡を永く他人拝領の地に成らる事、君の為に不忠を致し、家の為に育無しに似たり。所詮は観応年中に曾祖父心省、祖父範氏等、当国由比山に於て忠節を抽んじ、並に関東諸人降参の儀を沙汰申され、再び天下静謐に帰す。某《それがし》謀事旧例勿論也。この上は非を知りて、早く属理を改め忠節せられば、彼といい此といい、儀に順ずる也。若《も》し然らざれば、早速に馳せ向かわれ、当陣雌雄を決せられん事、尤所望也。この両条を以って、一途返報致され、一儀に定められん事然るべく候哉。恐々謹言

十二月二日　上総介 源範政判

人々御中まいる

この範政の勧告によって、それまで禅秀与党であった武蔵武士たちの多くが禅秀討伐軍に加わったようである。『今川記』では、江戸・豊島氏、さらに二階堂氏など南一揆の人々が立ち上がったとしている。ちなみに「鎌倉大草紙」は、その後の経過を次のように記している。

去程に禅秀は千葉・小山・佐竹・長瀬（沼カ）・三浦・芦名の兵三百余騎を足柄山越入江の庄の北の山下に陣を取る間、持氏は今川勢を先登として入江山の西に陣を取給ふ。今川勢夜討して禅秀敗軍、箱根水呑に陣を取。今川勢三島に陣をとり、先陣は葛山、同荒河治部大輔、大森式部大輔、今川門族瀬名陸奥守、足柄を越え、曾我・中村を攻おとし、小田原に陣を取。朝比奈・三浦・北条・小鹿・箱根山をこえ、伊豆山衆徒と幷土肥・土屋・中村・岡崎を攻おとし、同小田原・国府津・前川に陣を取、明れば応永廿四年正月一日、鎌倉より満隆御所幷禅秀、武州世田谷原に陣を取、

南一揆并江戸・豊島と合戦しけるが、江戸・豊島打負て引退きけり。然といへども上方の討手小田原まで責下り。味方打負るよし聞ければ、敵は負ても悦び、味方は次第に力をおとし、同九日、味方大形心替りして敵に加りしかば、持仲・満隆・禅秀不叶、其夜鎌倉へ没落なされ、同十日、禅秀子息宝性院快尊法印の雪下御坊に籠り、満隆御所・同持仲・右衛門佐・禅秀俗名氏憲・子息伊予守憲方・其弟五郎憲春・宝性院快尊僧都・武州守護代兵庫助氏春を初として悉自害して失にけり。

つまり、応永二十四年（一四一七）一月十日、禅秀の従類五十七人、禅秀の男女子ら一族四十二人がことごとく鎌倉の雪ノ下八生院で自殺し、禅秀の乱は終わりを告げたのである。持氏はその月の十七日、鎌倉にもどることができた。

『今川家譜』および『今川記』の「伝記上」に「持氏ト管領憲基ハ駿州今川館ヨリ鎌倉へ帰入玉フ。今度関東ノ太平ハ範政カ大功ニヨル旨、京都ヨリ御教書ヲ下レ被」と記されているように、範政は将軍義持から御教書をもらったことがよみとれる。しかも、その御教書が写の形ではあるが、現在に伝わっている。この点からも、『今川家譜』・『今川記』の信憑性がかなり高いとみることができよう。

勝定院殿

関東の事、早速落居目出たく候。仍って今度忠節他に異なり候の間、富士下方を宛行う所に候者也。

后五月七日

今川上総介殿

これがその義持の今川範政宛の御教書（「今川家古文章写」所収、同前七六七ページ）である。年の記載はないが、「后五月」すなわち閏五月のある年は応永二十四年であり、内容的にも禅秀の乱鎮圧の戦功をいっていると思われるので、このときの御教書として断定してよいであろう。

なお、「今川家古文章写」には、この御教書に続いてもう一通文書がある。

勝定院殿

今川上総介範政申す出羽国竹嶋庄、安房国郡房庄の事、還補成さると雖も、判見及び遵行の由歎き申し候。次に相模国出（玉カ）縄郷、常陸国下妻庄内安敷郷の事、この両所に於ては、半分渡し残され候。何れも厳密に御代に沙汰付けせられ候はば、本意たるべきの状件の如し。

応永廿五

十月廿日　　義持御判

左兵衛督殿

この宛名の左兵衛督というのは、鎌倉公方足利持氏のことである。つまり、範政が禅秀の乱の戦功によって与えられた出羽国竹嶋庄以下の所領は、足利持氏の妨害によって実質的に支配できない状態にあったようである。そこで範政は、その子細を将軍義持に訴え出、義持から持氏にこの文書が出され、範政の支配が貫徹できるよう便宜をはかろうとしたことがうかがわれる。

しかし、ここで注目したいのは、持氏が範政の所領支配を邪魔していた事実、将軍対鎌倉公方の一触即発の危機が内在していたということである。こうした両者の緊迫した関係をぬきに次の将軍義教の駿河下向という事態は考えられないからである。

2　将軍義教の富士遊覧

くじびき将軍

禅秀の乱後も、禅秀与党の武士がそのまま居座るケースが多く、持氏は小栗満重《おぐりみつしげ》を滅ぼし、宇都宮持綱《もちつな》、桃井宣義《のぶよし》を討ち、下総の千葉兼胤《かねたね》や、甲斐の武田信満、上野の岩松満純《みつずみ》らの討伐にかかった。もっとも、そうした行為は、将軍家が本来もつ任務と権限をおかすものであり、義持は持氏討伐の方針を固め、伊勢神宮・春日社・東大寺・東寺などの大社寺に鎌倉調伏《ちょうぶく》の祈願がなされ、範政に持氏征伐の指揮官を命じた。ところが、このときは、こうした義持側の動きをみた持氏が、応永三十年(一四二三)、京都に使者を送って忠誠を誓ってきたのでことなきをえた。

義持は同年三月十八日、十七歳になる嫡子の義量《よしかず》に将軍職を譲った。しかし、その義量は大酒飲みがたたって二年後に死んでしまい、たった一人しかいなかった後とりの死に落胆したのか、当の義持も応永三十五年に死んでしまったのである。

義持は臨終にあたって、将軍の継嗣を決めなかった。『建内記』によると、義持は死の枕辺に三宝院満済准后をよんで、「後嗣を定めても、有力な守護大名がそれを採用しなければどうしようもない」といったという。結局、困った管領とその他有力守護大名たちは、満済の提案する義持の兄弟四人のうちから、くじびきで選んだらどうかというのに賛成し、さっそく実行に移されたのである。くじをひくことになったのは義持の弟たちで、次の四人である。

青蓮院義円《ぎえん》
大覚寺義昭《ぎしょう》
相国寺永隆《えいりゅう》
梶井義承《ぎしょう》

名前からも明らかなように、いずれも寺に入れられ、僧籍にある者たちであったが、結局は青蓮院義円があたりくじと決まった。これが六代将軍義教《よしのり》である。

ところで、これでおさまらないのは鎌倉公方足利持氏であった。義持が生前、持氏を養子にするという約束があったというのである。そのような約束ごとが本当にあったのか否か、今となっては確かめるすべはないが、『今川記』(「富麓記」)第四には、

一都鄙不快の由来者、鎌倉持氏公内々思召立けるは、義持公御存生之時御子なくして、持氏に御跡をゆつり奉るへき由、御けいやく有しを、細川殿の御はからひにて、今の公方、青蓮院殿御世をつき給ふ故、鎌倉殿口惜く思召、事の次もあらは思召立へきやもやうなり。管領上杉とのはとてもかくても、京都の御下知にしたかひ給ふ間、内々君臣不快にて有りけり。

とある。冒頭の「都鄙」とは、都と田舎の意で、具体的には京都の将軍家と鎌倉の鎌倉公方家をさす。その真偽はさておき、持氏は新将軍義教にことごとく楯つくことにより、そのうっぷんばらしをしていったのである。

たとえば、伊勢の北畠満雅《みつまさ》をけしかけて挙兵させたり、それまで将軍の代替わりごとに鎌倉から賀礼使を派遣していたのを送らなかったり、京都では正長二年（一四二九）、永享と改元されたにもかかわらず、そのまま正長の年号を使い続けたといった調子であった。特に、年号を改めなかったのは、幕府支配からの独立を宣言したに等しい行為であり、このようなさまざまな露骨な敵対行為に対し、新将軍義教がいかに対応するか、世間の注目をあびる事態となったのである。

義教は、三代将軍義満のときの先例にならい、持氏の出方をうかがい、あわよくばたたいてしまおうとの決意から、永享四年（一四三二）九月、富士遊覧の名目で駿河まで下ることになった。

駿河府中の望嶽亭

永享四年（一四三二）九月十日、将軍義教は大軍を率いて京都を出発した。細川持春《もちはる》・山名熙貴《ひろたか》・一色持信《もちのぶ》といった幕府中枢の有力守護大名をはじめ、飛鳥井雅世《あすかいまさよ》・三条実雅《さねまさ》・尭孝《ぎょうこう》法印らの公家・僧侶などもこれに従った。その模様は『今川記』（「富麓記」）第三にくわしい。

一永享四壬子年九月十日。公方義教公駿河国富士山御覧の為、京都より御下向、其日武佐に御泊、十一日は垂井に御泊、十二日おり津に御泊、十三日矢はきに御泊、十四日今橋に御泊、十五日橋本に御泊り、十六日に遠州府に御泊、十七日駿河国藤枝鬼巖寺御下着。雨少時雨て晩方より晴て、月は有明にて急ぎ御立。同十八日府中に御着。先小野縄手にして御輿を立られ御覧して、前後左右とよみあい、御跡はいまた藤枝五六里の程、何となくつたへ〳〵、山も川もひゝきわたりけるとなん。御着府則富士御覧の亭に、すくに御あかり有て、

みすはいかて思ひしるへき言の葉も及はぬ富士と兼て聞しを　義教公

君かみむけふの為にや昔よりつもりはそめしふしの白雪　範政

同十九日

朝日影さすよりふしの高ねなる雪も一しほ色まさるかな

御返し

紅の雪を高ねにあらはして富士よりいつる朝日かけかな　範政

（以下略）

以下、飛鳥井雅世・堯孝法印・細川持春などの歌が続くが、いずれも富士山の高さ、神々しさを将軍義教の権威にかける迎合の歌で鼻もちならないごますりの歌が続くので、ここでは省略しよう。なお、この『今川記』（「富麓記」）第三の義教駿河下向の部分は、『富士御覧日記』（『群書類従』第十八輯、日記

足利義教　「集古十種」

部・紀行部所収）と同文である。これは連歌師宗長《そうちょう》の文章といわれており、『今川記』（「富麓記」）成立の事情などがある程度うかがえて、その面からは興味深い。

それはさておき、このときの富士遊覧の模様は、飛鳥井雅世の『富士紀行』、堯孝法印の『覧富士記』（いずれも『群書類従』第十八輯、日記部・紀行部所収）にくわしい。

範政は駿河府中に望嶽亭という建物を建て、これを将軍義教の接待所とした。範政にしてみれば、一世一代の晴れ姿であったろう。贅をつくした造作、料理などにも心くばりがなされたものと思われる。

さて、義教は二十日に清見寺へ行き、二十一日、府中で最後の歌会を開き、宇津山を越えて藤枝に泊まり、翌二十二日、瀬戸谷からさらに大井川を渡り、小夜《さよ》の中山を越えて遠江の見付《みつけ》に泊まり、二十三日、見付を立って、その日は橋本に泊まり、以下二十四日は矢作、二十五日尾張に入り鳴海、二十六日墨俣《すのまた》、二十七日垂井を経て、二十八日京都にもどっている。

前述の『富士紀行』や『覧富士記』などでみる限りでは、義教は富士山を見、歌を詠むためにだけ出かけたかの印象をうけるが、実際は富士山を見て楽しむなどというものではなく、持氏がはたして駿府までくるかをみきわめるためであった。しかし、持氏は病気を理由に駿河府中には顔を出さなかったのである。この時点で、義教の持氏討伐の決意は固まったものと考えられる。それが実行に移されるのは、次の範忠の代においてであった。

文化人としての範政

さきに、『今川記』に載せられた範政の「君がみむけふの為にや昔よりつもりはそめしふしの白雪」という歌に対し、鼻もちならぬごますりの歌と評したが、範政はこのような権力に迎合するような歌ばかりを作っていたわけではない。範政の名誉のために、歌人範政の真の姿を描き出すことにしよう。

『今川家譜』に「範政若年ヨリ歌道ニ達シ、新続古今ノ作者ニ入、武勇ニ勝レ、能書、打物惣テ好處ニ名ヲ顕シ、名人ノ聞ヘアリ」と記されているように、『新続古今和歌集』に二首が撰ばれている。すなわち、まず「恋の歌」の中に、

一目見しかたちの小野に刈る草の
　束の間もなど忘れざるらむ

さらに「雑の歌」のところに、

駿河の国に侍りける頃、歌を番ひて権中納言《飛鳥井》雅縁の許に遣して判詞しるしつくべき由申しけるを書きて遣すとて、よしあしを和歌の浦波たどる間に風のつてさへ遠ざかりつゝと申したる返事に、

よしあしを君し分かずば書きたむる
　言の葉草のかひや無からむ

という歌がある。

範政の場合、和歌の外に、『源氏物語』などの書写・校合に業績を残し、また、『万葉集』の秘事口伝についても特筆しておかなければならない。まず『源氏物語』などの書写・校合であるが、米原正

表5　範政の書写・校合した古典（米原正義『戦国武士と文芸の研究』により作成）

異本紫明抄	巻一	応永二二年　三月中旬
〃	巻三	応永二二年一〇月
〃	巻四	〃　二二年一二月
〃	巻五	〃　二三年正月下旬
〃	巻一	〃　二三年四月上旬
万葉集		〃　二三年七月下旬
〃		〃　二五年四月下旬
小侍従集		〃　二六年八月
和歌初心		〃　二六年九月九日
源氏物語系図		〃　二七年二月
小侍従集		〃　二七年三月
異本紫明抄	巻二	応永二二年　五月
深秘九章		応永二七年四月
阿古根浦口伝		〃　二七年四月
相如集		〃　二七年六月
和歌所不審条々		〃　二九年一〇月
嘉禄本古今集		〃　二九年一二月
和歌初学抄		〃　三三年五月
千載集		〃　三四年正月
〃		〃　三四年三月
詞華集		〃　三四年一〇月

義氏の『戦国武士と文芸の研究』によると、範政の書写・校合した古典は表5のようになり、かなりの数に及んでいる。さらに、書写だけでなく古典研究も行っており、たとえば、『源氏物語提要』六巻を完成し、養女に贈ったりしており、『万葉集』の秘事口伝が範政に伝えられていた。『万葉集』の秘事口伝というのは、権律師仙覚《せんがく》の『万葉集』研究が、仙覚から秘伝として茲澄に伝えられ、ついで範政に至ったのである。範政から中《なか》御《み》門《かど》宣胤《のぶたね》に伝えられている。

駿河守護という任務、とりわけ関東の争乱に対して幕府軍の前衛として活躍しなければならないという多忙な身にあっての文化的業績である。それだけ高く評価しなければならないであろう。

3　彦五郎・弥五郎・千代秋丸

義教と範政の意見の相違

範政の晩年に、相続問題で一悶着もち上がった。範政が嫡子彦五郎にではなく、末子千代秋丸に家督を譲りたいといいだしたのである。すでに述べたように、今川氏は鎌倉公方と幕府との接点に位置する国の守護であり、ふつうの守護とは、重要度においてかなりの開きがあったことは否めない。しかも、後に述べるように、相続争いの当事者の一人は、その関東と血のつながる人物であったのである。将軍としても、この相続争いに無関心ではいられず、中央の記録に内訌の経過が逐一記されることにもなったのである。

ところで、その記録というのは、満済准后の『満済准后日記』である。満済は今小路《いまこうじ》二条大納言藤原師冬《もろふゆ》の子で、三代将軍義満に重く用いられ、その猶子となっている。猶子というのは養子とは異なり、血縁関係のない、読んで字のごとく「猶《なお》子のごとし」といった擬制的親子関係であるが、三宝院二十五世の門跡となり、のち醍醐寺七十四代の座主《ざす》にもなっている。

しかし、満済はそうした僧侶としての立場だけではなく、義満・義持・義教といった三代にわたる将軍の深い帰依をうけ、幕府政治に深く関与し、「黒衣の宰相」などとよばれた存在であった。とりわけ、さきにもみたように、義教の嗣立にあたっては中心的な役割を果たしており、そのため、義教時代には隠然たる力を持っていた人物であった。

つまり、幕府政治の第一線に直接関与していた者の日記が『満済准后日記』であり、今川氏の内訌についてもきわめて詳細な記事を書き留めている。『満済准后日記』の今川氏関連部分はかなりの分量になり、全文記すことは煩雑になるので、関連部分を現代文に直し、年表式に記してみる。

範政から範忠への相続の経過（『満済准后日記』より作成）

永享三年中ヵ	範政、末子千代秋丸の相続を幕府に申請。義教は嫡子に相続させるべきを申し下す。
永享四・三・二八	範政の使者、三浦安芸、千代秋丸の未来器用を見込んでの相続であることを強調。
三・二九	範政の心中が披露され、検討の結果、千代秋丸以外の兄弟に相続させるべきを、山名に申し付けるべきことになった。
四・一	この旨を山名の使者、山口に申し伝える。
六・二九	範政の嫡子彦五郎（のちの範忠）遁世。
七・二一	義教から範政への返報・扇二つ、太刀一腰つかわす。
一一・一五	範政、千代秋丸の相続のことを再度願い出る。（幕府側、病狂仕かとの判断）
永享五・三・一五	今川貞秋、彦五郎は器用不便の由を伝える。
四・一四	千代秋丸から山名時熙へ注進。「弥五郎は父範政の病気急に逼れるに乗じ、強いて譲状を書かしめ、千代秋丸与党の者を打ち国内混乱せり」
	弥五郎から細川持之に注進。「千代秋丸の与党、範政を押しのけ、我意を振る舞うに依り、相続は弥五郎に命じてほしい」
四・二三	庵原氏から注進。千代秋丸は上杉氏と所縁あり、上杉から合力の風聞ある由。ただし、この注進信ずるに足らずしてしりぞける。

四・二七	富士氏・葛山氏から注進。国物忩の由申し来たる。
四・二八	幕府は、彦五郎に相続させるべきを決定し、今川貞秋へ申し遣わす。
五・三	便宜の処置として、幕府は弥五郎に相続させる。
五・九	その由を聞いて義教立腹。
五・一九	駿河国人らから、弥五郎に相続させたことを楚忽であったと批判とどく。
五・二八	今川貞秋参洛。
五・三〇	今川貞秋に駿河国人の意見を聞く。貞秋は、狩野・富士・興津氏らも彦五郎奉戴の誓書を捧げているることを注進。
六・一	重ねて、今川貞秋から意見聴取。五月三日、弥五郎に国事を申しつけたのは、本意でなく無効である。細川・畠山・赤松三人に意見を聞く。彦五郎髪をつつむ。
六・三	国務を彦五郎に譲らしむべき内書を下す。
六・二一	今川右衛門佐入道注進。
六・二二	駿州下向の使星岩和尚、周浩西堂、今晩参洛。
六・二三	彦五郎に駿河国守護職、ならびに官途民部大輔をおおせつけられる。
六・二七	彦五郎、駿河国守護職、ならびに一家惣領以下の御判を拝領。鎧一両、馬一疋、剣一腰を拝領。
六・二九	下国、今川下野守同道。
七・一一	今川弥五郎参洛。
七・一四	駿河に入国（範忠）。
七・二〇	今川治部少輔入道、範忠に忠節をいたすべきを申し送る。
七・二六	今川治部少輔入道、忠節の由の管領奉書拝領したい旨申し送る。
七・二七	三浦・進藤・狩野・富士・興津氏らと岡部・朝比奈・矢部合戦。
七・二八	義教、今川播磨守を駿河に遣わす。
	甲斐の跡部・伊豆の狩野ら富士氏と合力す。駿河守護在所に発向の風聞あり。
	駿河へ僧を下し遣わす。

閏七・一	今川右衛門佐入道の使者西堂参洛。
閏七・五	狩野介・富士・興津の三人を召し上げるべきを仰せ出す。
閏七・二五	今川範忠の注進到来。
閏七・二八	今川範忠の注進再度到来、今川播磨守下国以来物忩。狩野・富士・三浦・進藤氏ら、国中に放火する。
閏七・三〇	狩野・富士・興津を召し上げるべき仰せ出す。
九・三	狩野の湯島城落城。
九・九	範忠から三日の狩野湯島落城を注進。
九・一〇	範忠に御感の内書を下す。
九・一二	駿河国落居の由、遠江国から注進。
九・一四	今川氏重代の鎧、太刀がまだ弥五郎のもとにあり、それを明日渡すべきを命ず。
九・二二	範忠から公方へ御礼、万疋、馬、太刀、進上。

なお、関連人物は、

範政 ┬ 彦五郎
　　 ├ 弥五郎
　　 └ 千代秋丸

であり、彦五郎がのちの範忠になるわけである。永享三年（一四三一）のいつの時点かは明確でないが、範政は末子の千代秋丸に相続させたい旨、幕府へ申請したようである。それに対し、将軍義教は、末子千代秋丸ではなく、嫡子彦五郎へ相続させるべき旨を申し伝えたと思われる。というのは、永享四年三月二十八日、範政の使者三浦安芸が、なぜ、嫡子彦五郎をしりぞけ、千代秋丸を相続人と定めたのか、将軍に対し説明していることに読みとりうる。

しかし、範政の側の説明をうけても、幕府側、すなわち義教は、七、八歳の器用・非器用はまだわかるわけがないという態度をとり、千代秋丸の母が扇谷上杉氏定《うじさだ》の娘で、「母方有縁」をみぬいており、「大事国相続」であり、しかも、「関東一體雑説之間、及種々沙汰」とあり、鎌倉府、すなわち足利持氏に接近する結果をもたらすことが明白な千代秋丸への相続は認めることができないとの態度を貫くことになったのである。

なお、『今川記』「伝記上」に、

一上総介範政に三子有り。一男範忠兵部少輔。母上杉弾正少弼氏定女。応永十五年五月出生す。

二男範頼小鹿小五郎、其弟範慶、小鹿摂津守と申て三人有り。

とあるが、範忠の母を上杉氏定の娘とするのは誤りであろう。末子千代秋丸の母が上杉氏定の娘であったと思われる。なぜ、範政が末子への相続に固執したかについてはわからない。単に末っ子かわいさというわけではないであろう。

ところが、義教にも、範政にもまったく予期していなかったことがおこった。永享四年六月二十九日の彦五郎の遁世《とんせい》である。これは、父範政が末子千代秋丸への相続を希望したにもかかわらず、将軍はそれを許そうとしないというジレンマからいかに脱却するかという、彦五郎なりの考えであったわけであるが、事態の解決をかえって長びかせる結果になってしまった。

相続人の定まらぬまま膠着状態となり、そのまま年を越して翌永享五年三月十五日、今川一族の長老今川貞秋《さだあき》が、彦五郎は「器用不便」の由を申し伝えてきた。「器用不便」とはほかならず「器用不憫」で、彦五郎が次期守護の器であるにもかかわらず、相続人として排除されていることは不憫であるということであろう。今川一族の長老貞秋の意見は、彦五郎相続への幕府の考え方をさらに強固なものとすることになった。

泥沼化する相続問題

ところが、そのような折も折、ここにもう一つ問題がおこった。これまでは相続問題には何ら関係していなかった、二男弥五郎が動き出したのである。内訌はますます泥沼化し、三つ巴の戦いとなっていった。その顚末もまた、『満済准后日記』からよくわかる。すなわち、四月十五日、二通の注進状が駿河から京都へ到着した。一通には、

> 今河上総守(介)二男弥五郎、父上総守(介)当時病林鶴林式に及ぶの処、父を人質に取り、雅意に任せ、譲與状をさせ、舎弟千代秋丸方をば大略之を打ち了《おわんぬ》。

という内容が記されていた。これは千代秋丸から山名時熙への注進であり、読んでわかるように、弥五郎が父範政の病危急に逼れるに乗じ、強いて譲状を書かせ、千代秋丸与党の者を討ち、国内が混乱したことを伝えたものである。

もう一通は、弥五郎から細川持之に注進したもので、

千代秋丸方の者共、父を押しのけ雅意に任すべき所行露顕の間、その沙汰を致し了。今に於ては、一迹の事、弥五郎に申し付くべし。早々に御判を沙汰申すべき旨、状を以って管領に申さしむる也。

という内容になっていた。つまり、少なくともこの二通の注進状によって、幕府の内部においても、山名時熙が千代秋丸の相続を主張し、細川持之が弥五郎の相続を主張するというように、幕府内部の実力者が、それぞれの側を支持する複雑な様相を呈しはじめていたのである。

山名・細川の対立といえば、すぐに応仁・文明の乱が思いおこされるが、駿河守護職をめぐり、まさに山名・細川といった二大勢力をバックにした内訌へと発展し、応仁・文明の乱の前哨戦が行われる可能性が多分にあったのである。しかし、そうした事態が回避されたのは、義教が終始彦五郎の相続を主張して譲らなかったためであった。

義教は四月二十八日、彦五郎への相続を決めて、今川貞秋方へ申し遣わしている。ところが、それでは国が治まらないという理由で、幕府の首脳部は便宜の措置として弥五郎に相続させることにした。このあたり、将軍と管領などの幕府首脳部との考え方、さらに行動のちがいが指摘され、将軍権力のあり方を考える一つのヒントを与えている。それはさておき、そうした措置がなされたことを聞いた義教は、『満済准后日記』五月九日条（同前八五五ページ）に、

御判時宜により楚忽に今河二男弥五郎に渡し遣わすべからざるの由、仰せ付けらる処、今日三日、既に渡し遣わすの由注進の間、以っての外御腹立ち也。

とあるように、大いに立腹している。義教が立腹したということは、弥五郎への相続認可が義教の関知しないところで決められてしまったことを示している。弥五郎を推していたのが細川持之であるから、この措置も、管領細川持之の画策だった可能性が強い。

こうした混乱の最中、当の範政が死んだ。したがって、範政が死んだ時点では後継者は決まっていなかったことになる。永享五年（一四三三）五月二十七日のことである。もっとも、これにも異説がないわけではない。「今川家略記」では嘉吉元年（一四四一）五月二十七日とし、また、『駿河記』および「今川家略記」の異説の注では、嘉吉二年四月三日としている。しかし、今までみてきた通り、『満済准后日記』の内容からすると、嘉吉元年説・二年説は否定され、『寛政重修諸家譜』・『今川家譜』・『今川記』の伝える永享五年説が最も妥当であろうと思われる。なお、生年は、『寛政重修諸家譜』・『駿河記』・「宗長手記」に貞治三年（一三六四）誕生とあり、没年から逆算してもこれにあたる。

最後に、「今川家略記」の範政の項を記しておこう。

範政　叙従四位下　任上総介民部大輔　　伝云、範政ハ泰範の嫡男也。家督す。其為人文武を兼和歌を嗜みし良将也。嘉吉二年壬戌四月三日卒。或云永享十三年辛酉五月廿七日法名今林寺殿慶堂道賀大禅定門と諡す。葬地未詳。或云今安倍郡安倍口村に自在庵という小堂あり。此地往古今林寺ありし跡と云。慶長年中川成退転すと云伝たり。

第五章　五代今川範忠

1　範忠の相続

範忠相続の内書

範政が死んだことによって、範政が最後まで固執していた千代秋丸相続の線は消えた。しかも、範政が死ぬ少し前には、駿河の国人たちから、「弥五郎に相続させたことは楚忽であった」という批判が幕府に届けられている。つまり、国人の対立をなだめ、内乱状態を鎮めようとしたことが、かえって内乱状態を助長する結果になったのである。弥五郎相続の線も弱くなっていった。

範政が没した日の翌日、すなわち五月二十八日、今川貞秋が参洛し、駿河の国人たちの様子を報告した。その子細は『満済准后日記』五月晦日の条（同前八五六ページ）にくわしい。

晦日晴。早旦出京。室町殿に参る。今河遠江入道申す詞駿河国人等幷総州内者所存事門跡に於て委細尋ね聞くべしと云々。仍って奉行三人飯尾肥前守、同大和守、松田対馬守参り申す。今河遠江入道同前。条々申す詞奉行三人之を録し了。然りと雖も、猶遠江入道状に載せ、申し入るべき条、宣すべき旨、肥前守頻りに申し入れる間、遠江入道自筆の状を以って申し入れ了。条々不分明の間、委しく記す能《あた》わず。大概也。一、総州一跡の事、嫡子に付け、彦五郎に仰せ付けらるべきの処、国人・内者所存何様の事。この条連々遠江入道先度仰せ出だされて以来、国人・内者に相尋ねる処、国人狩野・富士・興津以下三人は、両三度に及び、既に請文を捧げ彦五郎に仰せ付けらるべきの条、畏み入るの由申し上げ了。内者事、矢部・浅井《（朝比奈）》那の者共、大略は同前に申し入るか、何も上意たるべき由申す段は勿論也と云々（以下略）。

つまり、今川貞秋は、狩野・富士・興津氏といった千代秋丸支持派の国人も、彦五郎奉戴の誓書を捧げていることを報告しているのである。もっとも、のちに述べるが、その後の狩野・富士・興津氏らの動きをみると、このとき、そのような誓書を提出したことは考えられず、むしろ、内紛を憂慮する一族の長老今川貞秋の苦肉の策ともみられるのである。

六月一日にも重ねて貞秋からの意見聴取があり、さきに五月三日、弥五郎に国事を申し付けたのは本意ではなく、無効であるということになった。この日から彦五郎は髪をつつみ、次期家督相続者としての準備をはじめたようである。

そして、ついに六月三日、将軍義教から「国務を彦五郎に譲らしむべし」という内書が下り、彦五郎は義教に拝謁し、久国の太刀を進上している。つづいて二十三日、彦五郎に駿河守護職ならびに官途民部大輔をおおせつけられ、二十七日には一家惣領以下の御判を拝領し、ここに急転直下、今川氏

五代、範忠が確定されたのである。「今川家古文章写」（同前八六〇ページ）に、

亡父上総入道々賀遺跡本知行等の事

早く今川民部太（大）輔範忠領知せしむべきの状件の如し。

永享五年六月廿七日

普光院殿御判

とあるが、上総入道々賀というのは範政のこと。差出者の普光院は普広院《ふこういん》のことで、足利義教のことをさしている。したがって、亡父範政の遺跡を範忠が継ぐことを認めているのである。このことは、『満済准后日記』の六月二十七日条に「今河彦五郎駿河国守護職并一家惣領以下御判拝領、任民部大輔云々」とみえることと一致する。こんなことからも、「今川家古文章写」の史料的正しさが証明されよう。

内乱状態の駿河

こうして、新守護範忠は七月十一日、駿河府中の今川館に入った。ところが、それからそう日がたたない七月二十日、三浦・進藤・狩野・富士・興津氏といった国人が、新守護範忠の入部に反対して反乱をおこしはじめたのである。これを私は反範忠国人一揆とよびたい。駿河では一番最初の国人一揆ではないだろうか。

それに対し、岡部・朝比奈・矢部氏といった範忠支持派が防戦し、駿河国内は再び内乱状況を呈し

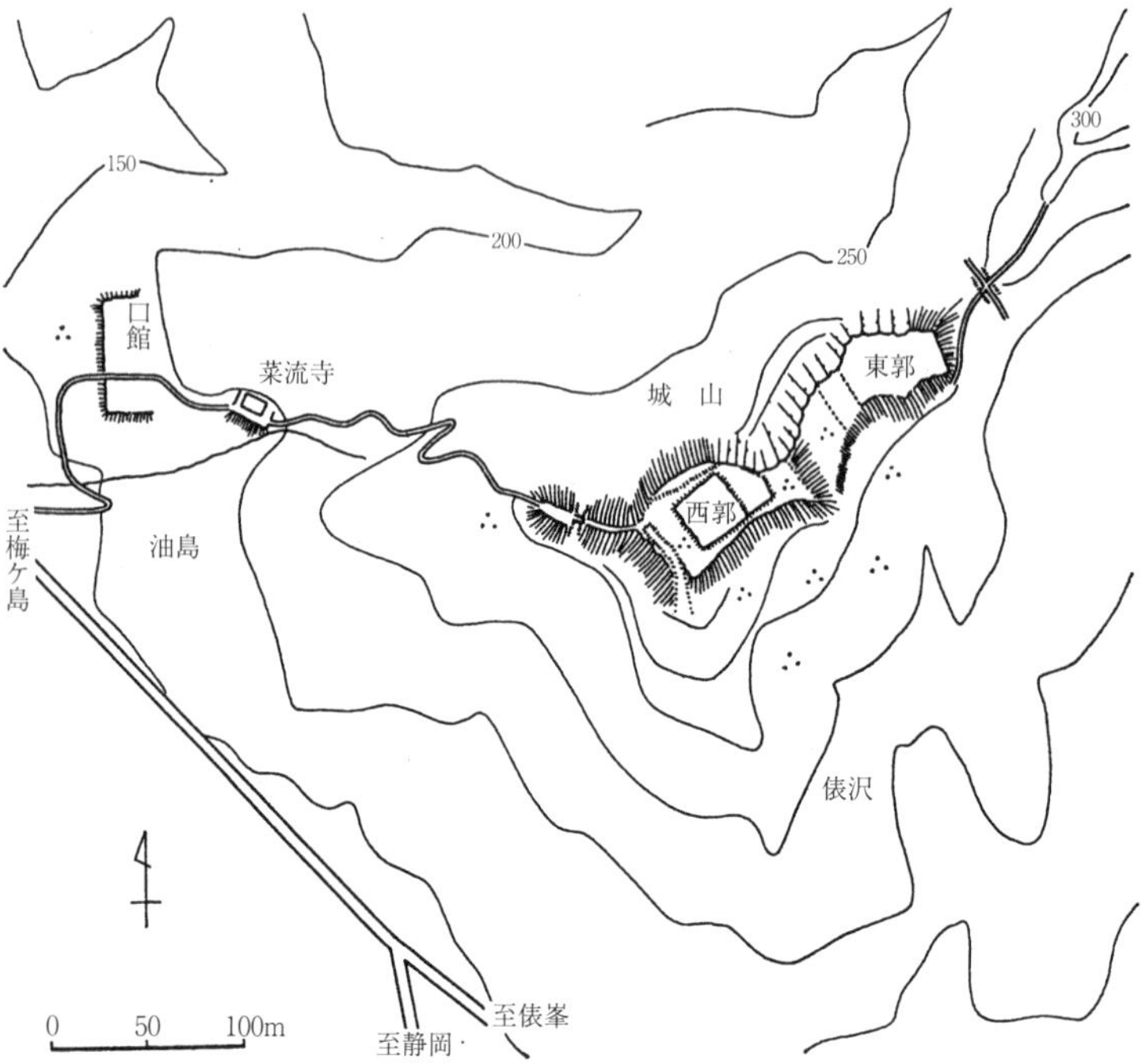

湯島城略図（『日本城郭大系』9による）

たのである。二十七日には、甲斐の跡部氏、伊豆の狩野氏らが富士氏らと合力《ごうりき》し、駿河府中へ攻めいるという風聞もあったりして、動揺が続いていた。

閏七月に入ると、狩野・富士・三浦・進藤氏ら、反範忠を旗印とした国人一揆は、国中に放火してまわり、範忠の支配を攪乱する戦法をとった。『満済准后日記』の閏七月二十八日の条（同前八六四ページ）には、

駿河より又注進到来。同名播磨入道罷り下りて以後、国物忩。狩野・富士以下、三浦・進藤等罷り出で、国中所々放火。剰《あまつさえ》、近日

府中に指し寄すべきと云々。遠江・三河勢早々御合力有るべしと云々。

とある。なお、ここに同名播磨入道と出てくるのは、今川の同名、すなわち今川播磨入道のことで、秋本太二氏の研究によって蒲原城主今川直忠《なおただ》のことであることが知られる（「遠江に於ける守護領国支配の推移」『地方史静岡』第二号）。ちなみに、直忠は今川了俊の弟氏兼《うじかね》の子である。範忠は一族の今川直忠を京都に派遣し、三河・遠江からの援軍を要請させたのであろう。

このような援軍によってかどうか、その辺のことは不明であるが、九月三日になり、ついに反範忠国人一揆の中心であった狩野氏の湯島城が落とされた。同じく『満済准后日記』（同前八六五ページ）には、次のように記されている。

（九月）九日。晴。（中略）

駿河守護方より注進両度到来し了。狩野介の湯島城と云々。今月三日責め落とし了。奥城計に罷り成る。定めて退治程有るべからざるかと云々。

つまり、湯島城の陥落により、反範忠の国人一揆が壊滅していったことがうかがわれるわけであるが、これまで、狩野氏の拠った湯島城が不明であった。旧安倍郡域（現在、静岡市）には〝ゆしま〟あるいはそれに近い地名が数ヵ所あり、城の所在地について、旧安倍郡大川村湯島とする説、湯の島とする説などがあり、はっきりしていなかったのである。最近、静岡古城研究会の見崎閑雄氏によって油島（現在、静岡市葵区油島）背後の城山に空堀《からぼり》などの遺構がみつけられ、狩野氏の城であったと推定されるようになった。右の図にみるように、規模そのものは国人領主狩野氏の本拠としてはやや小さすぎる感がしないでもないが、曲輪なども残っており、その可能性は高いものと考えられる。

下って十四日、一時弥五郎に渡されていた今川氏重代の鎧・太刀を範忠に渡すべき命が下され、二十一日には、範忠から将軍義教へあらためて御礼が届けられ、銭万疋・馬・太刀が献上された。ここにおいてようやく、範忠の安定した駿河の守護領国制的支配がスタートを切ったのである。

以上によって、一守護である今川氏の家督相続にあたり、将軍・管領などがいかに干渉したかが明らかになったものと思われる。しかし、そのことは、今川氏の重要性の裏返しの表現でもあった。駿河が幕府と鎌倉府との「国界」でなければ、将軍義教とても、このように介入はしなかったであろう。その意味からいっても、駿河守護の政治的地位は特殊であった。

2　幕府の尖兵として

永享の乱で戦功第一の範忠

そうした駿河国守護の政治的地位の特殊性は、さきに泰範のとき、上杉禅秀の乱によって具体化されたが、さらに範忠の代に至って、ますますその真価が発揮されることになったのである。

前に述べたような、将軍義教と鎌倉公方足利持氏との一触即発の危機はなおも続いたが、鎌倉では関東管領上杉憲実《のりざね》が、京都では満済准后や管領畠山満家《みついえ》といった東西の慎重派というか穏健派の努力により、衝突だけはどうにか回避されていたのである。

ところが、永享七年（一四三五）の満済の死と、同年から持氏と上杉憲実とが不和になったことが重なり、慎重派・穏健派の歯止めが失われることになり、義教・持氏の対立は一挙に拡大されていったのである。対立の要因はもちろんいくつかあるが、主要なものとして次の二つがあげられる。

一つは、永享八年の信濃守護小笠原政康と豪族村上頼清《よりきよ》との紛争である。持氏がこの紛争に介入し、信濃に出兵したのであるが、信濃国というのは鎌倉府管轄の十ヵ国には含まれず、幕府の管轄下である。そうした信濃に兵を送りこんだということは、鎌倉公方としては明らかな越権行為であった。その時点では即衝突には至らなかったが、義教としてみれば許しがたい行為であったろう。

もう一つは、持氏と関東管領上杉憲実の対立で、永享十年、持氏の嫡子賢王丸（一説に天王丸）の元服に際し、憲実は従来の慣例通り、将軍の一字をもらうよう持氏に説得したが、持氏はそれを拒絶し、義久《よしひさ》と名乗らせることになった。有職故実《ゆうそくこじつ》にも明るく、文化人でもあった憲実が、持氏を見限ったのはその時点であったろう。

憲実は自己の領国である上野にもどろうとして鎌倉を出たところ、持氏がすかさず追討の軍を集め、憲実の討伐にかかって

高安寺　東京都府中市

武蔵府中（現在、東京都府中市）の高安寺に兵を出し、いっぽう憲実の方も幕府に救援を求めた。ここに、永享の乱の幕が切って落とされたのである。

以前、上杉禅秀の乱のとき、幕府は持氏を助けて関東管領上杉禅秀を討ったが、今度は関東管領上杉憲実を助けて持氏を討つことになった。もっとも、上杉憲実と義教の間には事前の密約があったらしく、憲実の上野退去とほぼ時を同じくして、憲実の援軍の大将として信濃の小笠原政康、駿河の今川範忠が命ぜられた。『今川記』（「富麓記」）第四に、

一然に今川上総介泰範（範忠の誤り）、京都の仰を蒙り、関口四郎、小笠原掃部助・斎藤加賀守・葛山を先かけの大将として、足柄山を越て関本の宿に陣を取る。是を聞て持氏公上杉陸奥守を大将として、二階堂下総守・宍戸備前守・海老名上野介以下三百余人発向す。今川勢関本を立て相州早川尻成田と云所に押寄。同七月廿四日散々に責戦ひ、憲直打負ければ、家人肥田勘解由、足立・荻窪討死し、憲直を初め二階堂・宍戸・海老名悉く敗軍して鎌倉へ引返す。京都大将上杉持房も越山有りて、今川勢と一つになる。此人々高麗寺山に陣を取り、鎌倉をせめんとうかゝひける。鎌倉方よりも猶木戸左近持季百余騎にて対陣しける処に、憲実上州より攻上りける間、持氏公の御馬廻皆憲実へ降参有ければ、力にをはす、持氏公鎌倉へ返り給ふに、三浦のともから防矢射かけて、鎌倉へ入給ふへき様もなし。金沢の称名寺へ御移り有り。爰にて叶ましとや思召けん御出家有りけり。法名道継と申けり。今度の讒言の張本一色直兼、上杉憲直二人郎等五十三人、此所にて憲実が為にうたれ、或は自害してうせにけり。其後二月十日鎌倉の永安寺にて、持氏公、満貞御兄

弟共御自害をすゝめ奉る。若君義久も御切腹有り。

と、ことの顚末が記されている。両軍何度かの戦いはあったが、次第に持氏勢が圧迫され、十一月四日、金沢の称名寺で持氏は剃髪し、十一日、鎌倉の永安寺《ようあんじ》に移され、翌永享十一年二月十日、そこを憲実の軍勢に攻められ、とうとう持氏は自殺してしまったのである。四十二歳であった。ここに、基氏・氏満・満兼・持氏と続いた鎌倉公方は、四代九十年にして滅び去ったのである。

この永享の乱において、戦功第一は今川範忠であった。そこで範忠は義教から戦功を賞されたわけであるが、そのときの戦功がちょっと変わっている。『今川記』の「伝記下」には、

持氏公も武州へ出馬ありしか、三浦の者とも背て、鎌倉を焼立ける間、不叶引返し、金沢に籠り、十一（マヽ）月二日に父子自害して京都の御本意を遂られ、今川家数度の軍忠の功を御感の余り、惣領一人一名の御免許の御書、此時、範忠に下し給はる。普光院殿善山足利六代将軍義教公乃御所の御時なり。此御書、当家の重書の第一なり。其時より惣領の外は、今川と名乗事なし。

とあり、『今川家譜』もほとんど同文である。つまり、将軍義教から範忠に対し、「永享の乱の働きが抜群であったので、今後は今川の苗字は範忠の家系だけにしてやろう」というものである。これを、ふつう「天下一苗字」などとよんでいるが、はたしてこのような恩賞が本当にあったものであろうか。「今川家古文章写」などに、そのときの義教の御内書でも収められていれば疑問の余地はないが、史料的には不確実といわざるをえない。

なお、時代はかなりのちになるが、江戸時代、今川氏一族瀬名氏の末裔で幕臣となった瀬名貞雄が、

明和九年（一七七二）、『今川一苗之記』（国立公文書館内閣文庫蔵）というものを書き残している。それには、

> 今川範忠義元曾祖父ノ時、鎌倉持氏公ト管領上杉憲実不和出来、京都ヨリ持氏御退治トシテ、上杉持房大将軍ヲ奉り、御旗ヲ帯シ下向ス。永享十年九月十日箱根山合戦ニ、持房討負三島・沼津ノ辺ニ退ク。此時今川範忠モ京都ノ御下知ヲ請、分国ノ人数ヲ率シ、足柄ヲ越テ相州関本へ発向ス。持氏ヨリモ足立・本庄以下ノ者共相州早川尻ト言所へ出向テ、終日合戦有シニ、鎌倉勢ヲ不レ残今川ノ手へ討取、此ツイへニ来シ、直ニ鎌倉へ責入ル。持氏公モ武州へ出有シカ、三浦一党ノ族背キ奉リ、鎌倉ヲ焼シ故、不レ叶シテ失給フニヨリ、京都ノ御本意ヲ遂ラレ、今川家数度ノ軍功ヲ御感ノ余リ、今川苗字惣領一名タルへ（キ脱）ノ免許ノ御書ヲ、普光院義教公ヨリ給リ、是ヨリ天下一名トナリ、惣領ノ外名乗ル者ナシ。依テ同姓一族悉ク名字ヲ在名ニ改ルト言リ。

とあり、特に最後の部分に注目したい。惣領のみが今川を名乗り、他は在名を苗字に改めたという部分である。

遠江今川氏、つまり了俊系今川氏が、居城地の地名を苗字とし、堀越氏となったのがちょうどこのころであることは、永享の乱による恩賞として、今川氏を天下一苗字とすることがあったかもしれないことを示唆するものである。今川姓の流布が極端に少ないことも傍証にはなろう。私は、こうした恩賞もありえたのではないかと考えている。

足利安王丸・春王丸の墓　岐阜県垂井町・金蓮寺蔵

結城合戦への参陣

さて、永享の乱によって、持氏と嫡子義久は自殺したが、二男の安王丸《やすおうまる》・三男の春王丸《はるおうまる》・四男の永寿王丸《えいじゅおうまる》の三人は下野の日光山に落ちのびて無事であった。永享十二年（一四四〇）三月、彼らはひそかに下総国の結城氏朝《うじとも》に迎えられた。結城氏は鎌倉時代から続く関東の名族であるが、持氏の遺児安王丸・春王丸・永寿王丸を戴いて兵を挙げたのである。

結局、上杉憲実のあとを継いで関東管領になっていた上杉清方《きよまさ》を大将とする討伐軍との戦いとなったが、このときも範忠は参陣し、戦功をあげている。義教が範忠を副将軍にしたというのは、このときの戦功によってであるといわれている。

『今川記』（「富麓記」）第四は、そのときの様子を次のように伝えている。

持氏公の御子二人、日光山にかくれ給ひしか、結城氏朝を御たのみ有りしかは、甲斐々々敷たのまれ申、数百人馳集り、籠城しければ、此由京都へ申上る間、御代官として上杉持房、同舎弟教朝御旗を帯し馳下る。鎌倉勢も数十馳下り。已に四方を取巻攻けるに、籠る處の猛勢も少もひるます、日夜旦暮に合戦し、更に落へきやうもなし。其比信濃大井越前之結城の加勢に馳来ると聞えし程に、上杉三郎重方上州馳向ふ。又箱根法印兄弟、大森伊豆守、鎌倉をうかゝひけると聞えしかは、今川上総介範政《（範忠の誤り）》に被仰、駿河勢を引率して足柄山を越て、平塚に陣を取り、同浦原播磨守国府津に陣取て待かけたり。

一然に永享十二《（三の誤り）》年改元有。嘉吉と号す。四月十六日結城の城より四方一度に攻破り、数千籠し人々、大将結城右馬頭父子名家の面々三百餘人以上、軍兵五百餘騎自害し、或は討死して失にけり。今川式部丞氏広も此合戦に討死也。是は今川の一門範満の孫、上杉式部大夫朝広と云ひし人の子なり。持氏公とけいやく不浅しか、鎌倉の合戦にはのかれて此時討死しけり。若君達もいけとり申、同五月御上洛ありて美濃国垂井の金輪寺にて御自害有り。此度関東に干戈のうごき、諸家難儀の思ひをなす折ふし、今川勢両度に及ひて越山有り。粉骨の忠節比類なしとて、義教公御感のあまり御聞有りて、今川範政《（範忠の誤り）》に副将軍□給りけり。是又今川家の名誉の其一也。

つまり、嘉吉元年（一四四一）四月十六日、城が落ち、結城氏朝以下の面々は戦死。女装して脱出をはかった安王丸・春王丸の二人は捕らえられ、京都に送られる途中、美濃の垂井というところで殺されてしまったのである。なお、文中に範政とあるのは、明らかに範忠の誤りである。従来、この部分の記載から、範政も副将軍とよばれたかのように解するむきもあったが、すでに述べたように、範政は永享五年に死んでいるので、結城合戦に参陣したのは範忠である。

兄二人を殺された末弟の永寿王丸も、当然殺される運命にあった。しかし、人の運不運はわからないもので、兄（安王丸・春王丸）たちより少し遅れて捕らえられたため、殺されずにすんだのである。つまり、京都への護送の途中、生かしてそのまま京都に護送すべきか、安王丸・春王丸のように、途中で成敗してしまうか、将軍義教の指示を求めて使者が京都についたとき、義教がすでに赤松満祐《みつすけ》によって殺されていたのである。この嘉吉の乱という突発的事件により、殺されるべき身であった永寿王丸は命をながらえたのである。もっとも、この永寿王丸が一人生き残ったことによって、のち、関東の争乱が増幅されることになった点は重視しておく必要があろう。

足利安王丸・春王丸の墓　岐阜県垂井町・金蓮寺

すなわち、関東では鎌倉府の長官である鎌倉公方不在の時代が長いことつづく内に、国人たちの間から新たな公方の下向を求める声が上がってきた。そうした情勢をとらえ、宝徳元年（一四四九）、上杉憲実は持氏の遺児で、ただ一人命拾いした前述の永寿王丸を鎌倉公方にすべく、将軍義政に要請した。結局、永寿王丸は元服して成氏《しげうじ》と名乗って関東に下ることになった。義政はそのときはまだ義成《よししげ》を名乗っており、将軍の一字をもらいうけるという慣例にならったものである。

足利成氏討伐と範忠の死

新しく鎌倉公方を迎えた憲実は、自らは身を引いて、子の憲忠《のりただ》を新しい関東管領とした。しかし、成氏にとってみれば、自分を鎌倉公方として呼んでくれた恩はあっても、やはり憲実は、父持氏、兄義久・安王丸・春王丸と計四人を殺した親兄弟の仇であることにかわりはない。いきおい、仇の子である憲忠とも対立するようになった。具体的な形で表面化したのは、成氏が父持氏以前からの旧臣である結城氏や簗田氏・宇都宮氏らを重く用い、旧領を与えたりしたためである。ついに享徳三年（一四五四）十二月、成氏は憲忠を謀殺してしまい、ここに享徳の乱とよばれる関東の内乱がひきおこされたのである。

このとき、成氏からも、上杉氏からも、京都の将軍義政に対して援軍派遣の要請があったが、義政は成氏側を幕府に対する謀反と判断し、ついに今川範忠を征東大将軍として出兵させることになった。なお、これまで永寿王丸とされてきたが、最近、百瀬今朝雄氏は万寿王丸であろうとした。

翌康正元年（一四五五）、範忠は成氏討伐の幕命をうけて、奉公衆等を従えて京都を出発。六月十五日に鎌倉に入り、十六日、鎌倉に火を放って鎌倉公方の館などを残らず焼き払い、ついに成氏は鎌倉を支えることができず、下総の古河《こが》に逃れたのである。なお、これからのち、成氏は鎌倉を回復することはできず、古河をそのまま本拠としたため、以後、成氏は古河公方とよばれることになる。

もっとも、このときの鎌倉攻めでは、実際の鎌倉攻めの任にあったのは範忠の子の義忠《よしただ》である。義忠の活躍ぶりは、次章でくわしくふれることにしよう。

範忠の没年については四説あるが、嘉吉元年（一四四一）四月六日、三十三歳で没したという『寛政重修諸家譜』・『今川記』・『今川家譜』、それに、康正元年（一四五五）に四十八歳で没したという旧『静岡市史』の説は、ともに発給文書が康正三年（一四五七）まであることによって抹消される。残る二説は、寛正二年（一四六一）五月二十六日没とする「今川家略記」および『駿河記』、寛正三年とする「今川家略記」であり、この両者の内では、寛正三年説が「今川家略記」において異説の形で紹介されている程度であり、寛正二年説の方が正しいように思われる。生年は、『駿河記』・『寛政重修諸家譜』・「宗長手記」が応永十五年（一四〇八）としているので、いちおうそれに従っておこう。

「今川家略記」には、次のごとく記されている。

範忠　称彦五郎　叙従四位下　任上総介民部大輔治部大輔

伝云範政の嫡男也。永享年中京都将軍の台命にて友軍の将となり、鎌倉に合戦す。足利持氏卿敗績自害す。其後又下野国結城城を攻む。嘉吉元年城陥る。城将をはしめ従兵尽く自殺す。範忠両度の東征其勲功を賞せられて永享十二年嗣（副の誤り）将軍に補せらるといふ。寛正二年辛巳五月廿六日卒或云三年壬午法名宝處寺殿不二全公大禅定門と謚す。葬地香花院等詳ならす。

第六章　六代今川義忠

1　父範忠の名代として

嘉吉の乱と享徳の乱

『今川記』（「富麓記」）第四に、嘉吉の乱の描写があるが、そこに今川氏の関係として次のような記載がある。

此乱駿河へ聞えしかは、上意を待にをよはす、今川上総介範政は国に留り、子息五郎範忠軍兵千餘騎にて打立、尾州熱田に着陣の時、山名か赤松を討捕、首上洛のよし聞えけれは、軍兵は引返す。さりなから是迄参陣の験にとて、石川八郎左衛門・新野左馬助・庵原安房守二百餘騎にて上洛す。

『今川記』は、この前後重大な誤りをおかしている。すなわち、今川氏の当主の名前が一代ずつずれているのである。ここには範政が駿河に留まり、嫡子範忠を京都に派遣したとしているが、すでに述べたように、範政は永享五年（一四三三）五月二十七日に死んでいることは確実なので、嘉吉の乱のおこった嘉吉元年（一四四一）に生存しているはずはなく、一代ずつ下げて、範忠が嫡子義忠を派遣したと解すべきである。このあたり、『今川記』（「富麓記」）の誤った記載により、これまでの今川氏の歴代の事績がかなり誤ったものになっていたことは否めない。

さて、範忠は幕命をまつことなく、嫡子義忠に千の兵をつけて上洛させたわけであるが、途中、山名持豊《もちとよ》が赤松満祐を討ったという報をうけ、本隊は引き返し、参陣したことを示すために、石川八郎左衛門・新野左馬助・庵原安房守ら二百余騎を上洛させたのである。

今川義忠木像　静岡県菊川市・正林寺蔵

しかし、ここにまたもう一つの問題がある。義忠は後述するように、没年と享年から逆算すると、永享八年の生まれという点である。つまり、範忠の名代として嘉吉の乱に京都に馳せ参じたときの年齢が、わずかに六歳ということになってしまうのである。

足利尊氏がわずか四歳の嫡子義詮を鎌倉攻めの大将にしたような例もあり、六歳の義忠が上洛した可能性がまったくないとはいえないが、やはりこのあたり、義忠の生年を考え直してみるべきであるように思う。

さて、つづいて義忠が父範忠の名代として出陣したのは、享徳の乱のときである。このときは、さきの年齢計算でいくと二十歳ということになる。享徳の乱のときの義忠の出陣については、『今川記』の「伝記下」および『今川家譜』がくわしい。同文なので、『今川記』の「伝記下」を次に引用しておく。

　享徳三年十二月廿七日、上杉右京亮憲忠は、鎌倉西の御門の宿館にて、成氏の為に誅せらる丶。是により憲忠が被官同名、所々に籠て合戦止隙なし。成氏は三條殿を頼み被レ申。京都へ更に別心を不レ存。唯上杉憲忠悪逆の事在レ之て誅伐せしめ候。御免許有りて御和談有へきよし、頻りに言上有りしかとも、京都御とかめ深くして、京都より今川上総介義忠に、海道の大将を給り、御旗を下し給はる綸旨御教書を帯し、康正二（元の誤り）年六月十五日、鎌倉へ攻入ければ、成氏は先達て総州に下向し、留守の兵数千楯籠防戦ける。一日一夜攻戦ひ、終に鎌倉の館を攻落、敵六百餘人首切かけ、悉く焼払ふ。成氏は下総国下河辺の荘に落て、古河の城に籠り、二度鎌倉へ帰り得す。是聊上総介義忠か大功なりと、京都より御感状を被レ下。

『今川記』では、将軍義政から直接義忠に鎌倉攻めを命じたかのような書き方をしているが、その時点では、まだ駿河守護は範忠であるので、範忠へ命令が下されたと考えるのが自然であろう。では、範忠から義忠への守護職の継承はいつであろうか。

範忠から義忠への守護職継承

範忠から義忠への代替わりの時期は、史料的にはっきりしている。すなわち、「今川家古文章写」

（同前一一五六ページ）に、

慈照院殿

御判

上総介範忠本領等の事

早く譲状幷当知行の旨に任せ、今川治部大輔義忠領掌し、相違有るべからざるの状件の如し。

寛正二年三月廿日

とあり、慈照院殿とは将軍義政であるので、義政から相続が認められたことを示している。しかも、文中「上総介範忠本領」とあり、「遺跡」と表現していないことに注目しておく必要がある。範忠から義忠へ相続が行われた寛正二年（一四六一）の三月二十日の時点では、範忠はまだ死んでいなかったことが明らかである。要するに、さきにみたように、同年五月二十六日に範忠が没するわけで、死の二ヵ月前に相続がなされていたことがわかる。

これは、範忠が、自分が父範政から家督を相続するにあたって三つ巴の内訌になったという反省から、生前に譲与したものとも考えられるし、範忠が晩年、病弱であったことを示すものかもしれない。その点は明らかにしがたいが、家督相続をしたその年の十二月、早くも将軍義政から、堀越公方《ほりごえくぼう》足利政知《まさとも》の援助を命ぜられている（「室町家御内書案」『後鑑』巻一八七）。

ところで、次の今川氏親《うじちか》にも深く関係してくるので、ここで少し堀越公方について説明を加えておこう。すでにみたように、鎌倉を逐われた足利成氏は、下総国の古河に本拠を置いて古河公方を

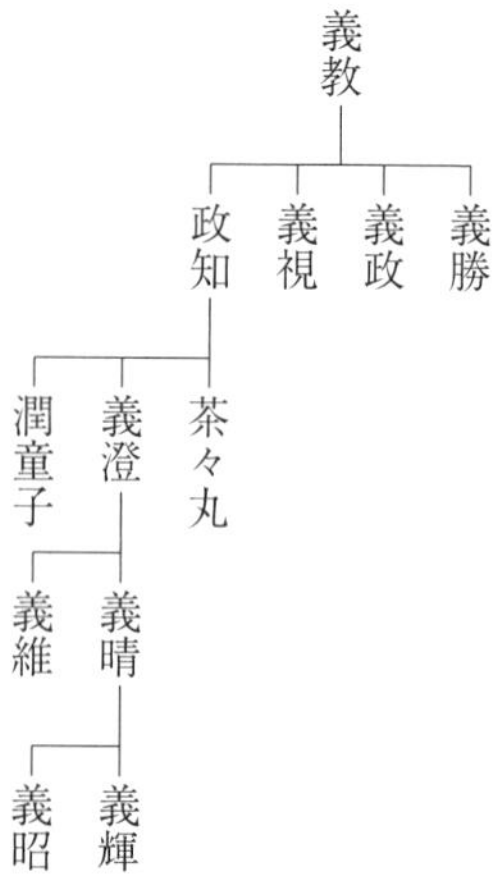

系図7　足利氏略系図（2）

名乗ることになったわけであるが、幕府からみれば僭称のそしりをまぬがれない。そこで義政は長禄元年（一四五七）六月、足利一族の渋川義鏡《よしかね》を武蔵守護に任命し、探題として武蔵の蕨《わらび》（現在、埼玉県蕨市）に下向させたのである。義政の頭の中には、九州探題が九州をきちっと掌握したように、鎌倉府を廃止し、幕府の思いのままになり、しかもコントロールのきく〝関東探題〟を構想していたのであろう。渋川義鏡が蕨城に入ったのは、そこが祖父義行《よしゆき》の居城だったからである。

しかし、渋川義鏡は武蔵に下ってはじめて、〝関東探題〟構想が、まったくの「絵に描いた餅」にすぎなかったことを思い知らされた。予想以上に、関東武士の間に古河公方の人気が高く、勢力も無視しえなかったのである。渋川義鏡は、成氏に匹敵するほどの力量と系譜をもった人物でなければ、関東を掌握することは不可能であるとの結論に達し、上杉氏やその家宰長尾景仲《かげなか》らと相談の上、京都から新たに鎌倉府の主を下向させるべきであるという意見を、京都の将軍義政《よしまさ》に具申したのである。

義政は当時、天龍寺の香厳院の僧となっていた弟（庶兄とする説もある）を還俗させることを決めた。これが足利政知（智とする場合もある）で、略系図で示すと、系図7のごとくなる。

足利政知は長禄二年五月以降、八月までの間に関東に下った。しかし、鎌倉府管轄の関東十二ヵ国の一番西端である伊豆に踏みこんだだけで、そこから鎌倉に入ることはおろか、東に進んで相模国に入ることすらできなかったのである。結局、伊豆の堀越（現在、静岡県伊豆の国市）に本拠を置き、以来、堀越公方とよばれることになるが、義政の思惑とはうらはらに、結果的には、鎌倉公方が、古河公方と堀越公方の二つに分裂してしまったのである。したがって、義忠に堀越公方を盛り立てるようにとの要請がなされたのである。

2　応仁・文明の乱と遠江への進出

応仁・文明の乱で東軍に属した義忠

遠江国の守護職は、応永二十年（一四一三）まで今川泰範が断続的にもっていたあと、今川氏の手を離れ、応永二十六年からは斯波氏が世襲する形になった。しかし、そうした事態は、今川氏にとってみれば残念なことであったにちがいない。いずれは再び遠江守護と駿河守護を兼ねる日のくることを夢みたであろう。

遠江守護職が斯波氏の手にわたっても、しばらくの間は了俊系の遠江今川氏の力は健在であり、それなりの影響力を保持していたが、その中心であった今川範将《のりまさ》の死により、遠江における力の均衡は破れた。つまり、範将の死により、遠江の堀越・河井（ともに現在、袋井市）などが闕所となり、本来ならば今川本宗家である駿河の今川義忠の支配に入るべきものであったのが、狩野七郎右衛門尉が幕府に訴えて御料所《ごりょうしょ》に指定させてしまい、実質的な支配に乗り出してきたのである。狩野七郎右衛門尉は、遠江の府中、すなわち見付を本拠に、中遠一帯に勢力をもっており、斯波氏の傘下にあって、三河吉良氏の家臣巨海《おおみ》新左衛門尉とともに見付城にたて籠もり、義忠との対決の姿勢をあらわしはじめたのである。

見付城跡の土塁　静岡県盤田市

この点はもう少し説明が必要だろう。今川範将は了俊の曾孫にあたる人物で、長禄三年（一四五九）八月に、斯波氏の内紛に乗じ、原氏・小笠原氏・久野氏、さらに名和氏・尾崎氏・垂木氏ら、遠州中部の国人領主が斯波氏に対する反乱を組織した。最近、このときの反乱を小木早苗氏は「中遠一揆」と名づけたが（「今川氏の遠江支配」『駿河の今川氏』第四集）、卓見である。まさに遠江中部の国人領主による、反斯波氏をスローガンにした国人一揆が結ばれたのであった。

しかし、この一揆は幕府方（守護斯波氏）の追討をうけることになり、範将は駿河国葉梨郷で敗死した。つまり、さきに指摘したように、その結果、遠江今川氏の本領が没収されてしまったのである。

遠江がそうした動揺を続けているちょうど同じころ、全国的にみれば、まさに応仁・文明の乱に突

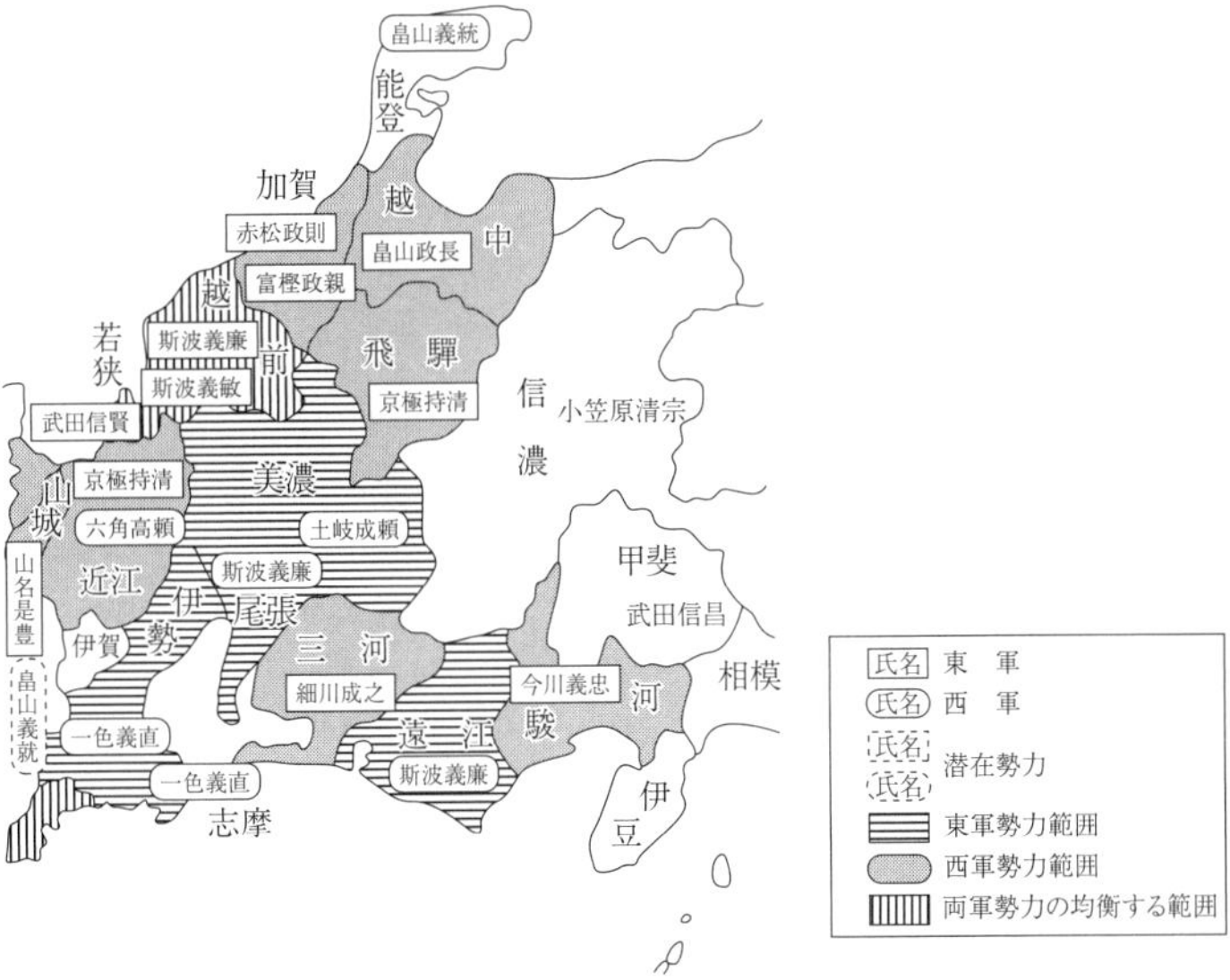

図８　駿河・遠江周辺における応仁・文明の乱時の東西両軍の勢力

入していく段階であった。周知のごとく、応仁・文明の乱というのは、管領斯波氏と畠山氏の継嗣問題に端を発し、それに将軍家における義政の弟義視《よしみ》と子義尚《よしひさ》の継嗣争いがからみ、幕府内の実力者細川勝元《かつもと》と、山名宗全《そうぜん》との対立がこれに結びつき、まれにみる大乱へと発展したもので、応仁元年（一四六七）から文明九年（一四七七）まで、十一年間にわたる全国的な大乱となったものである。

細川勝元の東軍二十四ヵ国十六万余、山名宗全の西軍は二十ヵ国十一万余で、両軍は京都を舞台に戦いをくりひろげた。もっとも、京都における両軍の戦闘がみられたのははじめのうちだけで、やがて戦いは地方化していったのである。

この応仁・文明の乱に際し、今川義忠は東軍に属した。『今川記』（「富麓記」）第四は、応仁元年より京中に軍起りて、五畿七道も乱れ、軍兵馳上り合戦やむ事なし。上下闘争かきりなし。今川義忠公は豆州様《(足利政知)》と御相談有り。分国の仕置有。軍勢を催し、京都の御難儀あらは馳上るへき由の御用意にて、京都の御一左右を相待給ふ處に、京都公方様は管領細川右京兆勝元御一味にて、花の御所に御座。今出河殿《(足利義視)》は伊勢国へ御下向有りしか、後には西陣へ御上洛有。山名方へ迎奉ると聞えける間、今川義忠いつまてかくて有へきとて、分国の勢千餘騎引率。先陳《(陣)》原・小笠原・浜松・庵原・新野を先として、後陳《(陣)》は高木蔵人・葛山・朝比奈丹波守等也。御上洛有りしかは山名殿よりも道迄御使有。色々頼み御申有しかとも、義忠は公方の御けいこの為に罷登り候、何方にても義政御所の御座御方へ可レ参よし御返事有。花の御所細川殿へ御参り有り。

と記している。大体の真実を伝えているのではないだろうか。ただ、義忠が自発的に兵千を率いて出陣した点については疑問が残る。なお、先陣として名のある浜松というのは、浜名の誤りかもしれない。

　さて、この文の中にもあったように、義忠が上洛したことを聞きつけて、山名宗全は、義忠を自軍の陣営に迎え入れようと、途中まで使者を遣わしたことがうかがわれる。しかもそのとき、義忠は「将軍義政の警固のために上洛したのだから、東軍も西軍も関係ない。義政のいるところがすなわち自分の行くところだ」と、大見えをきっている。

　もっとも、これはあくまで〝たてまえ〟であって、〝ほんね〟はもっと他のところにあった。おそらく、隣国遠江国の守護は斯波義廉《よしかど》で、彼は西軍である。義廉と同じ西軍に属したのでは、得るところはないと考えたであろう。これが義忠の〝ほんね〟だったと思われる。そこで義忠は躊躇せず、東軍細川勝元の軍に身を投じた。

しかし、さきにみたように、京都での戦闘は静まり、やがて戦いそのものが地方化していったわけであるが、義忠も駿河にもどり、隣国遠江をうかがうようになる。そのあたりの具体的経過については、『今川記』（「富麓記」）第四がつづけて次のように記している。

公方様被レ懸二御目一二百餘日花の御所の御けいこ有しかは、其後山名殿播磨国へ下向有り、御敵皆降参ありしかは、細川殿被レ申けるは、京都の合戦には此方志を通る人々あまた候へは、君の御けいこも心安いたし候へし。此程は毎度味方勝色に候へは、萬事思置事なし。只東海道の人々三河・遠江よりやゝもすれは、武衛義康（廉の誤り）に属してせめ上り候へは、御分国に御下向有りて、かれらを御退治有りて、海道一遍御管領候て、重て難儀の事あらは御勢を御のほせ候は丶、公私第一の御忠勤たるへきよし、公方の上意被レ成と被二仰下一候間、義忠畏と領掌し、本国へ御下向有り、武衛方の人々を退治の用意有りしに、遠江・三河の住人・武衛に心をよせしともから数

細川勝元　「集古十種」

百人、皆今川殿へ降参しける。

ここで武衛《ぶえ》というのは兵衛府《ひょうえふ》の唐名《とうみょう》で、左兵衛督を世襲した斯波氏のことで、すなわち斯波義廉のことをさしている。当時、斯波氏は越前・尾張・遠江の三ヵ国の守護を兼ね、また三管領の一人として勢いがあり、義廉は西軍山名宗全方に属していたのである。つまり、細川勝元は、京都での戦乱が一段落した時点で、西軍方諸将の足もとを攪乱させるため、斯波氏に対しては駿河守護今川義忠を在地に下して、それにあたらせようとしたのである。

応仁二年に駿河にもどった義忠は、再度文明二年にも上洛しているが、そのときはその年の十二月に帰国している（「宗長手記」）。

北条早雲の姉と結婚

さて、このときの上洛中、義忠にとって、さらにのちの今川氏にとって大きな意味をもつ出来事があった。今川義忠が北条早雲の姉と結婚したことである。北条早雲の姉は、駿河では北川殿《きたがわどの》の名でよばれている。屋敷が安倍川の支流北川のほとりにあったからで、北川というのは浅間神社のところから曲がって、北に向かって浅畑沼の方に流れていたところからその名があるが、屋敷のあったところは、現在の臨済寺のあたりである。北川殿の没後、そこは善得院という寺が建てられ、さらにそれが臨済寺となったものである。

それはさておき、従来、この北川殿を義忠の側室というように理解するのが一般的であった。つまり、これは北条早雲の出自とも密接にからまってくる問題で、早雲を伊勢の素浪人というふうに考えてきていることからきたもので、「素浪人の姉であるから、守護大名の正室になれるわけはない。だから側室だったのだろう」と考えられてきたのである。

しかし、一つには、義忠に北川殿以外に正室と認められる女性がみあたらないこと、二つには、北条早雲・北川殿の弟と姉は、出自のしっかりした京都の名門の出であること、この二つによって、私は北川殿は義忠の正室であったとみている。

北条早雲・北川殿の出自については「駿河時代の北条早雲」(『熊谷幸次郎先生古稀記念論集日本史攷究』文献出版刊。のち拙著『後北条氏研究』所収)において詳細を記しておいたので、くわしくは同論文を参照していただくとして、ここでは概略を述べるにとどめたい。

これまで、早雲の出自については、伊勢素浪人説・京都伊勢氏説・備中伊勢氏説の三つが主なものとして提起され、最近の研究動向としては京都伊勢氏説がかなり可能性の高いものとして評価されてきていた。ところが、一般的には依然として伊勢素浪人説が支持されていたのである。最近、私は、備中出身で幕府の申次衆《もうしつぎしゅう》を務めた伊勢新九郎盛時《もりとき》と、今川義忠の遺児龍王丸を擁して活躍した伊勢新九郎とが同一人であることを論証し、姉が義忠と結婚した縁によって駿河に下ったものであると結論づけた。

では、義忠と早雲の姉北川殿との結婚はいつのことであろうか。さきにも述べたように、義忠が将軍義政警固を名目として、軍勢を率いて東軍に身を投じたのが応仁元年(一四六七)のこと。花の御所の警備の任にあたり、東軍の総帥細川勝元から、駿河にもどり隣国遠江の攪乱を命ぜられたのは翌二年のことと思われる。おそらく、その二百余日の京都滞在中に結婚したものと思われる。

義忠にとっては、幕府の政所執事《まんどころしつじ》で、羽ぶりのよい伊勢貞親《さだちか》の姪というのが魅力的であったと思われるが、その点を論証する材料がもう一つある。それは、嫡子龍王丸（のちの氏親）が文明三年（一四七一）に生まれる前に、もう一人、女の子が生まれていることである。この女子はのち正親町《おおぎまち》三条実望《さねもち》の夫人となったもので、残念ながらその生年がいつであるのか伝わらないが、文明三年以前にもう一人を生んでいることから逆算すれば、応仁元年ないし二年ということになろう。

遠江への進出

義忠が遠江国に本格的に進出していく契機となったのは、将軍義政から遠江国懸革荘《かけがわ》（現在、掛川市）の代官職を命ぜられたことである。すなわち、「今川家古文章写」（同前一二五五ページ）に、

慈照院殿
　御判
普広院領遠江国懸革庄代官職の事
今川上総介義忠に預け置く所也。早く年貢等厳密に執り沙汰すべきの状件の如し。
　文明五年十一月廿四日

とあり、普広院という六代将軍足利義教の菩提寺の所領として懸革荘があり、その代官に義忠が任命

されたのである。さきほども述べたように、遠江国は斯波氏の守護領国である。そこに隣国駿河国の守護大名今川氏が代官として補任されるというのであるから、事態は複雑とならざるをえない。

おそらく、遠江今川氏の範将の敗死後、何とか遠江を回復したいという今川氏の要求によって得られたものであろう。こうした権利を一つの足場にしながら、義忠の遠江への進出が進められることになる。

ところで、義忠が遠江に兵を出したころの遠江の政治情勢について、もう少し説明しておく必要があるだろう。これまでに何度も記したように、遠江国の守護は斯波氏である。しかし、斯波氏は他に越前と尾張の守護を兼ねており、守護本人は遠江には在国しなかった。守護が在国しない場合、ふつうは守護代が下されるわけであるが、どうしたわけか、守護代の甲斐氏は、越前の守護代をも兼ねていたため、遠江に対しては、ほとんど支配らしい支配を貫徹していなかったのである。

そのような状況では、いきおい国人領主が実際の権力を握るということになる。では、どのような国人が割拠していたのであろうか。まず、遠江の政治上の中心地、つまり古代の遠江国府《こくふ》があった見付（現在、磐田市）には狩野氏がいた。その近く引間《ひくま》（引馬とも曳馬とも書く。現在、浜松市）には、三河吉良氏の代官である巨海氏、さらに大河内氏がおり、浜名湖北岸には浜名氏・井伊氏が、さらに山間部の方、現在の周智郡のあたりに天野氏、旧磐田郡の水窪町・佐久間町（ともに現在、浜松市天竜区）のあたりに奥山氏がいた。

中遠では、さきの中遠一揆の盟主となった今川（堀越）範将の後裔堀越氏、さらに、掛川近辺を中

図９　遠江の国人分布

心に大勢力をもっていた原氏、東遠ではこれも大勢力の横地氏・勝間田氏がいた。

義忠による本格的な遠江進出は、文明六年（一四七四）からである。「宗長手記」に、

狩野宮内少輔と云もの、遠州守護代職、吉良殿のうち巨海新左衛門尉、此庄を請所にして在庄。よき城をかまへ、狩野と申合、入部を違乱す。しかるに、義忠自身進発。八月より十一月まで狩野が城府中《（見付のこと）》せめられる。同廿日、責おとされ、狩野生害《しょうがい》す。

とあり、島津忠夫氏は『宗長日記』（岩波文庫）の校注で、「八月より十一月まで」というのを寛正六年（一四六五）のこととしているが、義忠による見付城主狩野宮内少輔（一説狩野七郎右衛門）の討伐は、前後の事情からみて文明六年のことと考えられる。

そうした義忠の動きをみて斯波氏も動き出し、翌七年から本格的な今川・斯波二大勢力の直接対決となり、斯波氏の軍も小夜中山で今川氏の軍を打ち破るなど、一進一退の攻防戦が続けられることに

なった。

塩買坂で戦死

文明八年（一四七六）になって、東遠の国人領主横地・勝間田の両氏が斯波氏に通じ、義忠の手によって陥落された見付城を復旧し、公然と今川氏に敵対する行動をとりはじめたのである。このあたり、『今川記』（「富麓記」）第四は、次のように描写している。

一文明七年（八年の誤り）の春、遠江国住人横地四郎兵衛・勝田修理亮謀反を起し、武衛殿に内通し、故狩野介か館を城郭にかまへ楯籠、悪逆しきりなりしかは、今川義忠駿河を打立、久野佐渡守・奥山民部少輔・杉森外記・三浦左衛門・岡部五郎兵衛御供にて、五百餘騎を二手に作り、横地・勝間田か城を取巻、夜昼息もつかせす攻戦ひ、七日に当る夜中両人ともに討死し、子共郎等とも皆敗北しけれは、御本意をとけられ、頓て駿河へ御馬を返さるゝ時、不図に一揆起り、塩見坂（買の誤り）にて切てかゝりしかは、俄の事にては有り、夜中の事なれは、御供人々さはくといへとも、義忠はすこしもさはき給はす、御馬を立なをし、自身切て落し、東西を乗まはし下知して一揆の輩追落し討捕給ふ。然といへともいつくより来りけん、流矢一つ飛来り、大将の御わきにのふかに立、いたてにて次第次第によはり給ふ。其後町屋へ入奉り、色々いたはり申けれ共、甲斐なく其明朝御年廿八（四十一の誤り）にて御逝去あり。御供の人々せんかたなくして、御死骸の御共申、駿河国へ帰りて御葬礼いとなみ奉る。長保寺殿と号し申。御道号は桂山宗公と申ける。

上：横地城跡　静岡県菊川市　下：勝間田城跡の堀切　静岡県牧之原市

文明七年とあるのは、のちにくわしく述べるが文明八年の誤りである。なお、勝田とあるが、勝田そのままでも〝かつまた〟とよませており、誤りというわけではない。しかし、後の方で勝間田と出てくるので、〝間〟一字がぬけたのかもしれない。また、横地・勝間田が今川義忠に謀反をおこしたという記載から、それ以前、両氏が今川氏に属していたかのような印象をうけるが、横地・勝間田両氏が今川氏の家臣だった形跡はなく、『今川記』の編者が今川氏中心の書き方をしている結果であろうと思われる。

ことの経過は、大体この『今川記』の記載の通りだったであろう。おそらく、見付の狩野氏の旧城を復旧してそこに楯籠もった横地・勝間田氏を討ち、さらに、横地・勝間田氏の本拠を攻めて壊滅すべく横地城（現在、静岡県菊川市）、勝間田城（現在、静岡県牧之原市）に攻めかかったのであろう。そのように理解しないと、義忠が塩買坂で戦死した意味が整合的になってこない。

次図10から明らかなように、塩買坂は東海道からかなり離れている。もし、見付城を落とし、そのまま凱旋したとすれば、何もわざわざ旧小笠町と旧浜岡町の境に位置する塩買坂を通る必然性がないからである。つまり、義忠は、横地四郎兵衛・勝間田修理亮という、国人領主横地氏・勝間田氏の総帥を倒しただけでは安心できず、返す刀でその本拠である横地城・勝間田城も攻め、東遠における反今川勢力を一掃しようと考えたものであろう。

図10　横地・勝間田関係図

塩買坂付近の様子　静岡県菊川市

今川義忠の墓　静岡県菊川市・正林寺

しかし、結果的にみれば、そのことがかえって仇になってしまったわけである。義忠は横地・勝間田氏の残党に不意を襲われ、その流れ矢にあたって討ち死にしてしまった。なお、『今川記』ではその場所を「塩見坂」としており、遠江には潮見坂というのが湖西市にあり、義忠討ち死にの場所とする説が生まれるもとになった。同所には石碑・看板なども建てられ、義忠がそこで討ち死にしたと考えている人も多いようである。

しかし、さきの説明からも明らかなように、横地・勝間田氏を討ったあとの変事である。浜名湖西岸の潮見坂で死ぬようなことはありえない。やはり、これは「塩買坂」を「塩見坂」と誤って記した『今川記』に責任がある。

さて、『今川記』には塩買坂の一件があったのを文明七年としているが、この点も検討の必要がある、いま、管見のおよぶ範囲で没年の記載を整理すると、

①文明七年（一四七五）四月六日（『今川家略記』・『今川記』・『駿河記』・『駿国雑誌』）
②文明七年（一四七五）六月十九日（『和漢合符』・『後鑑』）
③文明八年（一四七六）四月六日（『寛政重修諸家譜』・「今川系図」）

④文明十一年（一四七九）二月十九日（『今川家譜』・「正林寺今川系図」）の四説に分かれる。義忠の場合、発給文書は少なく、文書発給の点から没年を確定していく作業は通用しない。では、どれが正しいのであろうか。

私は、結論としては文明八年説をとりたい。それは、史料として比較的信憑性の高い『妙法寺記』（『新編信濃史料叢書』第八巻所収）の文明八年の条に「駿河ノ守護殿遠江ニテ打死、同供イヤヘ・アサイナ討死」とあり、また『鎌倉大草紙』（『群書類従』第二十輯）にも、文明八年のこととして、駿河国に騒乱のあったことを伝えており、いちおう、文明八年四月六日というふうに考えておきたい。なお、生年は永享八年（一四三六）というのがほぼ確実なので、享年は四十一歳ということになる。

ここで一言付言しておきたい。本書旧版執筆時は、北条早雲、すなわち伊勢新九郎盛時（早雲庵宗瑞）の生年を、通説に従って永享四年（一四三二）としたため、早雲を兄、義忠室北川殿を妹としたが、その後の研究で早雲が康正二年（一四五六）の生まれであることがはっきりしてきた。そうなると、北川殿が姉、早雲は弟と考えられる。

第七章　七代今川氏親

1　小鹿範満との家督争い

家中を真っ二つに割っての家督相論

今川義忠が遠江の塩買坂で横地・勝間田氏の残党に不意を襲われ、あえない最期をとげたとき、義忠の嫡子龍王丸は、まだ六歳の子供であった。もっとも、六歳というのは没年齢からの逆算であって、必ずしも確実というわけではない。つまり、大永六年（一五二六）に没したときの年齢を五十六歳とすれば文明三年（一四七一）の生まれであり、六歳ということになるが、五十四歳説をとれば文明五年の生まれとなり、文明八年には四歳ということになるのである。私はいちおう文明三年生まれということを前提に、話を進めることにしたい。

今川氏にとってみれば、駿河を固め、遠江をも自己の領国に併呑してしまおうという矢先のできごとであっただけに、今川家中に与えたショックの大きさははかり知れないものがあった。なにせ、後継ぎの龍王丸はわずか六歳。当然のことながら、「六歳の子供に国事をまかせるのは無理」という声が出てきたのである。『今川記』（「富麓記」）第四は、

爰に今川一門、瀬名・関口・新野・入野・なこや、かの家の老臣三浦・両朝比奈・庵原・由比の人々二つに分て、不快に成て已に合戦に及ふ。是主人御幼少の間、私の威を高して争ひける故也。然間、御家督龍王殿、御母北川殿は御近習のともから置申ける。人是をは不知けり。是は家来の族二つに分て合戦あれは、何方へ成共龍王殿の御入有し方御方と成て、一方を御敵とて退治あらん事をむさんに思召故也。両方なから主君を伺ひ奉り、逆心の事はなかりしなり。唯日比権を争ひし故、かやうに数度合戦ありしと聞えし。

と記し、今川家中が真っ二つに割れての家督争いに発展してしまったことが明らかである。

ところで、「龍王丸では幼少すぎる、別な人物を」と考えた一派が推戴した人物というのは、一族の小鹿《おしか》新五郎範満《のりみつ》であった。これはさきに範政から範忠への相続のところで述べた、範忠と家督を最後まで争った、あの千代秋丸の子供である。つまり、義忠にとっては従兄弟にあたり、上の系図8にも明らかなように、堀越公方の重臣上杉政憲《まさのり》とも縁つづきになる人物であった。駿河国小鹿（現在、静岡市駿河区）に居館と本領をもっていたため、小鹿氏を名乗っていたわけであるが、母が上杉政憲の娘という関係から、事態がさらに複雑になってしまったのである。

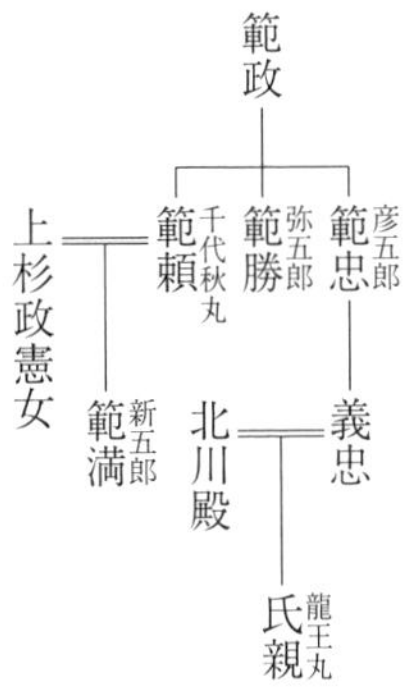

系図８　今川氏略系図

八幡山城跡　静岡市

つまり、上杉政憲、さらにはその主人である堀越公方の足利政知が、この家督争いに介入しはじめたのである。そればかりではなく、関東の扇谷上杉定正《さだまさ》も乗り出してきた。『今川記』の「伝記下」に、

> 義忠の伯父範頼の子息範満と申人、其身仁躰にて武勇又勝れたり。殊に関東上杉扇谷殿の縁者にて、内々取持申されける間、義忠の御子幼稚にて乱国の時分家督あやうし。御名代に範満を立申さるへく候よし、一門の面々、普（譜）代の家臣共、数多望事在て、今川新五郎範満屋形に移らるゝ。龍王丸殿、御母諸ともに忍ひて、何国ともなく落給ふか、駿州山西の小川の法永と云長者か家に隠れ給ふ。

とあり、小鹿範満を名代としてたてようとする動きが強く、『今川記』（「富麓記」）第四には続けて、上杉政憲が兵三百を率いて、また扇谷上杉定正も家宰太田道灌《どうかん》に兵三百をつけて駿府に下らせた様子を記しているのである。このとき、上杉政憲は狐ヶ崎に陣をとり、太田道灌は八幡山に陣をとったという。

北条早雲の登場

上杉政憲・太田道灌という二人の関東の武将の干渉により、今川氏の家臣は動揺しはじめた。ちょうどそのような折、政憲と道灌のそれぞれの陣営を訪ね、両将の説得にかかったのが北条早雲、すなわち伊勢新九郎であった。さきにも述べたように、伊勢新九郎は義忠の正室北川殿の弟であり、龍王丸には叔父にあたり、家中に対して一定の影響力はもっていたわけで、いわばそうした血縁的関係がてこになって、この家督争いを収拾していくことになる。さきの『今川記』（「富麓記」）第四は続けて、このときの早雲の説得の言い分を次のように記している。

太田道灌像　神奈川県伊勢原市・大慈寺蔵

> かやうに家来人々二つに分て合戦の事、今川家滅亡の基にて候。尤主人の意趣なければ謀反人にはなけれとも、主の家を滅すへき事是に過ての悪事なし。各々の御あつかひを不レ用、和融の儀なくは、京都の御下知を承り、豆州様へ申合、一方を退治可レ仕。若又御あつかひを承り、尤と一同し和談の事定り候はゝ、龍王殿の御在所存知て候間、御迎に参り御館へ返し奉るへし。

つまり、どちらか一方を退治してしまうというのではなく、和談によって事を収めたいという申し出である。それは具体的には、龍王丸が成人するまでの間、小鹿範満が家督を代行するという折衷案であった。まことに筋が通っている提案で、今川家中の者も、干渉してきた上杉政憲も太田道灌も、この提案に異を唱えるわけにはいかなかったのである。

こうして、小鹿範満が義忠のあとをうけて、龍王丸の成人まで家督を代行することになった。それがいつのことか不明であるが、義忠の死の文明八年（一四七六）からそう隔たってはいない時期であろう。というのは、太田道灌が駿府から江戸にもどったのが、その年の十月のことだったことが確実視されるからである。したがって、いちおう、文明八年から範満が家督代行の地位につき、駿府の今川館に入ったと理解しておこう。

ところが、範満の家督代行の実態については、実はよくわかっていないのである。現在までのところ、小鹿範満が発給した文書は二点しか知られていない。一点は、

長々乱中迷惑推量致し候。仍って御方中その方に在陣候。今に等閑無き（之脱カ）の由、その聞こえ候。悦喜の至りに候。恐々謹言

（貼紙）「今川殿、号上杉弾正弼（少脱カ）」

六月廿七日　　範満（花押）

伊藤（東）伊賀（祐遠）入道殿

というもので、もう一点は、

今度一乱度々の忠節、範満に於て悦喜の至りに候。弥戦功を抽んじ候はば、猶以って祝著（着）たるべ

く候也。巨細三浦方へ申し遣わし候。定めて申すべく候哉。恐々謹言

八月廿二日　　範満（花押）

伊藤（東）伊賀入道殿

というものである。ともに「伊東文書」所収の伊東祐遠《すけとお》宛の書状で、小鹿範満が伊東祐遠の忠節を賞したものである。年はわからないが、多分、文明八年をそう下らないころのものと思われる。しかし、これだけの文書では、残念ながら、範満の駿河守護代行者としての実態をうかがうことは不可能といわざるをえない。

法永長者屋敷へ隠遁していた龍王丸

もちろん、その間、龍王丸発給の文書もなく、小鹿範満が家督を代行していたことは疑う余地はないわけで、範満が駿府の今川館に入っていた間、龍王丸は他の所にいたのである。さて、その場所であるが、さきに引用した『今川記』の「伝記下」では、家督争いがおこった時点で龍王丸は生母北川殿と「駿州山西の小川の法永と云長者か家」に隠れ住んでいたことがうかがわれる。つまり、小川の法永長者の屋敷に逃げていたわけである。さらに、『今川記』（「富麓記」）でみたように、北条早雲が、太田道灌・上杉政憲の前で、「自分は龍王丸の隠れ場所を知っている」といったのが、この小川の法永長者屋敷であった。

小川の法永長者とよばれているのは今川氏の重臣の一人、長谷川政宣《まさのぶ》のことをさしている。法号を

上：図11　明治９年小川城周辺の地籍図　下：丸子城跡・静岡市

法永といっており、法永長者の名があるが、長者屋敷は小川城の名でも知られている。

城址は現在、焼津市小川にあるが、宅地化してしまい、城址のおもかげはほとんどみい出すことができない状態である。しかし、幸いなことに明治の古い地籍図から、城の輪郭がうかがわれる。上図でみるように、広い濠と一重の土塁に囲まれた単濠単郭の城であった。図から、東西九〇メートル、南北一四〇メートルの長方形の館であったことが明らかとなる。

それはさておき、法永長者、すなわち長谷川政宣のもとに身を寄せていた龍王丸は、北条早雲奔走による和談の結果、「隠れ人」から次期家督継承者として迎えられることになった。その場合、龍王丸は小川の法永長者屋敷からそのまま駿府館に入ったと解するむきもあるが、そうではなく、丸子

（現在、静岡市駿河区丸子）泉ヶ谷に築かれた館に入ったもののごとくである。長谷川政宣の後裔にあたる中川家の「由緒書写」に、和談がなったあと、北条早雲の迎えで、龍王丸は丸子の新御殿に移り、そのとき、長谷川政宣の長男元長《もとなが》、叔父藤兵衛らが御供をした旨が記されており（中川芳雄「宗長は昭和期に誤解された」『常葉国文』五号）、丸子の地が、親龍王丸派の重臣斎藤加賀守安元《やすもと》の居館があったところなので、その可能性は高いといえよう。

北条早雲の上洛

北条早雲像　小田原城天守閣蔵

龍王丸が正規の家督継承者、小鹿範満はあくまで龍王丸成人までのつなぎの役目、すなわち家督の代理人であるというのは、私的な契約にしかすぎない。自ら龍王丸の補佐役を任ずる早雲としては、この関係は不安でしかたなかったであろう。そこで、龍王丸が正規の家督相続人であるというあかし、幕府の認定証を得ようと考えた。もちろん、力の前にはそんな認定証など何の役にも立たないであろうことは、早雲自身、百も承知の上だったと思われる。とにかく、龍王丸への相続を正式な形で幕府に申請したのである。

その結果、文明十一年（一四七九）、次のような将軍足利義政の御内書（「今川家古文章写」『静岡県史』資料編7中世三）を得ることに成功した。

慈照院殿
御判

亡父上総介義忠遺跡所領等の事
譲状の旨に任せ、今川龍王丸相続領掌、相違すべからざるの状件の如し。
文明十一年十二月廿一日

ここで少し考えておきたい問題がある。それは、のちに述べるように、長享元年（一四八七）十一月九日、早雲が駿府の今川館に小鹿範満を攻めるまで、駿河における早雲の動きを示す史料が一点もないことに関してである。家督代行者としての範満がいて、しかも幼少の龍王丸の補佐役としての立場では、歴史の前面に出ることはないという考えもなりたつが、私は、文明八年の内訌を治めてそう日がたたない時点で、「わが仕事は終わった」として上洛したのではないかと考えている。というのは、京都側の史料に、文明十五年から幕府の申次衆として伊勢新九郎の名前がみえてくるからである。

さきにも少し触れたように、これまでは駿河で活躍し、伊豆に攻め入っていった伊勢新九郎と、備中出身で、幕府の申次衆を務めていた伊勢新九郎とは同名異人であるとする考え方が支配的であったが、申次衆を務めていたことが確実視される文明十五年十月十一日から同十九年四月十四日までの間、駿河方面の史料には、伊勢新九郎、すなわち早雲の名は一度も出てこないので、右に述べた仮説の可能性は高いと考えている。

早雲の上洛がいつのことかは不明である。文明八年、和談が成ってそのまま上洛したものかもしれない。しかし、文明十一年の将軍義政の御内書が存在するということは、この御内書と何らかの関係があったとみることもできるのではないだろうか。つまり、早雲自身が、龍王丸への相続の将軍お墨付をもらうべく上洛したか、あるいは、文明八年の時点で和談がなり、早々に申請書を提出していたのか、ようやく十一年になって御内書が下され、自分の用はこれで済んだと考えて、再び幕府内に職を求めて上洛したのかのいずれであろう。そのどちらにせよ、私は、早雲の上洛は文明十一年であろうと考えている。それからしばらくは就職運動をし、ようやく同十五年になって、申次衆に抜擢されたとみている。

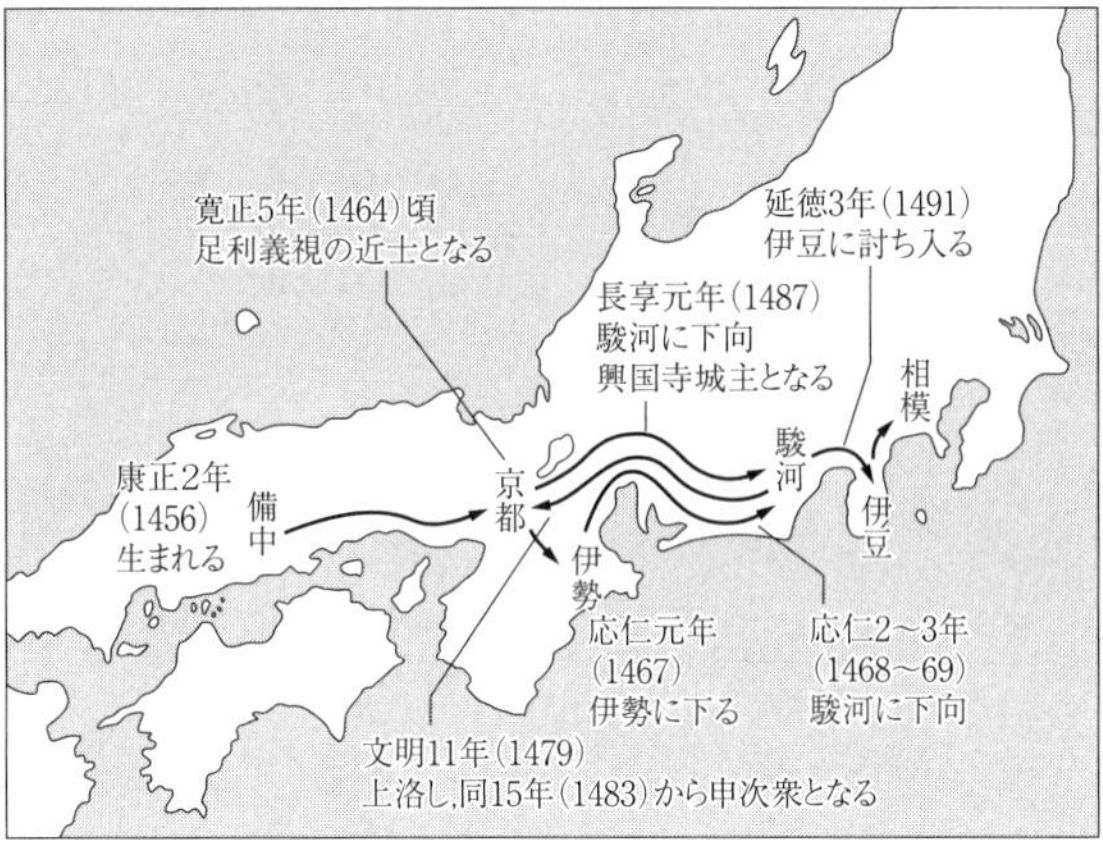

図 12　北条早雲の足どり

駿府館の小鹿範満を襲撃

さて、いっぽう駿河の龍王丸であるが、文明三年（一四七一）の生まれなので、文明十七年にはすでに十五歳になっている計算となる。当時、成人は一般的には十五歳が一つの目安となっているが、範満は龍王丸に家督を返そうとはしなかったようである。翌文明十八年になっても、さらに翌々文明十九年（長享と改元）になっても、家督を成人した龍王丸にもどそうという動きはなかった。

おそらく、文明十九年、すなわち途中で改元して長享元年となった年、龍王丸ないしはその生母北川殿から京都の北条早雲のもとに、範満の約束不履行を訴える書状が届けられたものであろう。龍王丸と無関係でいれば、そのまま申次衆としての職が保証されることになるが、早雲はあえて、その幕府の官僚としての道を捨て、姉と甥のために一肌ぬぐ決心をしたのである。

では、早雲はいつ駿河に下ったのだろうか。

さきにも述べたように、申次衆として名のみえる最後は、甘露寺親長《かんろじちかなが》の日記である『親長卿記』の文明十九年四月十四日条に、

晴、今日室町殿に参り、御不例を尋ね申す。民部卿（白川忠富）同道す。参仕悦び思し召すの由御返事。申次伊勢新九郎。次いで御台《御母堂》御方に申し入る。次いで北小路殿（日野苗字）、光福院等参り申し了、

とみえるものである。この日から、範満襲撃の十一月九日までの間に再び駿河に下向していたことになるが、立木望隆氏は『北条早雲素生考』において、長享元年九月十二日に将軍足利義尚が六角高頼《ろっかくたかより》を討つために出陣した鈎《まがり》の陣のときの「常徳院殿様江州御動坐当時在陣着到帳」に伊勢新九郎の名が見えないことを明らかにしており、そうなると、駿河下向の月日はさらにせばまり、四月十四日以降、九月十二日以前ということになってくる。

現在のところ、それ以上のことはわからない。なお、駿河に下った早雲が拠ったところは石脇城で

あろう。土地に早雲居城という伝承があり、また、「江梨鈴木文書」の年不詳四月二日付大道寺盛昌《だいどうじもりまさ》の鈴木入道・同小次郎宛書状に、「早雲寺殿様駿州石脇御座候時より申合、其後数ヶ度之忠節御感状数通拝領」とあることによって、早雲の石脇城在城は確実視される。しかも、中世城郭研究家で、この地域の城に一番くわしい見崎闃雄氏のお話によると、石脇城は築城の途中で放棄している可能性が強いという。

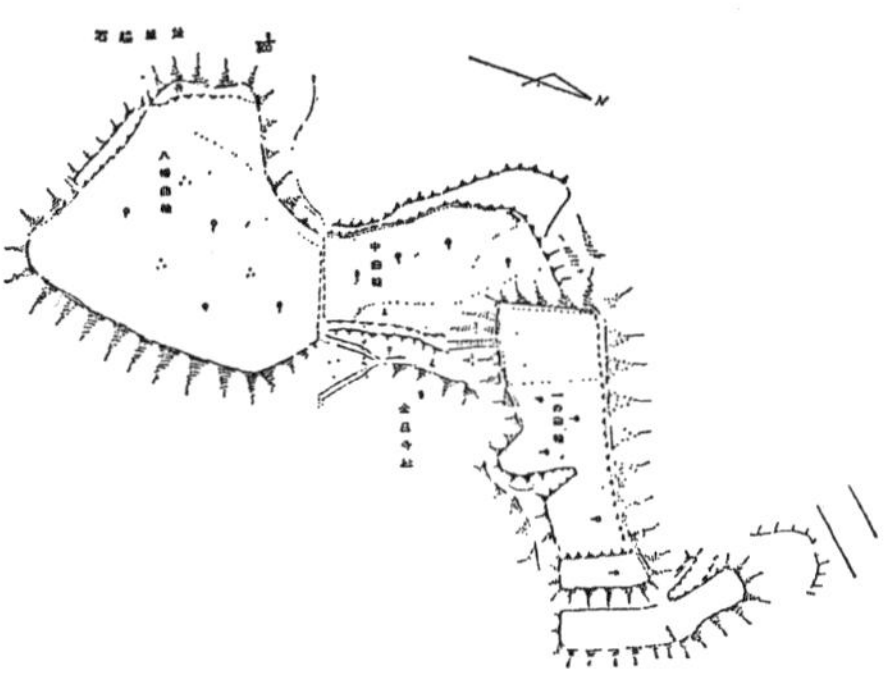

図 13　石脇城略図　原図・見崎闃雄氏

そうなると、幕府の申次衆を辞し、京都を去った早雲が、さきの内訌のとき龍王丸を匿った小川の法永長者屋敷の近くに位置する石脇城を見立て、そこを範満討伐の拠点にしようと考えて築城工事を始めたが、城が完成する以前、好機をつかんで駿府館を攻めたため、以後、石脇城は不用になったというふうに解釈できるのである。つまり、途中放棄の点と一致してくる。

さて、では早雲・龍王丸による駿府館の襲撃、つまり、小鹿範満の討伐はいつのことだろうか。素材となるものがいくつかあるので、検討してみよう。島田市の東光寺に、龍王丸署名の一通の印判状がある（「東光寺文書」同前四一ページ）。すなわち、

今度御宿願に就いて、東光寺給主諸公事等、悉く先々の旨に任せ、差し置かれ候。同山屋敷境迄、諸給主その分たる

長享元年 10 月 20 日付　今川氏親印判状　静岡県島田市・東光寺蔵　写真提供：島田市教育委員会

べし。若しこの上違乱の族有るに於ては、大衆速やかに急度注進申さるべく候。堅く御成敗有るべき者也。仍って執達件の如し。

長享元年丁未
十月廿日　　龍王丸（黒印）
東光寺

というもので、これが今川龍王丸、すなわち氏親の初見文書であると同時に、戦国武将の間にこのあと大流行をする印判状の第一号でもあるという点、特に古文書学の分野から注目を集めているところである。

それはさておき、この文書の解釈はむずかしい。冒頭の「就今度御宿願」というのを、誰の宿願とみるかで解釈が大いに異なり、必然的に早雲・龍王丸による家督奪取の時期も大いにちがってくるからである。これまで、この部分を「今度御宿願を就《な》す」と読んで、「龍王丸が今川家督継承という宿願を成就した」という理解のしかたがあった（鈴木正一氏『今川氏と東光寺』など）。そうなると、十月二十日以前に、龍王丸が駿府入りを果たしていたことになる。

しかし、「今度御宿願を就す」という読み方はどうであろう。「宿願」・「就」という字のつながり方から「諸願成就」を連想したためではないだろうか。むしろ、ここは「今度御宿願に就《つ》いて」と読んで、「東光寺の前々からの願望（要求）について」と読んだ方が自然であろう。つまり、この文書が出された十月二十日の時点では、駿府入りを果たしていたかどうかは、この文書からはわからないということになる。

しかし、東光寺に対して、龍王丸が東光寺の寺領の諸公事を免除するといっていることは、龍王丸が国政にタッチしていることを物語るものである。十七歳になり、当然、正式な家督の座にすわってもいいはずの年齢であり、下向してきた早雲の補佐を得て、国務に関与しはじめたことを示している。このことは、約束を反古《ほご》にし、家督を返そうとしない駿府館の小鹿範満に対する挑戦状でもあった。

文明八年（一四七六）、太田道灌・上杉政憲ら外部勢もまじえ、駿府の浅間神社社頭で神水をくみかわし、「龍王丸成人の暁には家督を返す」という約束、さらに、文明十一年には当時の将軍義政からの御内書を得ており、今川家中の者としても、公然と小鹿範満を支援するということは謀反を意味した。したがって、早雲・龍王丸による範満討伐はあっけなく済んでしまったと考えられる。

今日、早雲・龍王丸の駿府館襲撃を、その年の十一月九日と考える説が定説となっている。これは戦前、昭和六年、足立鍬太郎氏が『今川氏親と寿桂尼』（谷島屋書店刊）の中で得願寺（現在、静岡市駿河区長田）の過去帳に、

大慈院殿歓山喜公大禅定門　霜月九日小鹿殿ノ事

とある、歓山喜公を小鹿範満と推定したことによるのである。つまり、「小鹿殿ノ事」とあり、そ

図14　興国寺城略図

の霜月九日、早雲・龍王丸に襲われて死んだと解釈したものである。歓山喜公なる人物が、はたして小鹿範満のことをいっているのか、他に関連する史料がないため不明であるが、足立氏の推定はほぼあたっていよう。ただ残念ながら、その過去帳は今日現存しないとのことである。

『今川記』の「伝記下」に、

普(譜)代の面々、深く此人(龍王丸のこと)にかたむきけれは、伊勢新九郎入道大に悦ひ、ひそかに今川普代の族を催し、御館へ攻入ける間、新五郎(小鹿範満)殿幷甥の小鹿孫五郎と共に、防戦終に不レ叶して、二人共に生害有しかは、氏親は丸子より御館に移り給ふ。此忠、莫二大成一とて、伊勢新九郎入道に、(富士郡)下方十二郷を給はり、興国寺の城に移り(後略)、

とあるように、駿府館襲撃の功によって、早雲は富士郡の下方十二郷と、駿東郡の興国寺城を与えられたのである。つまり、早雲は今度は京都にもどらず、龍王丸の一部将として駿河に留まる決心をし

たということになる。

龍王丸から氏親へ

家督奪還に成功したことから、いよいよ龍王丸の元服をむかえるわけであるが、次にその時期について検討を加えよう。

今川氏親の発給文書の初期のころの分を整理すると一八二ページの表のようになるが、その冒頭の部分にまず注意していただきたい。一号文書から三号文書までは、文書の署名は龍王丸である。二号文書は写であるため不明であるが、おそらく「龍王丸（黒印）」という形であったろう。そして四号文書にはじめて「氏親（花押）」という署名のしかたがあらわれてくるのである。このことから、これまでは、長享二年（一四八八）の七月二十八日以降、翌長享三年正月以前に元服し、名を幼名の龍王丸から氏親に改めた、というように考えてきたのである。もちろん、私などは、真光坊宛の文書は紙質が新しい点、および六号文書の師阿弥仏宛の文書が偽文書と考えられる点、すなわち、そのころの署名のしかたは「氏親」とするより、「五郎」とするのが正しいと思われるので、四号文書も疑わしいと考えていたわけであるが、決定的な材料をもちあわせず、前記のような元服の時期を考えていたのである。

ところが、最近、今川氏研究会の前田利久氏は、「見性寺文書」と、さらに「建穂寺編年」上所収の旧建穂寺文書を検討され、もとの文書では、「氏親（花押）」という署名のしかたをしていなかった

今川氏親木像　静岡市・臨済寺蔵

であろうことをつきとめられたのである。この点は大発見といってよく、そうなると、五号文書が黒印状なので、四号文書も黒印状だった可能性が出てくるわけで、花押をもたない、すなわち、元服していない時期のものと考えられるのである。この点はもう少し検討を要するところであるが、元服の時期は、明応四年（一四九五）まで下る可能性がまったくないわけではないという点を、ここでは指摘するにとどめておこう。

遠江・三河への進出

叔父早雲の援助によって今川第七代の当主となった氏親は、引き続き遠江に進出していった。これは、父義忠が遠江経略の途中で倒れたこととも関係するが、駿河支配を安定的に推し進めるためには、遠江を征圧しておく必要があったのである。もちろん、その時期、軍事的な面で中心になったのは早雲である。明応三年（一四九四）の秋、早雲の率いる今川氏親の軍勢が遠江国の佐野・山名・周智《しゅうち》の三郡に乱入したことが、禅僧松堂高盛の語録にみえる。『円通松堂禅師語録』巻三（『曹洞宗全書』語録一、同前七一ページ）に、

明応甲寅秋中の頃、平氏早雲は軍兵数千を引率し、当州三郡に乱入す。高城を推し落とし、官軍

を殺戮す。狼煙天にわたり、民家を焼卻《（却）》す。その幾千万かを知らず。小人道長の時節、今に於ての者か。臏毒焔山林に及び、一宇も残らず灰燼となり畢。

と記されているように、誇張があるにしても、早雲が大軍を率いて高藤城の原氏を攻めたことがうかがわれるのである。この原氏討伐によって、氏親の勢力は遠江中部、すなわち中遠にまで及ぶことになった。そのあと、文亀元年（一五〇一）～三年の段階には、浜松付近からさらに進んで三河の岡崎城・岩津城を攻めたりしている。

なお、永正元年（一五〇四）には早雲とともに武蔵に軍を進めている。これは関東の扇谷上杉朝良《ともよし》が山内上杉顕定《あきさだ》と戦ったとき、上杉朝良を救援するために出陣したもので、武蔵立河原の戦いの名で有名である。そのときの上杉顕定の文書に、「治部少輔（上杉朝良）・今川五郎（氏親）・伊勢新九郎（早雲）と対陣」ということがでているので、上杉顕定の軍と戦ったのは明らかである。

その帰途であろう。氏親は十月二十五日、伊豆の三島大社の社頭で千句を詠み、奉納している。『続群書類従』所収の「出陣千句」の冒頭の部分を示すと、次の通りである。

於二豆州参嶋社頭一独吟千句
何人第一　永正元拾月二十五日
たなひくや千里も爰の春霞　　氏親
ほかもたつねし梅にほふかけ
鶯のなれ来る朝戸のしつかにて

二連木城跡　愛知県豊橋市

日もほのめきぬ雪の山もと
おきて誰月さむき巓を越つらん
わけしあとある秋のさゝはら
むしの音も所々の野は枯て
露の名残やゆふへなるらん
すさましき雲もとまらぬ一時雨
さわくはかりのなみのをちかた
（以下略）

「独吟千句」とあるが、冒頭の「たなひくや」の句が氏親のもので、あとは連歌師宗長が詠んだものということになる。

続いて、永正三年から同五年にかけて三河方面に進出しているが、このときは早雲率いる今川の軍勢は西三河まで侵入し、松平長親《ながちか》の軍勢と衝突している。その段階までには今橋（現在、豊橋市）の牧野、一色の牧野、二連木の戸田、西郡の鵜殿、作手の奥平・段嶺・長間など、東三河の諸氏は今川方に属することになったのである。

しかし、それも早雲がいたからであった。早雲が伊豆・相模に進出し、東の方がいそがしくなり、永正五年の三河遠征を最後に早雲の出馬がみられなくなると、三河は不安定になり、さらに遠江ですら斯波氏の攻撃にさらされるといった状態におちいったのである。

特に永正七年から九年にかけては斯波氏との熾烈な戦いがくりひろげられ、ようやく同十三年八月、引間城（現在、浜松市中区）の大河内氏を滅ぼし、遠江を確保することができたのである。以後は対外的な進出よりも、駿河・遠江の国内を支配するのに全精力をそそぐことになった。

2　戦国大名への脱皮

守護大名から戦国大名へ

氏親が京都の公家中御門宣胤の娘と結婚したのは、永正二年（一五〇五）ないし永正五年のことである。この女性こそ、のち〝駿府の尼御台〟とよばれ、氏親死後、幼少の氏輝《うじてる》を後見し、政治をとった寿桂尼《じゅけいに》その人である。彼女の詳細については次章で明らかにすることにしよう。さて、永正十年に嫡子氏輝が生まれており、文書の上からみると、その年か前年に修理大夫に補せられた。文書の署名が、その年から修理大夫としているのである。

くわしくは第九章の今川義元《よしもと》のところでふれるが、氏親には少なくとも六人の男子がいたようである。二男彦五郎は生年が不明だが、三男玄広恵探《げんこうえたん》は永正十四年、四男の泉奘は翌年、五男の義元は翌十六年、六男の氏豊《うじとよ》は大永元年（一五二一）ないし二年の生まれということになろう。家庭的にも恵まれ、充実した日々であったと考えられる。

それはさておき、一般的に、氏親の代から今川氏は戦国大名になったとされている。つまり、義忠までは守護大名、氏親から氏輝・義元・氏真《うじざね》の四代を戦国大名というふうに規定している。

では、守護大名今川義忠と、戦国大名今川氏親とは、どのような点に明確なちがいがあるのだろうか。よく戦国大名を論ずるときに引きあいに出される「守護大名と戦国大名はどうちがうのか」という問いに、最も端的な形で答えが用意されるということになる。

もちろんいくつかの要因はあるが、まず第一に、領国の土地支配の明確なちがいというものが指摘される。かなり前になるが、駒沢大学の杉山博氏は、「守護大名は、荘園体制のヴェールの彼方に農民を見た。それに対して戦国大名は農民そのものを把握しようとした」という趣旨の名言をはかれたことがある。この言葉は、守護大名と戦国大名のちがいを的確にあらわしたものといえるであろう。つまり、守護大名段階、今川氏でいえば義忠までは、領国内の在地領主層を被官として掌握はするが、土地と農民を直接に支配できたわけではなかった。それが戦国大名段階、すなわち、今川氏でいえば氏親の段階から、土地と農民を直接掌握する政策をとりはじめたのである。つまり検地の施行ということである。

第二に、土地を直接掌握するということと密接に結びつくことであるが、荘園制に対する対応のちがいに、守護大名と戦国大名のちがいを明確によみとることができる。すなわち、守護大名は荘園制に寄生し、守護不入の荘園領の存続を認めているのに対し、戦国大名はこれを否定している。

第三に、幕府および将軍に対する対応のしかたが決定的にちがっている。守護大名の段階は、あくまで幕府あっての守護大名である。たとえば、応仁・文明の乱のとき、義忠は将軍足利義政の「花の御所」警備のために軍勢を率いて上洛していったのである。戦国大名の段階では、そうした幕府とか将軍とかの絆がたち切られ、自己の領国支配原理がすべてに優先するという考え方になる。その具体化したものが戦国家法、すなわち分国法《ぶんこくほう》である。今川氏も、氏親のとき、「今川仮名目録《いまがわかなもくろく》」という戦国家法を制定している。

要するに、義忠段階と氏親段階とでは、(一) 検地の有無、(二) 戦国家法の有無、この二つによって明確に分けられ、氏親段階は、義忠段階とは比較にならない大名領国制が貫徹したことが明らかである。義忠までは守護大名、氏親から戦国大名というふうに区別する理由がここにある。

では、具体的に、氏親の検地、そして「今川仮名目録」とはどのようなものだったのか、少しくわしく検討をすることにしよう。

検地と「今川仮名目録」

氏親が領国に検地を行ったと考えられる徴証は、一七一ページの表のように五例を数えるにすぎない。しかも特徴的なことは、いずれも遠江国で行った検地である。史料の残存状況のちがいもある程度は関係があると考えられるので、断定することはできないが、新たな領国として不安定な遠江を完全に掌握しようとした意図のあらわれであったろうことは、容易に推定されるところである。

さて、氏親による検地の最初の事例は遠江の相良《さがら》荘における検地で、次のような内容となっている。

遠江相良荘般若寺の事

一、寺社領田畠山林往古の如く地頭・代官の綺《いろい》を停止す。件の寺社領の内、本増分共寄進せしむるの条、縦《たと》い向後、庄内検地有ると雖も、聊も不入として諸役免許の事。

一、寺社領内より出来る用水、先規より引き来るの処、並びに井領田難渋すべからざる事。

一、官寺山林草木、縦い大沢堤の入用木と雖も、我意に任せ猥《みだら》に伐取るべからざる事。

一、当寺の事、本寺崎住を停止す。本寺坊主と号し、恣に子（寺カ）務を致すと雖も、この旨に任せ許容すべからざるの事。

一、当社祭礼、百姓等上下村廿一人の外、地下公事使その外雑人並びに被官太夫共、出来停止の事。

右条々、聊も相違有るべからず。特に当宮の事ハ他ニ異なる祭神慮の上ハ、一円難渋に及ばず、造営勤行怠慢有るべからず。者《てへれば》この旨を守る（べき脱）の状件の如し。

永正十五年戊寅三月九日

今川修理大夫判

これは、最後のところからも明らかなように、原本ではなく写しである。そのため二、三、文意の伝わりにくいところがある。さて、この文書は現在、静岡県牧之原市の大沢というところにある般若寺の文書（同前二四一ページ）で（『相良史』）、『静岡県史料』にも未収録のもので、そのため、今川検地の初見が永正十五年というように考えられるようになったのも、最近のことである。

さて、文中、相良荘に検地が行われたであろうことを示す文言は、第一条目にある「本増分共」と「庄内検地」である。検地を行えば必然的に踏み出し、すなわちそれまで掌握されていなかった部分が増すことになり、それが「増分」であるが、そうした言葉自体、検地が行われたことを示すものである。戦国大名検地施行の歴史的意義については、義元のところでくわしく述べることにしよう。

次に、氏親が死ぬ二ヵ月ほど前に制定した「今川仮名目録」についてみておく。氏親の晩年は中《ちゅう》

表6　今川氏親の検地施行

検地実施年次	実施地域	領主	文書記載文言	典拠文書名	文書年月日	巻ページ	備考
永正15（1518）	遠江・相良庄	般若寺領	本増分共・庄内検地	般若寺文書	永正15・3・9		『相良史』
永正17（1520）	遠江・笠原庄	高松社領	踏渡下地・ふみ出	中山文書	永正17・8・6	四－三五〇	註記ない場合は『静岡県史料』
永正17（1520）	遠江・羽淵領家方	松井氏領	庚辰年相改新田	蠹簡集残篇巻三	永正17・12・27	二〇七一・八 四－八	史料編纂所請求図書番号
大永4（1524）	遠江・宇苅郷	直轄領	郷御検地	尾上文書	大永4・8・26	四－七八六	
大永4（1524）	遠江・蒲東方	龍泉寺領	申之年地検・増分	龍泉寺文書	大永5・⑪・23	五－六九一	瀬名氏地検

（有光友學「戦国大名今川氏の歴史的性格」『日本史研究』一三八を補訂して作成）

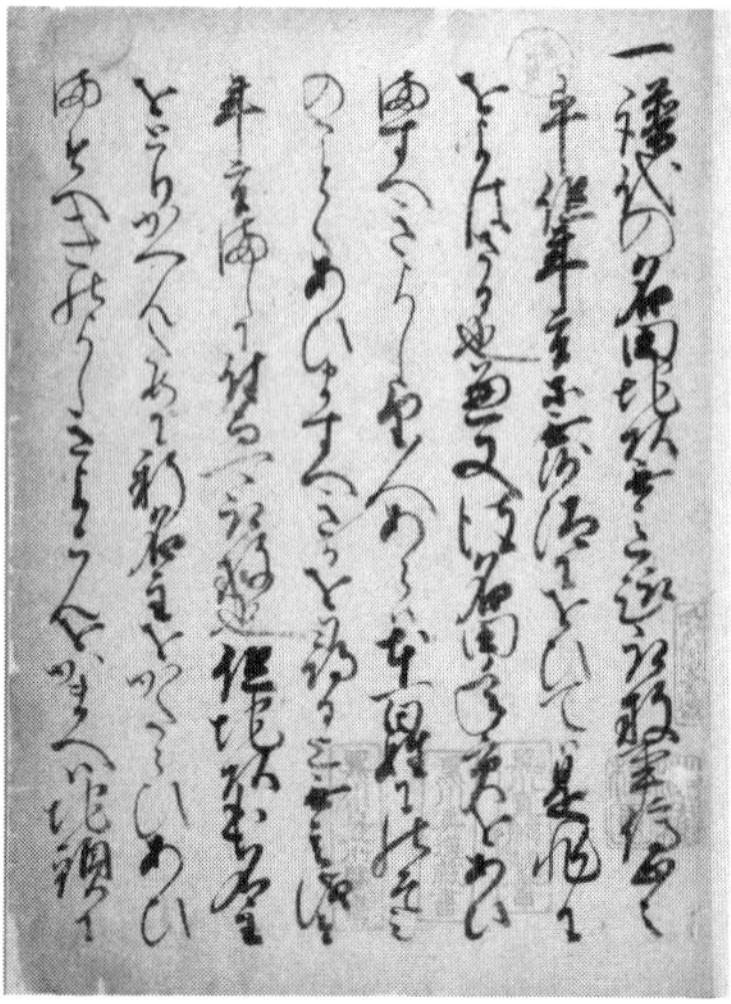

「今川仮名目録」の冒頭部分　明治大学博物館蔵

風《ふう》だったといわれるので、「今川仮名目録」制定にあたっても、夫人寿桂尼の何らかの関与が推測されるところであるが、死期の近いことをさとった氏親が、あとつぎの氏輝がまだ十四歳という状況を考え、領国支配の規範を残しておこうという意図から出発したものであることが明らかである。文末に、

　右条々、連々思い当るにしたがいて、分国のため、ひそかにしるしおく所也。当時人々こさかしくなり、はからざる儀共相論の間、此条目をかまえ、兼てよりおとしつくる物也。

と記されており、家臣相互間の争いなど、分国の動揺する危険へのくさびであったことがうかがわれる。広大化した今川領国を支配していくのに、単なる慣習では事態を乗り切ることが不可能な状態になっていたことを示すものであろう。

　さて、氏親の制定した「今川仮名目録」三十三ヵ条の内容は、これまでにも明確な形で指摘されているように、地頭すなわち上級給人の従属化と、百姓の動向に対する規定である。つまり、そこにこそ領国支配の論理確立の必要性があったことを、氏親自身特に強く意識していたということであろう。

なお、氏親の事績として、検地、「今川仮名目録」の制定に匹敵するものがもう一つある。それは安倍金山の開発である。ふつう、戦国大名の鉱山経営というと、甲斐の武田信玄による甲斐金山、越後の上杉謙信による鳴海金山、さらに安芸毛利元就の石見銀山などが具体例としてひきあいにだされるが、今川氏の場合も重要なものであった。

今川氏の金山として知られるのは安倍金山で、これは井川・梅ヶ島・大河内・玉川の各金山の総称で、室町時代までは追掘《おっぽり》という、安倍川・大井川の河岸段丘に堆積した砂金を採取するのが主であったが、氏親の時代から、坑道による金鉱石採取による問掘《といぼり》へとかわったのである。

しかし、追掘がまったく姿を消してしまったわけではなかった。たとえば、

井河河堰草の事
誰知行の山と雖も、下刈の事、近所に於て相当の程所望せしめ、之を致すべき者也、仍って件の如し。

永正十八
□五月四日
（朱印「氏親」）
村岡

という文書（「静岡浅間神社文書」同前一七三ページ）がある。字づらだけみて、これまでは河川両岸の草を刈り、それを肥料とする権利を村岡大夫に与えたものと解釈されてきた。ところが、宮本勉氏の指摘されるように、井川地方の当時の主な産業は砂金採取であり、農業ではないこと、しかもその農

業も焼畑農業が中心で、刈敷などを投入する必要のないことをあげ、文書の表面上からは河川の下刈り、すなわち雑草の採取であるが、その実は、灌木の根などに付着する砂金の採取の権利を浅間神社の社家の一人村岡大夫に与えられたことを示している（『史料編年井川村史』第一巻）。

また、氏親は「宗長手記」からもうかがわれるように、永正十三年（一五一六）の遠江引間城攻めに際し「安部山の金掘《（マヽ）》」を呼び、城中の井戸を壊させ、落城させることに成功するというエピソードもあり、すでにその時点で安倍金山の金掘が存在していたことを物語っている。

氏親の文化的活動

正親町三条実望の室となった今川義忠の娘、すなわち氏親の姉は京都では北向《きたむき》とよばれていた。この北向の奔走によるものか、あるいはすでに述べたような、今川範政から中御門宣胤に『万葉集』の秘伝が伝授されたことが要因となったのか、どちらか明らかではないが、とにかく、氏親と中御門宣胤の娘とが結婚することになった。永正二年（一五〇五）とすれば氏親は三十五歳、同五年とすれば三十八歳で、いずれにせよ、相当な晩婚である。しかし、この寿桂尼との結婚により、京都の公家との交流はかなり頻繁なものになった。

特に氏親は和歌と連歌を好み、三条西実隆《さねたか》の合点《がってん》（添削）をうけていたが、その初見は『実隆公記』の永正二年八月九日条で、「今川独吟哥合点了」とみえている。『実隆公記』には、その後もしばしば合点のことがみえているので、氏親は、京都と駿府と離れながらも、実隆を歌の師と仰いでいたことが知られるのである。

氏親の詠んだ歌を二つほどあげておこう。「平瀬家短冊手鑑」（川田順『戦国時代和歌集』）に、

　　夕暮は心に秋をさきたてゝ
　　　萩の上葉に風わたるなり

というものがあり、また、浅間神社の神官であった志貴昌澄の「珠流河久佐」の中に、

　　釈教の心を　　今川氏親
　　いかゝえむ四十あまりの年のをに
　　　とかむ所の法のまことを

というのがあり、これは近年、慈悲尾《しいのお》の増善寺に歌碑として建てられている。

氏親の場合、和歌に関しては、『続五明題集』という、『風雅集』以下、『新続古今集』までの五勅撰集の歌を分類・抜萃したような仕事もあるが、連歌の方に重きがおかれていたことは確実である。

特に、駿河島田出身の連歌師宗長に師事し、宗長は駿府郊外の丸子に草庵を建て、吐月峯柴屋寺《とげっぽうさいおくじ》の主となって永住したほどであった。宗長の師宗祇《そうぎ》をまじえて文亀二年（一五〇二）八月十五日の十五夜の日、駿府館で月見の連歌会を開き、

　くもるなよたか名はたゝし秋の月　宗祇
　空とふかりのかすしるきこゑ　守護《しゅご》氏親
小萩原あさ露さむみ風過て　宗長

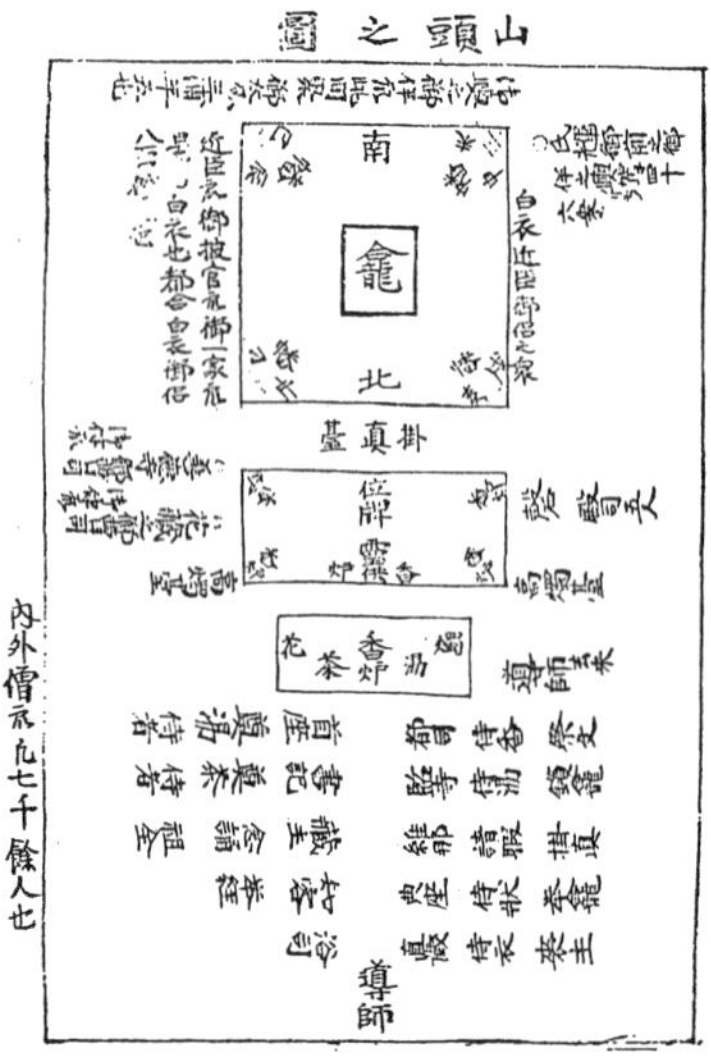

山頭の図　「今川氏親公葬記」（増善寺蔵）

と詠んだことが「宗祇終焉記」に載っている。宗祇が箱根湯本で死んだとき、その遺骸を箱根越えで今川領国の駿河国駿東郡の定輪寺に埋葬させており、いかに連歌に身を打ちこんでいたかをうかがうことができる。

その他、文化面で注目されるのは、『太平記』古写本の所蔵である。現在、京都の陽明文庫（近衛家の文庫）にある『太平記』の古写本の一つ、『今川本太平記』というのがこれである。

盛大だった氏親の葬儀

大永六年（一五二六）六月二十三日、氏親は五十六歳で没した。もっとも、『今川家略記』や『寛政重修諸家譜』は享年を五十四歳としており、五十六歳説をとるか五十四歳説をとるかで、文明三年（一四七一）の生まれか同五年の生まれか意見が分かれるところであるが、私は文明三年の生まれで、五十六歳で没したという考えをとっておく。

氏親が死んで、増善寺で盛大な葬儀がとり行われた。一門の部将や家臣たちが列席し、今川氏の全盛のさまをうかがうことができる。今日、そのときの葬儀の様子は「増善寺殿法事記録一帙」ならびに「今川氏親公葬記」によってうかがうことができる。ともに現在、増善寺所蔵であるが、前者、「増善寺殿法事記録一帙」の方は、表紙に「増善寺殿法事語録」とあるように、氏親の葬儀などに関する法語を集めたもので、史料翻刻が今枝愛真氏によって行われている（「増善寺殿法事記録一帙」『駿河の今川氏』第二集所収）。

それによると、仏事は、

鎖龕　前永平兆山岱眹東堂
掛真　勅特賜一波清涼禅師碧潭宗清和尚
起龕　前永平止雲丘伯東堂
奠茶　前総持大樹宗光東堂
奠湯　石雲当住乾翁祖良東堂
起骨　恵椿
挼骨　見住
下火　見住元宋和尚

の順で行われ、曹洞宗最高の仏事法式にのっとったやり方で行われたことがわかる。

ついで、氏親の嫡子氏輝の祭文《さいもん》、すなわち弔辞は次のごとくであった。

於戯

賢哉先考、国家柱楹、
徳旺㆓東海㆒、思沾㆓京城㆒、
喬山㆓突兀㆒、勢聳㆓八紘㆒、
忠義不㆑乱、仁愛傾㆑情、
君臣佐使、世致㆓昇平㆒、
家業扶起、猶以作㆑栄、
一茎梵刹、大廈自成、
真俗不二、為㆑傑為㆑英、
嗚呼痛哉、此日何日、
逝入㆓無声㆒、此夕何夕、
破㆑夢遠行、撫育恩顧、
吾儕堪㆑驚、昨迎㆓秋声㆒、
陰蛩添㆑鳴、今向㆑暁死、
雁叫㆓月明㆒、欲㆑報㆓慈毓㆒、
何冉㆓羊羹㆒、蘋蘩沼沚、
祭㆑死如㆑生、行潦水冷、
博山烟横、伏惟尚亨、

これはちょっとむずかしいので、読み下しにしてみよう。

於戯《ああ》
賢なるかな先考は、国家の柱楹《ちゅうえい》、
徳、東海に旺《さか》んに、恩、京城《けいじょう》に沾《ま》す
喬山突兀《きょうざんとつこつ》として、勢い八紘に聳《そび》ゆ、
忠義は乱れず、仁愛、情を傾く、
君臣佐使《さし》、世、昇平を致す、
家業扶起《ふき》して、猶以て栄を作《な》す、
一茎《いっけい》の梵刹《ぼんさつ》、大廈《たいか》自ら成る、
真俗不二《ふに》、傑たり、英たり、
嗚呼《ああ》、痛《いたわ》しきかな、
此の日何の日ぞ、逝《し》して無声に入る、
此の夕《ゆうべ》何の夕ぞ、夢を破りて遠行《えんぎょう》す
撫育《ぶいく》の恩顧《おんこ》、吾儕《ごせい》、驚くに堪《たえ》たり、
昨《きのう》秋声を迎え、陰蛩鳴きを添う、
今《きょう》、暁《あかつき》に向《なんなん》として、雁《かり》、月明に叫《さけ》ぶ、
慈毓《じいく》に報《むく》いんと欲して、何ぞ羊羹《ようかん》を冉《すす》めん、

蘋蘩沼沚《ひんぱんしょうし》、死せること祭ること生けるが如し、
行潦《こうりょう》水冷やかにして、愽山《はくざん》、煙り横たわる、
伏して惟れば、尚《こいねが》わくは亨《う》けたまえ、

この氏輝の祭文は、七月二日の葬儀のおり、全策によって誦《よ》まれたが、祭文からも、今川氏が氏親一代によって強大化していった様子をみることができる。氏親の一生はまさにこの祭文の通りであったといえよう。法名は増善寺殿喬山紹僖大禅定門という。

今川氏親発給文書目録

	年月日	宛名	差出（花押・印判の別）	文書名	出典または所蔵
1	長享1・10・20	東光寺	龍王丸（黒印）	東光寺文書	③七七五
2	〃2・1・14	由比助四郎	（黒印カ）	御感状之写上	内閣文庫
3	〃2・7・28	興津彦九郎	龍王丸（黒印）	興津文書	②七五四
4	〃3・1・吉	真光坊	氏親（花押）	見性寺文書	③二一八
5	明応3・9・20	杉山太郎衛門	（黒印）	杉山文書	③六四〇
6	〃4・9・26	師阿弥仏	氏親（花押）	安西寺文書	③五五〇
7	〃4・12・25	東流大夫	五郎（花押）	判物証文写今川三	③四八一
8	〃5・6・8	岡部左京進	五郎（花押）	彰考館本能勢文書	荘園志料（下）
9	〃5・7・18	（欠）	（花押）	長松院文書	④二二四

10	〃5・9・26	長松院	五郎（花押）	長松院文書	④二二五
11	〃6・7・18	華厳院	（花押）	華厳院文書	④二五四
12	〃7・11・13	孕石	氏親（花押）	孕石文書	東大史料（影）
13	〃8・1・19	八幡宮神主	氏親（花押）	秋鹿文書	⑤一九〇
14	〃8・5・3	三浦平五	五郎（花押）	三浦文書	東大史料（写）
15	〃8・9・7	高松神主	五郎（花押）	中山文書	④三四八
16	〃9・5・30	由比助四郎	（花押）	御感状之写上	内閣文庫
17	文亀1・11・27	興津彦九郎	五郎在判	興津文書	②七五五
18	〃1・12・23	神主秋鹿	氏親（花押）	秋鹿文書	⑤一九二
19	〃2・2・25	神主中山将監	五郎（花押）	中山文書	④三四九
20	〃2・11・21	新長谷寺	（花押）	清水寺所蔵文書	③二九一
21	（永正1カ）6・11	領家	氏親（花押）	大沢文書	東大史料（影）
22	永正1・9	（欠）	（花押）	鶴岡八幡宮文書	新編相州古文書②
23	〃2・8・5	長松院	五郎（花押）	長松院文書	④二二五
24	〃2・11	渡部平内次	氏親判	今橋物語所収文書	豊橋市史⑤
25	〃3・8・25	本興寺	（花押）	本興寺文書	⑤五〇四
26	〃3・11・15	明眼寺	（花押）	妙源寺文書	岡崎市史①
27	〃4・9・8	真珠院	（花押）	真珠院文書	②七三六
28	〃5・10・18	長楽寺	（花押）	長楽寺文書	③七九五

29	〃6・9・6	宝樹院	氏親（花押）	駿河志料	③三二四
30	〃6・9・26	宝樹院	氏親（花押）	判物証文写今川四	③三二六
31	〃7・3・20	本間源次郎宗季	（花押）	本間文書	大日本史料9―2
32	〃8・9・21	大洞院	（花押）	大洞院文書	④七〇七
33	〃9・3・24	西光寺	（朱印）	西光寺文書	①七三六
34	〃9・5・1	覚園寺	（朱印）	覚園寺文書	⑤六三八
35	〃9・8・1	（欠）	（朱印）	山崎氏蔵文書	④一九二
36	〃10・8・28	松井山城守	修理大夫（花押）	土佐国蠧簡集残編三	大日本史料9―4
37	〃10・8・28	松井山城守	修理大夫（花押）	土佐国蠧簡集残編三	大日本史料9―4
38	〃11・8・18	（欠）	（朱印）	清水寺所蔵文書	③二九一
39	〃12・6・26	本門寺日国上人	修理大夫（花押）	北山本門寺文書	②四一〇
40	〃12・8・28	久能寺院主御房	修理大夫（花押）	鉄舟寺所蔵文書	②八二八
41	〃13・10・16	鴨江寺	（花押）	鴨江寺文書	⑤七六八
42	〃14・1・4	後藤弥九郎	（花押）	後藤文書	
43	〃14・2・18	奥山美濃守	修理大夫（花押）	越後奥山文書	大日本史料6―6
44	〃14・10・18	鴨江寺衆徒中	修理大夫（花押）	鴨江寺文書	⑤七六九
45	〃15・3・9	（欠）	修理大夫判	般若寺文書	相良史
46	（〃15）・8・6	中御門殿	氏親（花押）	宣胤卿記紙背文書	宣胤卿記
47	〃15・10・9	満願寺栄午	修理大夫（花押）	安養寺所蔵文庫	③九八
48	〃16・1・11	大山寺理養坊	修理大夫（花押）	大山寺旧蔵文書	⑤五六〇

49	〃16・1・11	勝方法印	修理大夫（花押）	見聞録所蔵文書	嶽南史②
50	〃16・8・8	沼津妙海寺	（朱印）	妙海寺文書	①七一七
51	〃17・3・14	金差大炊助	修理大夫（花押）	阿波三島明神文書	大日本史料9―10
52	〃17・12・27	松井山城守	修理大夫（花押）	土佐国蠹簡集残編三	大日本史料9―11
53	〃18・1・28	玖延寺	御書判	玖延寺文書	⑤三〇五
54	〃18・5・4	村岡	（朱印）	旧村岡大夫文書	③四八三
55	〃18・7・10	渡辺春徳	修理大夫	今川記所収文書	大日本史料9―13
56	〃18・8・11	玄興	修理大夫（花押）	安養寺文書	③一〇四
57	〃18・8・11	建興	修理大夫（花押）	禅昌寺文書	岐阜県史、古代中世①
58	〃18・8・25	宗微	修理大夫（花押）	松林寺文書	⑤二四六
59	大永2・3・19	本門寺	修理大夫（花押）	北山本門寺文書	②四一一
60	〃2・5・2	鷲頭法華堂	（花押）	本興寺文書	⑤五〇七
61	〃3・12・19	馬淵松千代	修理大夫（花押）	旧大宮司富士家文書	②二〇五
62	〃4・9・20	興津藤兵衛尉	紹僖（朱印）	興津文書	②七五六
63	〃5・12・13	奥山大膳亮	紹僖（朱印）	越後奥山文書	日本の古文書（下）
64	〃6・5・17	孕石郷左衛門尉	紹僖（朱印）	孕石文書	東大史料（影）
65	〃6・6・12	大井新右衛門尉	（朱印）	七条文書	③三五五
66	〃6・6・18	久能寺	沙弥紹僖	鉄舟寺所蔵文書	②八二九
67	年不詳1・19	大沢殿	紹僖（朱印）	大沢文書	東大史料（影）
68	〃1・25	四宮図書助・伊達蔵人	氏親（花押）	駿河伊達文書	京大文学部

69	〃	3・10	小笠原左衛門佐	氏親（花押）	小笠原文書	愛知県史（別）
70	〃	3・17	鈴木中務	（花押）	掛川誌稿	④七八六
71	〃	4・10	東泉坊	氏親（花押）	三日市場浅間社文書	②七五
72	〃	4・18	天野民部少輔	氏親（花押）	遠江国風土記伝所収文書	④八二三
73	〃	5・28	灯明坊	氏親（花押）	大福寺文書	三ヶ日町史資料⑧
74	〃	7・30	由比助四郎	氏親（花押）	御感状之写上	内閣文庫
75	〃	8・10	方外軒玉吟下	氏親（花押）	越後保阪文書	大日本史料9―7
76	〃	8・28	朝比奈助次郎	氏親（花押）	朝比奈文書	『日本歴史』300
77	〃	9・3	天野民部少輔	氏親在判	古今消息集	内閣文庫
78	〃	9・3	天野宮内右衛門尉	氏親（花押）	遠江国風土記伝所収文書	④八二四
79	〃	9・26	福嶋左衛門尉	氏親判	記録御用所本古文書	内閣文庫
80	〃	10・11	飯尾近江守	氏親（花押）	飯尾文書	大日本史料9―3
81	〃	10・20	興津彦九郎	氏親（花押）	興津文書	②七五六
82	〃	11・16	伊達蔵人丞	氏親（花押）	駿河伊達文書	京大文学部
83	〃	11・16	法多寺	氏親（花押）	尊永寺文書	⑤四五
84	〃	11・27	小川弥三郎	氏親（花押）	小川文書	①三二一六

備考　③とか④は、それぞれ『静岡県史料』第三輯、第四輯の略。同じく、豊橋市史⑤は『豊橋市史』第五巻の略。東大史料（影）は東京大学史料編纂所の影写本、（写）は同じく写本。七六号文書、『日本歴史』300とあるのは、雑誌『日本歴史』三〇〇号所載、奥野高広氏の論文「浜松市とその周辺地域の新史料」に紹介されたもの。

第八章　八代今川氏輝

1　十四歳当主の誕生

国務の継承と政務の開始時期

氏輝が生まれたのは永正十年（一五一三）であるから、大永六年（一五二六）に氏親が死んだときには、まだ十四歳の少年であった。しかし、氏輝は前年、十三歳で元服し、五郎氏輝と名乗り、従五位下、上総介に任ぜられており、次期家督継承者としての扱いをうけていたのである。

そのため、氏親が死んだとき、十四歳という年にもかかわらず、氏輝が相続するということは既定の方針であり、何の混乱もおこらなかったのである。しかし、家督相続が何の問題もなくスムーズにいったことと、領国経営が氏輝を中心に展開していくことになったかということは、別問題である。やはり十四歳の当主では思うにまかせない。おそらくこのときも、重臣たちの中には、「誰か一族の中から代行者を立てては」と提案する者もあったと思われるが、さきの氏親のときのような小鹿範満のごとき例もあり、そのまま氏輝に国務をとらせるということになったようである。

しかし、十四歳ではいかんせん独り立ちは無理である。そこで補佐役というか後見人が必要となり、その任にあたったのが氏輝の生母、すなわち氏親の正室中御門《なかみかど》氏である。彼女は夫氏親の死後、髪をおろし、寿桂尼といっていた。

これまでの通説的理解では、氏親の死んだ大永六年、すぐ子の氏輝が家督相続し、駿河・遠江の領国支配にのりだしていったと解されてきた。しかし、この点に再検討を加え、氏親死後二年間は氏輝ではなく、むしろ寿桂尼が国務をとったのではないかという注目すべき考え方が提起されるようになったのである。

具体的にいうと、久保田昌希氏の「今川氏輝とその文書」（『駒沢大学大学院史学論集』第八号）という論文で、久保田氏は、氏親没後、氏輝は若年のため、あくまで形式的な代替わりであり、実質的に今川権力を継承したのは寿桂尼であったこと、そして二年後の大永八年に氏輝が実質的な継承者になったとしたのである。

今日、氏輝発給文書の初見になるのは、大永八年三月二十八日付の次の六通の文書である。

①松井八郎宛　　蠹簡集残編三
②松井八郎宛　　蠹簡集残編三
③匂坂六郎五郎宛　　匂坂家譜
④神主秋鹿左京亮宛　　秋鹿文書

⑤神主秋鹿宛　　　　秋鹿文書
⑥八幡神社宛　　　　秋鹿文書

現存する古文書は、たしかに当時出された文書の何十分の一、否何百分の一、何千分の一かもしれない。しかし、大永八年三月二十八日付の文書が現在、六通も残っていることはやや異常である。しかも、それ以前については現在のところ一通も発見されていない。これは、氏輝が大永八年三月二十八日を期して国務を継承し、文字通りの当主となったことを示すものであろう。この年、氏輝は十六歳であり、二年間の見習い期間を経て、ようやく自立したとみてよいのではなかろうか。

独自の政策

氏輝は年が若いということもあるが、もう一つ、父氏親があまりにも偉大すぎたということもあったろう。領国経営においては、当面、氏親の路線を大過なく継承することに専念した。専念したというよりは、それがせいいっぱいだったともいえそうである。

とにかく、家督継承後、氏輝の発給文書はしばらくの間、「増善寺殿判形の旨に任せ領掌せしめ訖」という文言のオンパレードであった。とにかく、父氏親の残したもの、それをそのまま維持し、体制としても温存していくことが至上命令であった。たとえば、

駿遠両国当知行の事

一、大津郷料所方同郷本段銭、同智満寺。

一、嶋田郷半分除諸役、同郷棟別惣郷。
一、河合関壱所。
一、遠州勝田庄内仁田内田郷之内唐木谷等の事。
右、増善寺殿判形の旨に任せ、領掌せしめ訖。しからば、智満法橋等前々の如くその沙汰有るべきの状、仍って件の如し。
享禄五年四月廿一日　　氏輝（花押）
三浦鶴千代殿

というように（「三浦文書」同前四〇八ページ・傍点は筆者）、父氏親の知行宛行状なり、安堵状なり、寄進状などの内容をそのまま追認する形をとったのである。

その面だけでいえば、氏輝は偉大な父氏親の呪縛から一歩も出られなかったとさえいえる。ところが、やがて独自の政策、つまり領国経営において新機軸をうち出していったことが、馬廻衆《うままわりしゅう》の創設、それに商業振興策あたりからよみとることができる。まず、馬廻衆の創設からみていこう。

馬廻衆というのは、御馬廻衆ともよばれる。いうまでもなく戦国大名当主の直臣団で、直属の旗本のことであるが、現在のところ、氏親の段階では、馬廻衆の存在を示すような史料上の文言はなく、明確な形で、つまり、馬廻衆というような形では組織化されていなかったのではないかと考えられる。その馬廻衆が、氏輝の段階に至って編成されているのである。

たとえば、天文元年（一五三二）には、富士宮若丸というものを馬廻に任じている。

星山代官職の事
右、子細に及ぶと雖も、馬廻として奉公せしむる上は、前々の如く代官職共、他の綺無く直務せしむべきの状件の如し。
天文元壬辰年十一月廿七日
氏輝（花押）
富士宮若殿

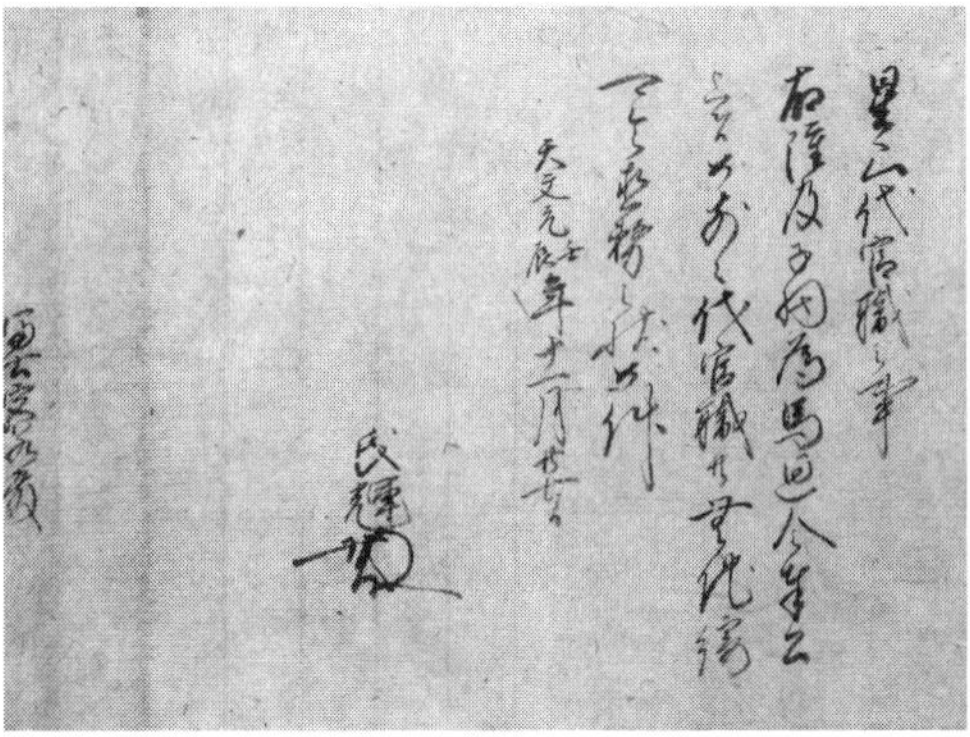
天文元年 11 月 27 日付　今川氏輝判物　静岡県立中央図書館蔵

この文書（「旧大宮司富士家文書」同前四一七ページ）からも明らかなように、富士宮若丸を新たに馬廻衆の一員として登用するにつき、星山というところの代官職を与えることをいっている。似たような例であるが、もう一通だけあげておこう。「興津文書」（同前四四七ページ）の中の一通である。

駿遠両国当知行分の事
一、興津郷内堀内分幷薩埵山警固関西谷方山脇事。
一、河辺地頭方幷入江庄内法性寺末。
一、河辺枝郷小黒の内五町この内をきつねかさきに壱丁ふす。
一、池田。　一、村岡郷西方。

一、垂木郷介一御給恩として下さる。幷御代官職。
右条々、前々の如く相違有るべからず。将又、子弥四郎馬廻に相定むる上は、弥奉公を抽んずべき所、仍って件の如し。
天文三甲午年七月十三日
氏輝（花押）
興津藤兵衛尉殿

ここからも明らかなように、重臣興津藤兵衛尉の子彌四郎を馬廻として任用したものであることがうかがわれる。氏輝は重臣の子を馬廻衆に編成していったのであろう。

氏輝の新政策のもう一つは、商業振興策である。これも氏親の段階には見られなかったことで、今川氏の領国経営が新たな段階にたち至ったことを示すものであろう。

（氏輝）
（花押）
江尻商人宿の事
右、毎月三度市、同上下の商人宿の事、幷屋敷弐間、前々の如くたるべき者也。仍って件の如し。
享禄五
八月廿一日

この文書（「寺尾文書」同前四一三ページ）は宛名がないが、江尻（現在、静岡市清水区）の商人に宛てたものである。年号の享禄五年は、途中で天文元年（一五三二）に改元されている。文中、「毎月三度市」というのは、月に三回開かれる市、すなわち三斎市《さんさいいち》のことで、江尻を三斎市とし、江尻宿を上下の商人宿として、屋敷二間の役を免除しようというものである。これは、氏輝が本拠地駿府の外港としての江尻に注目し、領国の商品流通の上に明確に位置づけたことを示している。

なお、氏輝は父氏親の影響もあって、幼少時から和歌に親しみ、氏親の生前、氏親とともに三条西実隆の合点をうけていることが『実隆公記』に見え、また、宗長の「宗長手記」によれば、大永六年（一五二六）正月二十八日、連歌会を行っている。すなわち、

正月廿八日、五郎殿御興行に、
不尽《ふじ》やこれかすみの四方《よも》の州《くに》の春
すみの山をたち入れ申侍り。本所様、御方入御、歴々御会席にや、

とあり、五郎殿とは氏輝、本所様は氏親、御方とは三条殿御方で正親町三条公兄《きんえ》のことである。その他、氏親の一周忌にも、「一回忌詩歌」を勧進しており、和歌・連歌のたしなみは、文化人大名今川氏の名に恥じないものがある。

2　寿桂尼の補佐

寿桂尼発給の文書

寿桂尼は、さきにも触れたように今川氏親の正室で、氏親死後、幼少の嫡男氏輝を補佐した女性である。京都の公家で、『宣胤卿記』を残したことで知られる中御門宣胤の娘である。残念ながら生年は不明であるが、永正二年（一五〇五）ないし同五年ごろ、氏親と結婚しており、はじめの子、すなわち氏輝を生んだのが永正十年ということから逆算していくと、延徳二年（一四九〇）ごろの生まれではなかったかと考えられる。没したのは永禄十一年（一五六八）三月二十四日で、墓は静岡市葵区沓谷《くつのや》の龍雲寺にある。

さきにも述べたように、氏親の晩年は中風だったといわれており、寿桂尼が氏親生存中から何らかの形で補佐をしていたであろうことが予想されるが、氏親死後の二年間は、相続した氏輝の文書が一通もみられないのに対し、寿桂尼の文書がいくつかある。その初見は氏親の死の三ヵ月後のものであるが、

（折封ウハ書）
「大山寺　理養坊」

（朱印・印文「歸」）
□

寿桂尼の墓　静岡市・龍雲寺

とをたうミの国むらくしのうち大山寺りやう田地参町四段、ならひにやまはやし等之事
右、国ふにうとして、さうゐなくりやうしやうせしめをハンぬ、新きくハん所として、武運ちやうきう、国家あんせんのきねん、しゅさう勤行等、たいてんあるへからす、そうせん寺殿の御判にまかせて、つきめさういあるへからさるもの也、仍って件の如し、
大永六ひのへいぬ年九月廿六日
大山寺理養坊

となっており（「大山寺文書」）、文末にある通り、「そうせん寺殿の御判にまかせて」とあり、増善寺殿、すなわち氏親の寺領安堵を追認した内容である。

冒頭に捺されているのが寿桂尼の印判で、「帰」という字で、〝とつぐ〟と読むとされている。足立鍬太郎氏がその著『今川氏親と寿桂尼』において、寿桂尼が氏親と結婚する際に、中御門宣胤が寿桂尼に与えたものとしたのが定説とされている。

なお、現在までのところ、寿桂尼発給の文書は二十五通が確認されており（久保田昌希「今川氏親後室寿桂尼発給の文書について」『駒沢史学』第二十四号）、その約半分、十三通までが氏輝の代のときのものである。文書は、一、二の例外を除いて、女文である仮名文で書かれている。

氏輝と彦五郎の死

生母寿桂尼の補佐を得て、氏輝の領国経営もようやく軌道に乗りはじめたかにみえた。それまで、氏親の段階ですら不安定であった富士川以東の地も、今川勢力圏として安定し、駿東郡に強大な国人領主制を展開していた葛山氏も、氏輝のことを「御屋形」と呼び、今川氏への服属を表明するようになっていったのである。

隣国相模は、父氏親の叔父早雲を初代とする後北条氏で、この時代は早雲の子氏綱《うじつな》の代であり、氏綱・氏輝は友好関係にあった。しかし、もう一つの隣国である甲斐の方は武田信虎《のぶとら》の時代で、今川勢力が甲駿国境まで力を伸ばすことを快からず思っていた。

ちょうどそのような折、今川氏輝と武田信虎との戦いがおこった。天文四年（一五三五）六月二十七日、今川氏輝は大軍を率いて駿府を出陣。氏輝出陣の報に接した信虎もすぐ兵をまとめて甲駿国境の万沢口《まんざわぐち》（現在、山梨県南部町万沢）まで進み、万沢口での対峙となり、八月までにらみあいが続き、八月十九日、大激戦となった。

ところが戦いでは氏輝軍が敗れ、信虎軍がそれを追撃しようとした矢先、今度は、氏輝としめしあわせていた北条氏綱の大軍が籠坂峠《かごさか》を越えて郡内領に突入していった。主力が万沢口に釘づけされていたため、手薄な郡内地方は後北条軍に攻められ、武田信虎は一転して攻められる立場になった。

しかし、さすがは歴戦の信虎である。すかさず関東の上杉朝興《ともおき》と連絡をとり、留守になった小田原城をねらわせている。本拠の小田原城が危ないということで、甲斐の武田領奥深く兵を進めていた北条氏綱も、ついに兵を引き揚げざるをえなくなり、氏輝・氏綱はともに兵を引いたのである。

氏輝がその年、弟の梅岳承芳《せんがくしょうほう》をよび、富士郡の善得寺に置いたのは、そうした甲斐・相模との複雑な背景があったからであろう。

今川氏輝の墓　静岡市・臨済寺

翌天文五年三月十七日、氏輝が突然死んでしまった。まだ二十四歳の若さであった。死因についてはどうもはっきりしない。病弱であったことを示す史料もなく、あるいは、前年の出陣が何か関係しているのかもしれないが、そのことを示す根拠は何一つない。ただ『快元僧都記』（『群書類従』第二十五輯）に、

（天文五年三月）十八日。例の建長・円覚の僧達、今川殿の不例の祈禱として、大般若を読まる。然して十七日ニ氏照（輝）死去注進の間、即ち夜中経席を退かれ畢。今川氏親一男也。

とあり、今川氏輝と同盟関係にある北条氏綱が、鶴岡八幡宮の社僧たちに氏輝「不例之祈禱」を行わせていることがうかがわれる。しかし、何の病気であったかということはわからない。死の直前であったことは注意しておくべきだろう。

氏親
- 氏輝（一五一三年生）
- 彦五郎
- 玄広恵探（一五一七年生）
- 泉奘（一五一八年生）
- 義元（一五一九年生）
- 氏豊（一五二二年生）

系図９　氏親の子息たち

氏輝の死が突然だったことも不自然であるが、それに輪をかけてもう一つ不自然なことがある。弟がもう一人同じ日に死んでいるのである。武田信玄の側近に侍した駒井高《こまいこう》白斎《はくさい》の日記『高白斎記』（『新編信濃史料叢書』第八巻）の天文五年三月十七日の項には、

十七日、今川氏照（輝）、同彦五郎同時ニ死ス。

とあり。また、今川氏のもとに身を寄せていた冷泉為和《れいぜいためかず》の歌集である『為和卿集』（『群書類従』第十四輯）には、

（天文五年）四月十七日、氏輝死去、同彦五郎同日遠行、

と記されている。『為和卿集』が四月十七日とするのは、三月十七日の誤記であろう。

さて、氏輝と同じ天文五年三月十七日に死んだという彦五郎とは、どういう人物だったのであろうか。これまでの今川氏研究では、彦五郎を末弟の氏豊《うじとよ》、すなわち、尾張那古野城主となっていた氏豊と考えてきたのである。しかし、私は彦五郎と氏豊とは別人であると考えている。さらに、これまでは義元の二男とされていた象耳泉奘という、京都泉涌寺六十九世、奈良唐招提寺の五十七世になった名僧も、氏親の子である可能性が高く、その関係は系図9のようになる。よって、氏輝と彦五郎が死んでもまだ兄弟は四人残っていた可能性がある。その内、氏豊はすでに尾張の織田信秀《のぶひで》に城を奪われ、『名古屋合戦記』・『明良洪範』・『系図纂要』本今川系図のいうように、上方に落ちのびていった

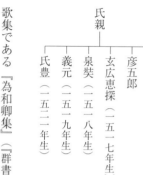

とすれば、氏輝の家督争いに口をはさむ余地はまったくないということになる。

なお、象耳泉奘が家督争いの場面にまったく名前を出してこないのは、どうしたわけであろうか。泉奘の伝記でみる限り、兄氏輝が死んだころ、泉奘がどこにいたかは明らかでない。あとで述べるが、遍照光寺の恵探が死んだあと遍照光寺に入ったものか。『招提千歳伝記』という本（川瀬一馬氏「泉奘律師」『唐招提寺論叢』）によれば、

　天文八年二月十日辰朝、依㆓通受法㆒進具、

とあり、遍照光寺において受戒したことがうかがわれるのである。

結局、泉奘は関係なかったとして、直接関係するのは玄広恵探と栴岳承芳、すなわちのちの今川義元である。義元については章を改めて述べるが、恵探は「護国禅師三十三回忌拈香拙語幷序」では東栄大徳とし、『系図纂要』本今川系図、『続群書類従』本今川系図では良真としている。花倉の遍照光寺の住持になっていたもので、氏親の側室福島《くしま》左衛門（一説に上総介）の娘から生まれている。この恵探と承芳（義元）との争いについては後述する。

氏輝は法名臨済寺殿用山玄公大禅定門といい、その名の通り、臨済寺に葬られた。

第九章　九代今川義元

1　善得寺の喝食として

建仁寺から妙心寺へ

人の一生というものはわからないものである。ふつうなら、戦国大名の五男などに生まれた場合、せいぜいよくて、一門衆の扱いをうける重臣の一人にとどまる程度が関の山であろう。寺に入り、僧侶となるケースが一般的である。それが兄二人の死、そしてもう一人の兄との家督争いにより、戦国大名当主の座にすわることができた。いくつかの偶然が重ならなければ得られない僥倖であるというしかないであろう。

さて、義元、幼名を芳菊丸《ほうきくまる》（方菊丸とも）といったが、生まれたのは永正十六年（一五一九）である。もっとも、永正十六年に生まれたということを書き留めた記録があるわけではなく、永禄三年（一五六〇）に四十二歳で没したということからの逆算である。ふつう、氏親の三男といわれているが、前章で述べたように、氏輝と同日に死んだ彦五郎、さらに天正十六年（一五八八）に七十一歳で死んだという象耳泉奘も、逆算すると永正十五年の生まれとなり、義元よりは兄になる。また、家督を争った玄広恵探は庶兄といわれているので、どうやら氏親の五男ということになりそうである。

氏親は、この芳菊丸の養育係として当時、京都の建仁寺で常庵龍崇和尚のもとにいた雪斎《せっさい》をみたて、京都より呼びもどすことになった。雪斎はそのころ、九英承菊といっていた。「護国禅師三十三回忌拈香拙語幷序」（小和田「校注解説〝護国禅師三十三回忌拈香拙語幷序〟」『駿河の今川氏』第三集）に、

舜有㆓二神足㆒、曰㆓九英承菊㆒、曰㆓梅岳承芳㆒、承芳者氏親公之三男也。未㆓得度㆒、髫年而挙㆑国称㆓善得寺殿㆒、諸人之所㆓恐惶㆒也。菊者父庵原氏、母奥（興）津氏也。自㆑幼励㆓志於道㆒、学掛㆓錫於京師東山左辺底㆒。常随給㆓于護国院常庵崇長老之巾瓶㆒者十有八年。馬大師之所謂以㆑莫㆑皈㆑郷為㆑旨、以㆑夜継㆑日、精究練磨、寝食但（倶カ）廃、寒暑両忘也。以㆘可㆔輔㆓佐芳髫年㆒無㆖其仁㆖、故氏親遣㆑使招呼者㆔回。生縁熟處勤㆑忘而皈国華。氏親公髫年之進止畢竟倚㆓頼菊公㆒。国守之命既九鼎而法眷之好亦千鈞也。不㆑得㆓峻

今川義元木像　静岡市・臨済寺蔵

太原雪斎木像　静岡市・臨済寺蔵

拒㆒与㆑世低昂也。

とある。しかしこの拈香拙語はきわめて難解な漢文であり、なかなか理解しにくいところである。今の部分、読み下したものを掲げよう。

舜に二神足あり。九英承菊といい、梅岳承芳という。承芳は氏親公の三男なり。いまだ得度せず。髫年にして、而も国を挙げて善得寺殿と称し、諸人の恐惶するところとなる。菊は父庵原氏、母興津氏なり。幼より志を道に励まし、学は京師東山の左辺底に掛錫す。常に随いて護国院常庵崇長老の巾瓶に給仕すること十有八年なり。馬大師の所謂郷に帰する莫《な》きを以って旨となし、夜を以って日に継ぎ、精究練磨し、寝食倶に廃し、寒暑両《ふた》つながら忘る。芳髫年を輔佐すべきその仁無きを以って、故に氏親使を遣して招呼すること三回。生縁の熟する処忘れがたくして帰国しおわんぬ。氏親公は髫年の進止を畢竟《ひっきょう》菊公に倚頼《いらい》す。国守の命は既に九鼎にして法眷の好みもまた千鈞なれば也。峻拒するを得ずして世と低昂す。

これで大体のことがわかる。つまり、芳髫年というのが承芳、すなわち芳菊丸で義元のこと、菊公が九英承菊で雪斎のことである。雪斎は氏親に三顧の礼をもって迎えられ、承芳の養育係・補佐役をつとめることになった。京都建仁寺からもどった雪斎が、承芳をともなって富士郡の善得寺に入ったのは、大永二年（一五二二）か翌三年のことと推定される。大永二年とすれば、承芳四歳ということになる。雪斎は二十七歳であった。もっとも承芳は、そのころはまだ得度していないので、幼名のまま芳菊丸とよばれていたのであろう。

なお、大永六年、父氏親が死んだとき、その葬儀に列席しているが、『今川氏親公葬記』に収載されている図によれば、もちろん氏輝が中心であるが、それについで「善徳寺御曹司」・「花蔵之御曹司」の順になっており、玄広恵探より上位にあったことがうかがわれるとともに、象耳泉奘の名が見えないことも指摘される。すでに、氏親の死去の時点で、家督継承順位は、①氏輝、②承芳、③恵探というような暗黙の了解のようなものがあったのかもしれない。この点、問題として残しておこう。

続いて記録に出てくるのは「護国禅師三十三回忌拈香拙語并序」の次の文章である。

崇長老、偶《たまたま》舎兄素純法師の訃を聞き、本府に下向し、寓居すること歳余。髫年和尚について薙髪染衣し、祖母北河旧宅を修補して善得院と号し之に居る。

つまり、崇長老の兄で駿河にいた素純法師がなくなり、崇長老が駿府に下向するということがあった。素純法師の死は享禄三年（一五三〇）六月五日で、崇長老、すなわち建仁寺霊泉院の常庵龍崇がその弔問のため駿府に下ってきたのはその年の秋で、翌年二月ごろまで滞在していた。芳菊丸は、その間、すなわち、享禄三年秋から翌年二月までの間に薙髪染衣、つまり得度の式が行われたのである。

以来、それまでの幼名芳菊丸を改め、梅岳承芳とよばれることになった。

その直後、雪斎は承芳をともなって京都の建仁寺に入った。それが具体的にいつのことであるかは明らかではないが、少なくとも享禄五年の夏には建仁寺で修行していたことが、『幻雲文集』（『続群書類従』第十三輯上）からわかる。そこに、建仁寺住持の月舟寿桂が常庵龍崇に代わって承芳の人となりを書き留めた一文が収められているのである。関連部分を次に引用しておく。

故円覚琴渓禅師草扨の所也。禅師有爪抹寧馨名は芳（承芳のこと）。すなわち府君（氏親）の令子にして今の府君の賢弟。天資軒抜。齢未だ登らず学を志し、学んで時に習うの志、齢を孚す。人皆善と称す。先ず是、同袍（雪斎のこと）、吾と東山に寓すてへり。余誇説のため、その人となす。且つ徴余その字を雅す。余輒《たやす》く口命梅岳を以ってその門地也。その人物也。

承芳は建仁寺で「宋景濂の富士の詩を読む」という題の漢詩を作り、年少ながら評判となるようなこともあった。しかし、雪斎は、建仁寺のそのような文学禅が次第にあきたりないものに感ずるようになり、ついに建仁寺を去って、祖師禅を求めて妙心寺に入ったのである。もちろん承芳もそれについて妙心寺に入り、大休宗休禅師のもとで修行をつむことになったのである。

善得寺にもどる

もっとも、承芳は京都に行きっぱなしではなかったようで、しばしば駿府にはもどってきていた。天文二年（一五三三）のころは駿府にいた徴証が二つある。たとえば、冷泉為和の『今川為和集』に、

天文二年正月のこととして、

　正月廿二日、今河弟禅徳院にて、当座詩歌、

とあり、禅徳院はすなわち善徳院のことと思われるが、善得院で詩歌の会がもたれたことを物語る。さきに引用した「護国禅師三十三回忌拈香拙語幷序」にも明らかなように、承芳にとっては祖母にあたる北川殿の旧宅を善得院としていたわけで、駿府における承芳の住まいは、この善得院であった。承芳が一貫して富士郡の善得寺にいたというのは誤りである。

　続いて同年十二月、駿河に来遊中の仁和寺の僧尊海が、雪斎・承芳と三人で和漢の連句を作ったことが、『あつまの道の記』（『群書類従』第十八輯）にみえる。すなわち、

　ゆきやらで花や春待つ宿の梅　喜卜（尊海）
　友三話歳寒　九英（雪斎）
　扣水茶煎月　承芳《善得寺》（義元）

とあり、この部分は藤枝の長閑《（楽）》寺で和漢連句の興行があったことを示している。のち、再び上洛した。

　さて、前章今川氏輝のところでくわしくみたように、天文四年、氏輝は甲斐の武田信虎と戦い、その関係が険悪になった時点で、甲斐との要地にあたる富士郡に弟の承芳を置こうと考えたようである。これがまったくの氏輝の発想なのか、もともと善得寺にいた雪斎あるいは承芳の発想であるのかは明らかでないが、とにかく、天文四年か翌五年早々には、承芳は雪斎とともに富士郡の善得寺に入っていたことは確実である。たびたび引用している「護国禅師三十三回忌拈香拙語幷序」には、

駿・甲篠籬に依って、両刃鋒を交える。早に東山を辞し、本寺《善得寺》に皈る。芳公・菊公本寺に居住す。

とある。「依駿・甲篠籬、両刃交鋒」という状況が、天文四年の七月から八月にかけての氏輝と武田信虎の戦いをさしていることに疑問の余地はなく、したがって、東山、すなわち建仁寺を辞して、本寺、すなわち善得寺に帰ってきたのは同年末か翌五年初めということになるのである。

2　花倉の乱

恵探との争い

前章の氏輝のところでは、氏輝とその弟彦五郎が天文五年（一五三六）三月十七日に同時に死んだことを許して、不自然な死に方であるという指摘だけに留めておいた。ここでもう少しこの問題を考えておくことにしよう。氏輝の代と、次の義元の代を、外交政策の点から比較すると、氏輝が親北条氏綱で、必然的に反武田信虎である。ところが、義元は親武田信虎で、反北条氏綱である。このちがいをどのようにとらえたらよいのであろうか。

これはあくまで仮説であるが、私は、武田信虎と結んだ雪斎が、氏輝と彦五郎を殺させ、自分の養育した承芳、すなわち義元を家督にすえようとしたのではないかと考えている。雪斎はこののちもしばしば使者として甲斐に行っており、信虎と承芳の仲立ちをしたのではないだろうか。

氏輝・彦五郎が同時に死んで、残りの兄弟たちのうち、末弟の氏豊は尾張那古野城主であったが織田信秀に城を奪われたりしており、象耳泉奘についてはわからない。残った二人というのが、花倉の遍照光寺の住持となっていた玄広恵探であり、もう一人がこの承芳であった。承芳の方は善得寺の喝食である。

長幼の順序からすると、恵探の方が上だったらしい。しかし、恵探の母親は氏親の側室である福島左衛門（一説に上総介）の娘であり、承芳の方は氏親の正室である寿桂尼を母としていた。

氏輝が死ぬとき遺言があったものかどうか、もしあったとすればどのように書かれていたのか、今日となってはもはや明らかにする手段はない。ところが、承芳が氏輝と同じく氏親の正室から生まれたという一事のもつ重みは、たとえようもなかったと考えられる。というのは、さきにも述べたように、氏輝が家督をついだ十四歳からあと数年、寿桂尼が自ら印判状を出し、領国経営に乗り出していった時期があったことである。つまり、氏輝の補佐役をつとめたという実績は、今川家中に重くのしかかっていたと思われる。

しかも、恵探が側室福島氏の出ということで、家臣たちは、恵探が相続することになれば、外祖父として福島氏の力が強大になるであろうことを予知し、そうした動きになることを警戒したのである。今川家中の大方の空気は、承芳への相続を推進する方向で動いており、寿桂尼―雪斎ラインが主軸になりながら、承芳への家督相続のお膳だてが進んでいくことになったのである。

しかし、そうした動きをみておもしろくないのは庶兄の恵探である。外祖父福島左衛門とはかり、

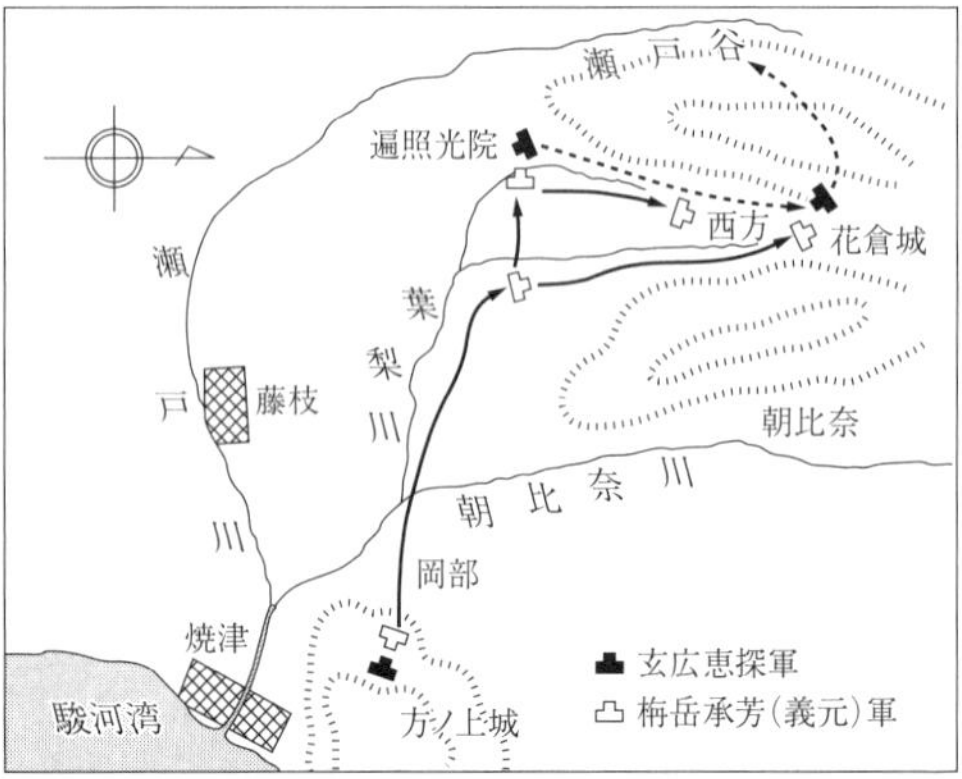

図16　花倉の乱対陣図

花倉城に拠って兵を挙げることになった。もっとも、挙兵とはいっても、はじめから承芳と対等に戦いうるような力関係はなく、恵探を支持する勢力は福島氏一族だけというようなありさまであった。つまり、いい方をかえれば、単なる反乱軍でしかなかったということになる。

恵探が拠ったのが花倉城ということで、このときの恵探・承芳の争いを花倉の乱とよんでいるが、戦いは、六月十日、まず恵探勢の籠もる方の上城（現在、焼津市方ノ上）が岡部左京進親綱《ちかつな》の率いる軍勢に攻められたのを皮切りにはじまった。承芳側の大軍がいっせいに花倉城を攻めたてたため、恵探は支えきれず、山を越えて瀬戸谷に逃れ、そこの普門寺（普門庵）で自刃して果てたのである。戦いそのものは、きわめてあっけなかった。なお、『高白斎記』では「六月十四日、花蔵生害」としている。

武田信虎の娘と結婚

こうして、今川家九代として承芳が家督を相続することになったが、恵探を滅ぼしたその日六月十日、国守としての第一声を発している。すなわち、

来る廿日、当宮御神事やふさめ銭の事
年々の如く相違無く取さたすへき者也。仍って件の如し。

（黒印・印文「承芳」）□

天文五
六月十日
村岡

というもので（「旧村岡大夫文書」同前四七三ページ）、浅間神社の流鏑馬《やぶさめ》銭のことについて、先規の通りにすべきことを命じたものである。同日付でもう一通、同じく「承芳」印の黒印状で大津（島田市）の慶寿寺に禁制を出しているが、国守としての第一声を浅間神社に対して発している点は、特に注目すべきことであると考えられる。というのは、すでに述べた通り、残存文書からみる限り、今川氏当主の初見文書が多く神社に対して発せられたものとなっているからである。

この点は、戦国家法の多くが、その第一条目に神社関係の条文をもってくるのと同じ発想である。やはり、神威によって領国を支配しようとする意図が端的にあらわれたものとみてよいであろう。こうした戦国大名の神社対策というか対神社観については、加藤哲氏の「戦国大名と神社―一宮・惣社をめぐって―」（国学院大学史学大学院会『史学研究集録』第三号）が興味深い問題提起をしている。

さて、善得寺の喝食であったときの名前である、梅岳承芳の「承芳」をそのまま印文とした印判であるが、今日知られているのは、前記の「村岡大夫文書」と「慶寿寺文書」の六月十日付の二通だ

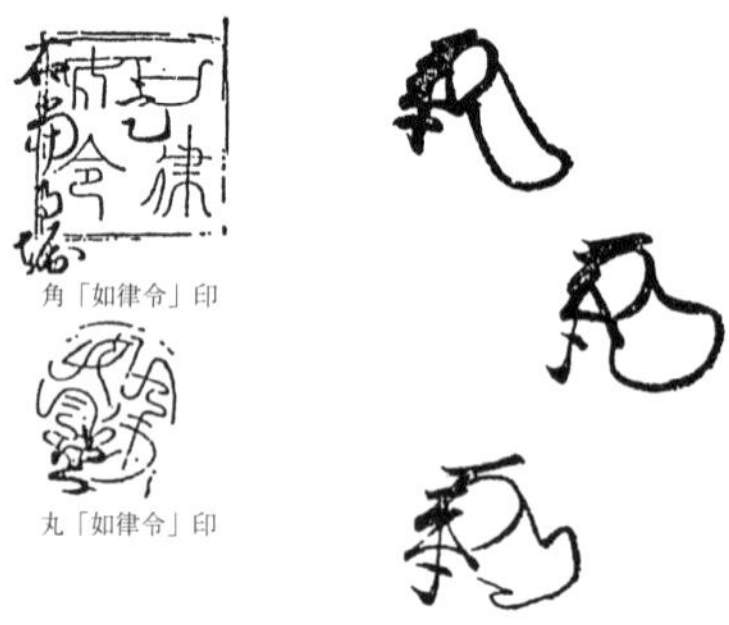

図17　今川義元の花押と印判

けである。ついで八月十日付の三条西実隆宛の書状（『増訂加能古文書』）では「義元」と署名しているので、還俗して義元を名乗るようになったのは六月十日以降、八月十日以前の二ヵ月の間ということになる。

続いて翌天文六年（一五三七）二月十日、義元と武田信虎の娘との婚儀がとり行われた。義元と武田信虎の娘の結婚は、甲駿同盟を意味するが、義元の前の代、氏輝のときには戦っていたのであるから、まさに百八十度の転換であった。私は、この氏輝の急死―花倉の乱―義元の相続―義元・信虎の同盟という一連の動きの背後に、武田信虎の〝見えざる手〟があったものと推測している。

それはさておき、このときの結婚の模様を『妙法寺記』は次のように記している。

此年《天文六年》二月十日、当国屋形《武田信虎》御息女様、駿河屋形《今川義元》ノ御上ニナホリ被食候。去程ニ相模ノ氏綱、色々サマタケ被食候へ共成リ不申候而、終ニハ弓矢ニ成候而、駿河国ヲ興津迄焼被食候。去程ニ武田殿モ須走口へ御馬出シ被食候。此年御宿殿此国御越候。出陣ノ案内者ニ成被食候。

この文章からも明らかなように、それまで同盟を結んでいた今川氏が、敵国武田氏と手を結んだことを怒り、北条氏綱が駿河へ攻め込んできたのである。自立早々の義元が迎えた第一の試練であった。

以後しばらくの間、富士川以東の地（当時、河東とよばれた）は、今川義元と北条氏綱の勢力がいりまじる状態が続いたのである。

3　甲相駿三国同盟

三河・尾張への進出

ちょうどそのような折、遠江においても義元に対する反乱が組織された。遠江今川氏、すなわち今川了俊の末裔である堀越氏延《うじのぶ》が、見付端城（磐田市）に拠って挙兵をしたのである。このときは天野虎景《とらかげ》らの戦功によって見付端城を落とすことができ、今川一族の堀越氏延は滅ぼされた。この戦いのときの義元の感状がある（「天野文書」同前四八七ページ）。

去る廿六日、見付端城乗り崩すの刻、粉骨感悦に候。殊に人数六人疵を蒙るの由、甚だ以って神妙也。弥忠節を抽んずべきの状、仍って件の如し。

天文六丁酉四月廿八日　　義元御判

天野小四郎（虎景）殿

同　孫四郎殿

河東では富士氏を中心に、遠江では天野氏を中心とする活躍があり、義元政権発足直後をねらった東西の試練を無事乗り切ることができたのである。

なお、義元は二三一頁にみるごとく、天文八年（一五三九）以前の段階から領内に検地を行っていたことがわかる。しかも、それまでの今川氏の検地とは異なり、単に指出《さしだし》を徴するだけでなく、実際に検地奉行を派遣して、現地調査を行うようになっていった（山中恭子「中世の中に生れた〝近世〟―戦国大名今川氏の場合―」『史学雑誌』八九編六号）。それだけ、今川氏の検地権が強化されていったわけである。

そうした領国基盤強化の上にたって、いよいよ東三河、さらに進んで西三河・尾張にまで駒を進めていったのである。

義元による東三河への進出は、天文十二年からと考えられる。なお、ふつう第一次小豆坂の戦いというものが天文十一年八月十日にあったとされる（『日本の合戦』三、群雄割拠（上））。その有力な根拠は、『信長公記』首巻に、

八月上旬、駿河衆三川の国正田原へ取出《とりだ》し、七段に人数を備へ候。其折節、三川の内あん城と云ふ城、織田備後守かゝへられ候キ。駿河の由原先懸にて、あづき坂へ人数を出し候。則、備後守あん城より矢はぎへ懸出、あづき坂にて、備後殿御舎弟衆与二郎殿・孫三郎殿・四郎次郎殿初めとして既に一戦に取結び相戦ふ。

とあったからで、この「八月上旬」を天文十一年と解したからである。しかし、この時点で、義元の勢力が何らかの形であれ、岡崎付近にまで及んでいたとは考えられないので、天文十一年の第一次小豆坂の戦いというのはなかったのではないかと考えている。『信長公記』の史料的信憑性は高いこと

で定評があるが、首巻についてはいくつか問題も指摘されていることを考慮する必要があろう。

さて、三河では松平広忠《ひろただ》が義元の応援を求めてきた。義元は三河進出の恰好の口実を得たことになり、具体的には天文十五年からかなり大々的な三河攻めを開始している。

まず、義元は犬居城の天野安芸守景泰《かげやす》に三河の今橋城（現在、豊橋市）攻めを命じた。当時、今橋城は織田方の部将戸田宣成が守っており、それを逐い、さらに翌十六年には、田原城の戸田宗光《むねみつ》・尭《たか》光《みつ》父子を攻めている。このときも義元は、天野氏を中心にして攻城軍を組織したらしく、天野虎景宛の感状には次のように記されている（「三川古文書」「天野文書」同前六四六ページ）。

去る五日、田原本宿門際に於て、最前に鑓を入れ、比類無く走り廻ると云々。甚だ以って神妙の至り也。弥軍忠を抽んずべきの状、件の如し。

九月十五日　　　　義元判

天野小四郎殿

このときの義元の感状は、ほぼ同文のものがいくつかあり、整理すると表7のようになる。

こうして、田原・今橋・岡崎という三河の諸城が今川方になった。こうなると、同じく三河を自己の領国にしようと考えていた尾張の織田信秀と衝突することはさけられず、ついに天文

表7　天文16年の義元感状

月日	宛名	所収
9・15	天野小四郎	三川古文書
9・15	天野安芸守	天野文書
9・15	御宿藤七郎	三川古文書
9・15	松井惣左衛門	記録御用所本古文書
9・20	天野安芸守	天野文書

十七年三月、両軍主力の激突という事態を迎えたのである。これがふつう第二次小豆坂合戦とよばれるものであるが、さきにも述べたように、天文十一年の合戦はあったかどうか疑問なので、私は第二次という使い方はしないでおく。

　合戦の経過については、大久保彦左衛門忠教《ただたか》の自伝として知られる『三河物語』にくわしい。すなわち、

今河殿仰ケルハ、広忠ヨリ質物ハ来タレ共、ソバより盗取テ敵方え売申事ハ無是非、其故(上)モ小(織)田ト一身無、侍之儀理ハ見えタリ。此上広忠ヲ見次て家勢(加)可有トテ林西(臨済)寺之説斎(雪)長老に各々ヲ仰付て、駿河・遠江・東三河三ヶ国之人数ヲ催て家勢(加)有。（中略）弾正之(織田信秀)中(忠)は、駿河衆之出ルヲ聞て、清須之城ヲ立て、其日は箸(笠)寺・成見(鳴海)に陣取給ひて、明ケレバ箸寺を打立給ひて案(安)祥に付せ給ひて、其より八萩河(矢作川)之下え瀬ヲ越て、上和田之取出に移らせ給ひて、明ケレバ馬頭之原之押出シて、合陣之取ントテ、上和田を未明に押出ス。駿河衆モ上和田之取出之莠《はたらき》トテ、是モ藤河ヲ見(未)明に押出ス。藤河ト上和田之間一理(里)有。然処に山道の事ナレバ、互ニ見不出シテ押ケルガ、小豆坂え駿河衆アガリケレバ小田之三郎五郎(信広)殿ハ先手にて小豆坂えアガラントスル処にて、鼻合ヲシテ互に洞天(動転)シケリ。然トハ申せ共、互に簱ヲ立て即合戦社初て、且ハ戦ケルガ三郎五郎打負サせ給ひて盗人来迄打レ給ふ。盗人来にハ弾正之忠旗の立ケレバ、其よりモ、モリ帰シテ、又小豆坂之下迄打、又、其より押帰されて打レケリ。其時之合戦は対々トハ申せ共、弾正之忠之方ハ二度追帰サレ申。人モ多打レタレバ駿河衆之勝と云。其より駿河衆ハ藤河え引入、弾正之中は上和田之引て

入。其より案祥え引テ、案祥にハ舎弟小田之三郎五郎殿ヲ置給ひて、弾正之忠は清須え引入給ふ。
三河にて小豆坂之合戦トツタエシハ此事にて有。

とある。

上図と今の『三河物語』の描写によって、小豆坂の戦いの様子がよくわかるが、今川方の大将は雪斎である。芳菊丸・承芳時代からの義元の養育係・補佐役であった雪斎は、義元が今川氏の当主になってからは、その軍師とか執権などともよばれ、三河攻めにあたっては常に第一線に出て活躍していた。小豆坂の戦いでは、大手の大将に雪斎、副将に朝比奈泰能《やすよし》、搦手には岡部昌幸《まさゆき》らが大将であり、結局、今川方の大勝利となり、信秀は子の信広《のぶひろ》を安祥城（現在、安城市）において尾張の古渡《ふるわたり》城に帰ってしまい、三河における義元の覇権が確立したのである。このときも、義元は戦功あった部将に感状を出して労をねぎらっているが、一例として、西郷正守《まさもり》に宛てたものをみてみよう。

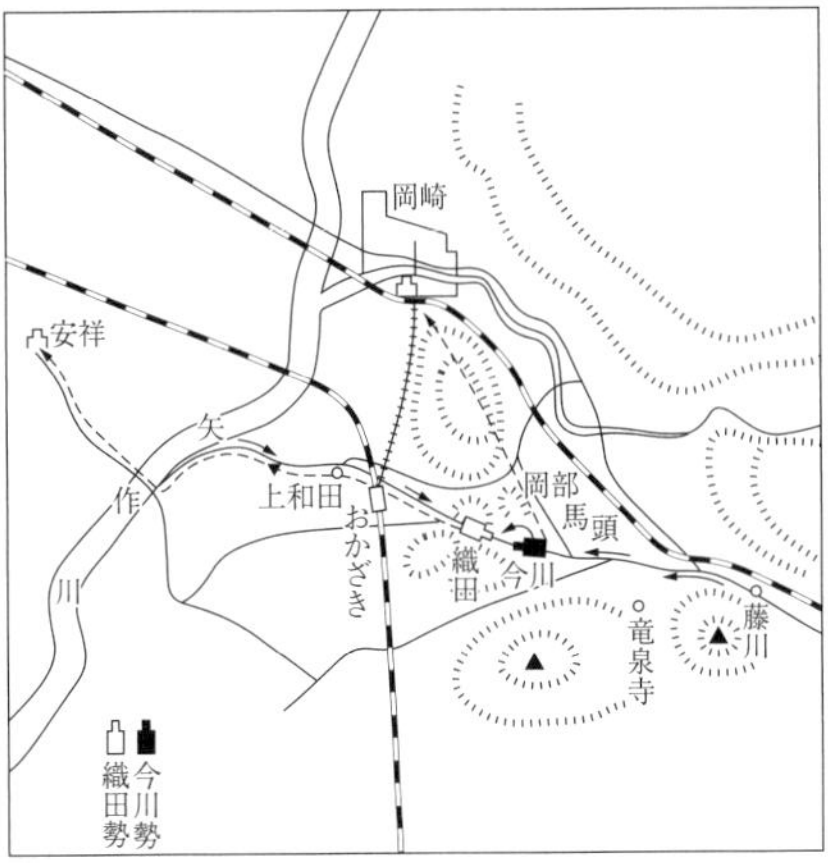

図18　小豆坂の戦対陣図

今月十九日、小豆坂横鑓無比の軍忠を励まされ候所感じ候也。その償(賞)として、その国に於て千貫の地増知せしめ畢。己(已)後に於て相違有るべからず。この条明鏡、弥忠勤を抽んぜらるべきの状、件の如し。

天文十七
三月廿八日　　義元判

これは「記録御用所本古文書」(国立公文書館内閣文庫所蔵、同前六六一ページ)のもので、同古文書には四月十五日付、松井惣左衛門宛のほぼ同文の義元感状が収められ、また、七月一日付で朝比奈藤三郎に宛てられたものが「三川古文書」にある。

続いて翌天文十八年、岡崎城の松平広忠が二十四歳の若さで死んでしまった。とはいっても、すでに松平領は義元の支配下にあったも同然で、義元は朝比奈泰能・鵜殿長持《うどのながもち》らに旗下の兵三百を預けて岡崎城に駐留させ、完全に松平氏を傘下におさめることに成功したのである。

こうなると、三河における織田方の前衛として安祥城だけが残されることになり、再び雪斎を大将とする大軍が送りこまれ、織田信広の生け捕りに成功した。戸田氏にあざむかれ、織田方に人質になっていた松平竹千代(のちの徳川家康)との人質交換が行われ、竹千代は今度は駿河に人質としておもむいたのである。ここに、西三河まで含めた三河全域が、完全に義元の領国となったのである。

いわゆる善得寺の会盟

なお、その間、天文十四年(一五四五)、隣国相模では氏綱の子氏康《うじやす》の時代になっていたが、義元と氏康の間で河東地域をめぐる争いがあった。『為和卿集』の同年七月二十四日の項に、「同廿四日、人数立、義元は廿四日の暁月出て出陣。すくに富士のふもと善徳寺へ着陣」と記されており、『妙法

寺記』には、

　此年ノ八月ヨリ駿河ノ義元、吉原へ取懸被食候。去程ニ相模屋形《北条氏康》、吉原ニ守り被食候。武田春信《晴》様、御馬ヲヨシ原へ出シ被食候。去程ニ相模屋形モ大義思食候而、三島へツホミ被食候。諏方ノ森ヲ全ニ御モチ候。武田殿アツカヒニテ和談被成候。去程ニ駿河分国ヲハ取返シ被食候。

とある。ここにも記されているように、今川義元と武田晴信（信玄）の連合によって、北条氏康は、それまで確保していた富士川以東の駿河の地を放棄せざるをえなくなったのである。こうして、駿河は義元の分国として奪還されたことになる。

北条氏康像　小田原城天守閣蔵

　甲駿同盟は、すでにみたように、武田信虎の娘（信玄の姉）が今川義元のもとに嫁いでいたことによって保たれていたわけであるが、そのつながりの糸である信虎の娘、つまり義元夫人が天文十九年六月二日に没してしまった（『高白斎記』・『高野山過去帳』）。こうした政略結婚の場合、妻となって嫁いでいくということは、同時に人質となっていくということをも意味していた。したがって、人質がいなくなったということは、同盟関係の破棄をもたらす可能性をもつものとして警戒したのである。

その結果、翌々天文二十一年十一月、義元の長女が武田信玄の嫡男義信《よしのぶ》のもとに嫁いでいくことになった。そのときの花嫁の嫁入りの様子が、つぶさに『高白斎記』に書き留められている。すなわち、十一月のところに、

十九日丁酉、御輿ノ迎ニ出府、当国《（甲斐）》衆駿河へ行。廿二日庚子、御新造様駿府ヲ御出、興津ニ御泊リ。廿三日、ウツフサ《（内房）》。廿四日、南部。廿五日、下山。廿六日、西郡。廿七日乙巳、酉戌ノ刻府中穴山宿へ御着。子丑ノ刻御新造へ御移リ。廿八日冬至、三浦出仕御対面、廿九日、高井・三浦方へ宿エ礼ニツカワサル。

とあり、『妙法寺記』も、

此年霜月廿七日、駿河義元御息女様ヲ甲州晴信様御嫡武田大吉《（義信）》殿様ノ御前ニナホシ被食候。

と簡潔に記している。

したがって、この時期の勢力配置は、今川義元・武田信玄同盟対北条氏康ということになり、しかも氏康は関東では古河公方足利氏、さらには上杉謙信をも敵としており、俗にいう四面楚歌という状況であった。そこで氏康は難局打開のため、天文二十二年正月、信玄の娘と自分の嫡子氏政《うじまさ》との結婚を約束し、甲相同盟に踏みきることになったのである。もっとも、氏政と信玄の娘（黄梅院殿）との結婚は、実際には翌天文二十三年十二月のことであった。

いっぽう、その天文二十三年二月の時点では氏康の軍勢が駿河に侵入し、義元の軍勢と戦ったりしているが、その直後、両者は同盟を結ぶ。すでに甲駿同盟が結ばれており、また甲相同盟も結ばれた。

つまり、間接的にではあれ、駿相同盟が結ばれるという論理である。

なお、このとき、雪斎の取りはからいによって、武田信玄・今川義元・北条氏康が富士郡の善得寺に集まり、そこで三者によって和議が結ばれたとするのが一般的な説である。たとえば、『北条記』巻三（萩原龍夫校注『北条史料集』）には、

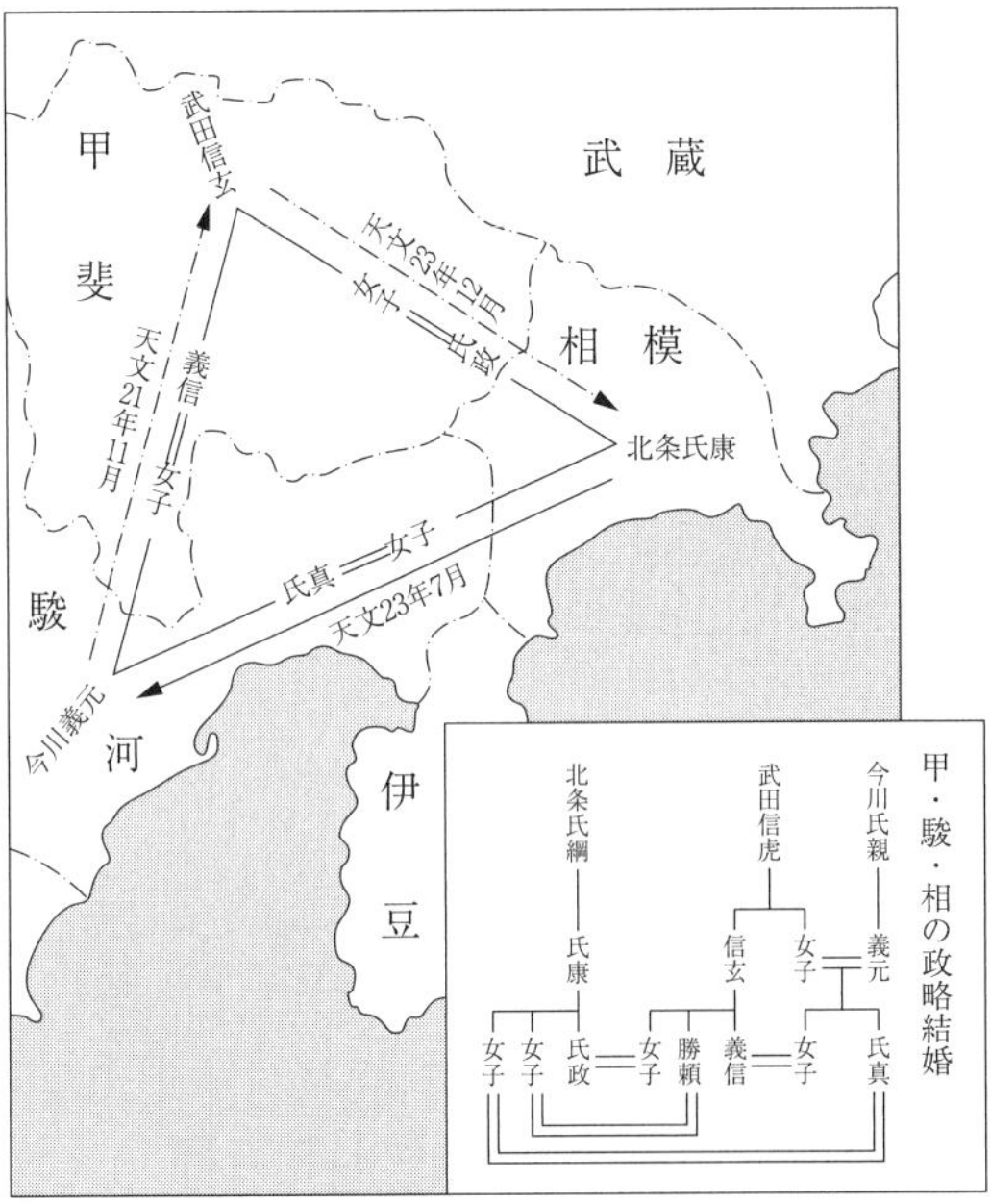

図19　甲駿相三国同盟図

> せこ（瀬古）の善徳寺の長老・府中臨済寺の長老は兄弟にて今川殿の御一家なり。此両和尚両方へ御扱を入玉ひ、「以来ともに近国の取合よしなし。御和談ありて可レ然」とて様々被レ仰ほどに、三大将ともに善徳寺へ出合玉ひ、和談の御祝ひ御盃とりかはしあり、会盟の験にとて、氏康の一男氏政は晴信の聟《むこ》になり、義元の家督氏真は氏康の聟と約諾ありて、目出度御帰陣なり。其後御祝儀の使者三方へ往来す。

とあり、ここに三大将とあるのが、武田信玄・今川義元・北条氏康である。『北条五代記』は、この善得寺の会盟を三月とし、『関八州古戦録』は五月にするなど、史料によって時期のちがいがみられる程度で、後北条氏方の記録は、いわゆる善得寺の会盟というものがあったことを信じている。

しかし、事実問題としてどうであろう。すでにみたように、甲駿同盟・甲相同盟の形でそれぞれの娘を犠牲にした形での同盟が成り立っていたと考えるのが自然であろう。私も磯貝正義氏のいわれるように(「武田信玄の戦略・戦術」『武田信玄のすべて』)、戦国を代表する三人の戦国大名が一堂に会したことはなかったと考えている。

もっとも、善得寺の会盟が否定されたからといって、甲相駿三国同盟が否定されたわけではない。三国同盟そのものは厳然とした史実であり、これにより、義元は心おきなく、三河・尾張へ兵を進めることができたのである。

4　桶狭間の戦い

仮名目録追加と定

天文二十一年(一五五二)十一月、義元は父氏親の制定した「今川仮名目録」を追加し、二十一ヵ条の「仮名目録追加」を発布した。名前は追加であるが、必ずしも追加したものばかりではなく、氏

親制定の「今川仮名目録」を手直ししたような条文も含まれている。たとえば第十三条であるが、

一田畠野山境問答対決の上、越度の方、知行三ヶ一を没収すべき旨、先条これあるともいへども、あまり事過ぎたるかのよし、各訴訟に任せ、問答の牓示境一ぱいをもって、公事理運の方へ付け置くべき也。

とあるように、先条、つまり今川氏親制定の「今川仮名目録」の第二条にも境界訴訟規定があるが、その規定があまりに厳しかったため、このように修正されたのである。

なお、氏親制定の三十三ヵ条と、義元の修正追加二十一ヵ条とをくらべてみると、氏親段階と義元段階とで、当面する問題の所在のちがいがどのようであったかをうかがうことができる。表8からも明らかなように、「仮名目録追加」では、家臣統制に六ヵ条をも費やしている。それだけ、家臣との関係において問題が生じてきたものであろう。

寄親寄子制もその一つである。「仮名目録追加」の第三条に、

一各与力の者共、さしたる述懐なき所に、事を左右によせ、みだりに寄親とりかうる事、曲事たるの間、近年停止の処、又寄親、何のよしみなく、当座自然の言次に憑計の者共を、恩顧の庶子のごとく、永同心すべきよしを存じ、起請を書かせ、永く同心契約なくば、諸事取次ぐまじきなどと申す事、又非分の事也。所詮内合力をくわうるか、又寄親苦労をもって恩給充行う者は、永同心すべき也。但し、寄親非拠の儀あるに付ては、このかぎりにあらず。さあるとて、未断に寄親かうべきにはあらず。惣別各奉公を抽ずるの節目あれば、当座の与力はつく事

	仮名目録	追加
名田	1 17	
売買・質入		
所領の売却・質入	13 14 16 20	6
名田の売買		9
借米・借銭	18 19	
負債の取り立て	21 25	
訴訟	2 3 4 15	1 13 14 15 19
検察		
喧嘩・殺人	8 9 10 11 12	
検察・不入の地	22 23	5 16 20
家臣統制		
家臣の席次	32	
寄親・与力		2 3
軍規		4
家臣の相続		10 11 12
商業	24	8
奴婢	5 6 7	21
寺院	28 29	18
難破船・流木	26 27	
他国との結縁	30 31 33	7 17

表８　仮名目録と仮名目録追加（松平乗道「今川仮名目録」『駿河の今川氏』第一集による）

也。一旦奉公をもって、あまた同心せしむるという共、一言をもたのむにより、もとより別して真切の心ざしなき同心は、おのずからうとむ也。おのが奉公を先として、各に言をもかけおかば、故なき述懐なく同心すべきか。よくよく分別たるべき也。

とあるが、これによって、今川氏の寄子に「同名の与力」・「恩顧の与力」・「当座の与力」という三つがあったことがわかる。「同名の与力」というのは、物領を寄親とする庶子のことで、「恩顧の与力」というのは、寄親と寄親寄子の関係を結びながら、寄親の所領の一部を宛行われ、さらに今川氏の給恩もうけるという寄子である。「当座の与力」は、右に引用した第三条に「何のよしみなく、当座自然のいひつぎばかりたのみはかるの者共」という形で出てくる。こうした寄親寄子制が、義元の段階で確立していったことを物語る。

その他、よく指摘されることなのであらためてふれる必要もないと思われるが、義元の追加の第二十条に、「只今は、おしなべて、自分の力量をもって、国の法度を申し付け、静謐する事なれば、守護の手いるまじき事、かってあるべからず」とある点は、やはり氏親段階とはちがうところであろう。

なお、黒川本「今川仮名目録」（明治大学博物館所蔵）には、十三ヵ条の「定」がついている。制定者・制定年次などの記載がないが、文中、毎月の内、二日・六日・十一日の三日は駿・遠の公事を沙汰し、十六日・廿一日・廿六日の三日は三河の公

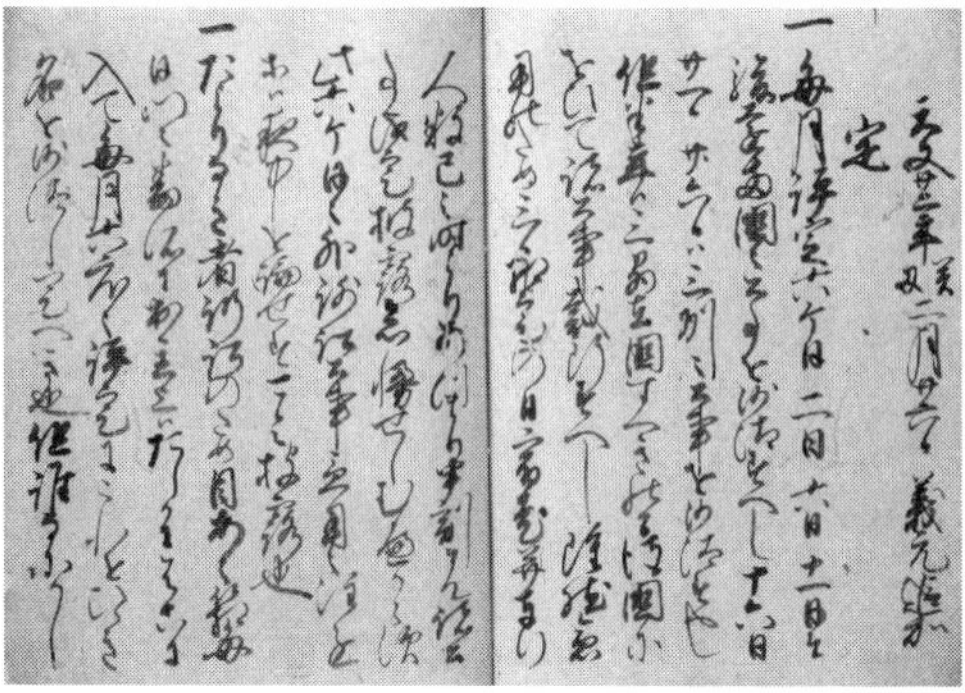

「今川仮名目録」定の部分　明治大学博物館蔵

事を沙汰すると出ているので、これは、今川氏の力が三河にまで及んだ天文十五、六年以降、すなわち今川義元によって発布された「定」と考えられる。これによって、今川氏の制度として評定衆が定まっていたことを知ることができる。

出陣の準備と動員兵力

永禄二年（一五五九）三月二十日、義元は軍令を定めたが、それは今まで今川家ではみられなかったものである。すなわち、

定

一、兵粮并馬飼料着陣の日より下行たるべき事。
一、出勢の日次相違無く出立せしめ、奉行次第その旨を守るべき事。
一、喧嘩口論仕出し候はば、双方その罪遁れ間鋪き事。
一、追立夫、押買い狼藉有る間鋪き事。
一、奉公人先主え暇を乞わず主取り仕り候はば、見付次第当主人え相届け、その上を以って急度申し付くべし。又、届之有りて奉公人逃れ候はば、当主人越度たるべき事。
一、城囲む時、兼て相定むる攻め手の外、停止の事。
一、合戦の出で立ち、先陣・後陣、奉行の下知を専にすべき事。

以上

永禄二年三月廿日　治部大輔（花押）

という七ヵ条の戦場掟（「青木文書」同前一〇〇一ページ）で、まったく同文のものが「松林寺文書」にもあり、この方は折封上書に「今川家戦場定書」とある。しかし、「治部大輔（花押）」とあるが、その花押は、この段階の義元の花押とは似ても似つかない。したがって、戦場掟書写ということにしておこう。文書の性格からすると、駿河・遠江・三河の全領国に発布されたものと考えられるが、残存する例が以上の二例だけというのも問題といえば問題である。今後の検討が必要と考えている。

それはさておき、同年八月、至急皮を納入させていることが、「調」印の印判状（「七条文書」同前一〇一一ページ）によってわかる。

〔当国〕（朱印・印文「調」）に於て滑皮弐拾五枚・薫皮弐拾五枚の事

右、来年買うべき分、相定むる如く、員数只今急用たるの条、非分無き様申し付くべき者也。

仍って件の如し。

永禄弐年

八月八日

大井掃部丞殿

すなわち、ふつうならば来年上納させるべき滑皮と薫皮を「急用」のため、至急納入せよといっているもので、急用とは、近々出陣することをさしているものと考えられる。皮は武具、とりわけ鎧生産にとって不可欠なものであった。

義元はこのように着々と戦備を整えていったが、ではいったい、どれくらいの軍勢を集めることができたのであろうか。古来、諸書によってその数はまちまちで、概して、織田方の記録は今川方の軍勢を多く記している傾向がある。それは、少ない軍勢で大軍を破ったことをさらに増幅しようとしたものであろう。

たとえば、太田牛一の『信長公記』は、今川軍四万五千、織田軍二千としているが、『北条五代記』あたりでは、今川軍二万五千、織田軍六、七百としている。いまとなっては正確な数字を得られる手段とてないが、参謀本部編の『日本戦史』において、「兵員総計凡二万五千。号して四万と称す」と述べたことが、その後の定説となって今日に至っている。つまり、実数は二万五千なのだが、敵を威嚇するため四万の軍勢というふうに宣伝したというのである。おそらくこれあたりが当たっているのではないだろうか。

というのは、寄親寄子制という体制では、一つの支城に四百ないし五百の軍勢が集められ、今川全盛時にはそうした支城が三十ぐらいあり、その他に今川氏の直属軍、馬廻衆のようなものもあり、大体、二万五千ぐらいの数になったものと思われる。

しかし、この二万五千をすべて武士であると考えると正しくない。圧倒的大多数は農民であり、大まかな予想であるが、武士が二千か三千で、残り二万二千ないし二万三千は農民であったと考えられるのである。

桶狭間の露と消える

永禄三年（一五六〇）五月八日、義元はかねてから念願の三河守に任ぜられた。それまでの官途受領をみると、上総介—治部大輔で、これは上総介—治部大輔—三河守から将軍になった室町幕府の祖足利尊氏のコースと同じである。このことから、義元は将軍を望み、永禄三年五月の出陣は、上洛し、没落した足利将軍家に代わろうという構想があったと解されてきたのである。

織田信長像　神戸市立博物館蔵

しかしどうであろう。三河守を望んだのは、三河を征圧し、名実ともに三河の支配者になろうとしたとも考えられるし、永禄三年五月の出陣も、上洛を念頭に置き、上洛するための出陣と考えるよりも、尾張の織田信長との戦いに主眼があったとみられるのである。つまり、義元上洛説への再検討であるが、この点、はじめて口火を切ったのは久保田昌希氏の「戦国大名今川氏の三河侵略」（『駿河の今川氏』第三集）で、氏は三河における今川氏発給文書を分析し、東三河の密度の濃さにくらべ、西三河に薄いことを論証し、永禄三年の出陣は西三河の確保をねらったものと考えた。つまり、西三河を完全に支配下におくためには、尾張の織田信長をたたいておかなければならないという論理である。上洛説より、この西三河確保説の方が当たっ

桶狭間古戦場跡　愛知県豊明市

ていよう。義元が桶狭間で死んでしまった以上、類推していくしかない。

　五月十日、遠州井伊谷《いいのや》城主井伊直盛《なおもり》を先発として出発させ、義元の本隊は十二日に駿府館を出発した。翌十三日に本隊は掛川に着陣。先発隊はすでに天龍川まで到達していたのである。十四日引馬、十五日吉田（豊橋）、十六日には本隊が岡崎で、先陣はすでに知立《ちりゅう》に達していた。十七日には本陣を知立に移し、十八日には沓掛城に本陣を置き、いよいよ織田勢との衝突がはじまったのである。

　十九日、松平元康《もとやす》は石川家成《いえなり》・酒井忠次《ただつぐ》を先鋒として丸根砦を攻め、苦戦のすえ、ついに砦を守っていた織田方の将佐久間盛重《もりしげ》を討った。鷲津砦も陥落した。義元本隊は沓掛を出て大高へ進軍中であったが、緒戦における二砦の陥落に気をよくし、戦勝気分に酔い、途中の桶狭間の田楽ヶ窪というところで昼食をとるために休憩したのである。いわば、その休憩が義元の命とりになった。

　まともにぶつかってはまったく勝ち目のない信長は、精鋭二千を率いて間道を通り、桶狭間の義元本陣のある桶狭間山の麓に着いた。午後二時ごろである。急に天気がかわり、大雨が降りだしたが、その混乱の最中に信長二千の精鋭が義元の本隊めざしてつきかかり、結局、義元は首を討たれてしまったのである。そのときの模様は様々に描写されているが、『松平記』がかなりくわしい書き方をしている。くわしいこと即正しいことではないが、その日の情景がうかぶような描写という意味では、特記するに値しよう。

五月十九日早天に鷲津の城にハ信長之従弟飯尾近江守・織田隠岐守籠りしを、先手を以攻落し、丸根の城に佐久間大学と云者籠りしを元康先手にて攻落之沙汰有し。永禄三年五月十九日昼時分、大雨しきりに降。今朝の御合戦勝にて、目出度と鳴海桶はさまにて昼弁当参候処へ、其辺の寺社方より酒進上仕り、御馬廻の面々御盃被下候時分、信長急に攻来り、笠寺の東の道を押出て、善照寺の城より二手になり、一手ハ御先衆へ押来、一手ハ本陣のしかも油断したる所へ押来り、鉄砲を打掛しかハ、味方思ひもよらざる事なれば、悉敗軍しさハく処へ、上の山よりも百余人程突て下り、服部小平太と云者、長身の鑓にて義元を突申候処、義元刀をぬき青貝柄の鑓を切折り、小平太がひさの口をわり付給ふ。毛利新助と云もの義元の首をとりしが、左の指を口へさし入、義元にくいきられしと聞へし。義元の御馬廻衆も随分働候間、尾州家の物頭佐々隼人正・千秋新四郎・岩室長門守・織田左馬允・一宮なんと、申よき者数多其場にて討死也。御先衆に打死致したる衆ハ三浦左馬助・斎藤掃部助・庵原右近・同庄次郎・朝比奈主計・西郷内蔵助・富塚修理・松平摂津守・富永伯耆守・牟礼主水・四宮右衛門八・井伊信濃守・松平兵部・温井蔵人・松平治

今川義元の墓　愛知県豊明市・桶狭間古戦場公園

右衛門、其外六十余人、近習一人も不残其庭にて討死也。

戦国武将として、今川義元は人気がない。右に記したような死にぎわのカッコ悪さがわざわいしているのかもしれない。さらに、その桶狭間の戦いで義元を倒した織田信長が、まもなく天下統一を途中までなしとげていったことも無関係ではないであろう。

江戸時代の著作になるが、『集覧桶廻間記』に「総髪で、口におはぐろをつけ、公家衆の顔」と書かれ、「出陣のかどでに、沓掛の陣で具足をつけ、馬に乗ったが、落馬した」などと出てくれば、戦国武将としては落第点しか与えられないことになろう。その後の義元評価も存外、こんなところから生まれていったのではないだろうか。

やはり江戸時代の著作であるが、肥前平戸城主松浦《まつら》鎮信《しげのぶ》の著した『武功雑記』に、

今川義元、足短く胴長く片輪なりとて、臨済寺（善得寺の誤り）の喝食に致し置かれた、

とあり、以来、義元の胴長短足というイメージが定着してしまった。現在でも、織田氏の根拠地であった春日井郡・海部郡の地方では、胴長短足の人をさして、「あれは、義元だ」という表現をするそうである（小島広次氏『今川義元』）。勝者と敗者である。ある程度は落第点の評価もやむをえない。

しかし、九仞の功を一簣に虧《か》いた失敗は失敗として、駿河・遠江・三河に一大戦国大名領国を築き上げ、今川氏の全盛時代を現出した成果は消えないと思われる。

最後に、義元の和歌を二首ほど掲げておこう（『今川氏と観泉寺』）。前者は「穴八幡神社蔵短冊」、後者は「若王子文書」である。

心をば紅葉に染て榊葉の
　常盤の色を契ともがな

名にたてと空はみ雪のふる年の
　くれぬ日数に春は来にけり

天沢寺（明治以後、臨済寺に合併）に葬られ、法名は天沢寺殿秀峰哲公大居士という。廟は臨済寺にある。

今川義元の検地一覧（有光友學「戦国大名今川氏の歴史的性格」『日本史研究』一三八による）

検地実施年次	実施地域	領主	文書記載文言	典拠文書名	文書年月日	巻ページ	備考
天文8（1539）以前	遠江・赤尾山	長楽寺領	増分	長楽寺文書	天文8・11・12	五－六二	
天文9（1540）	遠江・浅羽庄四ヶ村	三浦氏領	検地	三浦文書	天文9・8・1	二〇七一・五四－五	史料編纂所請求図書番号
天文10（1541）	遠江・見付府	直轄領	増分	大久保文書	天文10・5・5	五－一一三七	

天文10（1541）	遠江・浜松庄宇間郷	寿量庵領	地下田畠改・庵領検地	寿量庵文書	天文10・3・16	五―七九八	飯尾氏地検
天文10（1541）	駿河・金岡	太泉寺領	先辛丑年検地割付	熊野堂太泉寺文書	永禄5・10・20	一―五二九	葛山氏地検
天文11（1542）	遠江・牛岡郷奥野	長松院領	当年寺領分相改・増分	長松院文書	天文11・12・8	四―二二七	
天文13（1544）	駿河・稲葉郷	伊久美氏領	辰年増分	伊久美文書	天文20・11・19	三―七一八	
天文15（1546）	駿河・富士上方	富士氏領	丙午年検地	旧大宮司富士家文書	天文22・3・24	二―二〇八	
天文15（1546）	駿河・志太郡内谷郷	長慶寺領	午年増分	徳願寺文書	天文18・11・23	三―七九	
天文16（1547）	駿河・篠間郷	直轄領	増分	岡埜谷文書	天文16・9・25	三―七三七	
天文17（1548）	遠江・浜名庄神戸	摩訶耶寺領	今度地検・増分	摩訶耶寺文書	天文17・12・23	五―一〇〇 ○	
天文18（1549）	駿河・志太郡内谷村	長慶寺領	酉年指出	徳願寺文書	天文18・11・晦	三―八〇	
天文18（1549）	遠江・宮口	興覚寺領	今度相改	興覚寺文書	天文18月日欠	五―一一八	井伊氏地検
天文19（1550）	駿河・津守	富士氏領	地検	諸州古文書	天文21・1・29		
天文19（1550）	駿河・富士上方	富士氏領	庚戌年検地	旧大宮司富士家文書	天文22・3・24	二―二〇八	
天文20（1551）以前	遠江・笠原庄村岡西方	興津氏領	先年書載地検帳	興津文書	天文20・12・23	二―七六二	
天文20（1551）	駿河・稲葉郷	伊久美氏領	亥年増分	伊久美文書	天文20・11・19	三―七一八	

天文20（1551）	遠江・相良庄	平田寺・西山寺領	去年惣郷中地検・増分	蠹簡集残篇巻三	天文21・2・23	二〇七一－八四－八	史料編纂所請求図書番号
天文20（1551）	遠江・笠原庄村岡西方	興津氏領	奉行人地形点検	興津文書	天文20・12・23	二－七六二	
天文20（1551）	遠江・宇苅郷	法多寺・西楽寺領	去年惣郷中地検・増分	西楽寺文書	天文21・3・24	四－六四一	
天文21（1552）	駿河・泉郷	直轄領	子之年検地・増分	杉本文書	天文22・2・12	一－六二〇	
天文21（1552）	駿河・大平郷八社神田	星谷氏領	奉行明鏡改・余慶	星谷文書	天文21・5・24	一－五九一	
天文21（1552）	駿河・佐野郷	柏木氏領	検地割付・増分	柏木文書	天文21・11・15	一－六三六	葛山氏地検干支により年代訂正
天文22（1553）	遠江・笠原庄峯田新田	高松社領	検地	中山文書	天文22・9・24	四－三五二	
天文22（1553）	遠江・河匂庄老間村	寺庵領	去癸丑年庄内検地・増分	祥光寺文書	永禄1・⑥・24	五－七二一	
天文22（1553）予定	駿河・富士上方	富士氏領	当秋奉行相改	旧大宮司富士家文書	天文22・3・24	二－二〇八	
天文23（1554）	駿河・富士大宮杉田郷	安養寺領	去寅年検地・増分	杉田安養寺文書	弘治2・5・10	二－一〇九	
天文23（1554）	遠江・高尾	石雲院領	増分	石雲院文書	天文23・11・晦	四－一〇二	

弘治1（1555）	駿河・富士上方	先照寺領	去卯年検地・増分	先照寺文書	弘治3・2・24	二―三七八
弘治1（1555）	駿河・賀嶋前田郷	地頭領	去乙卯年改出・増分	神尾文書	永禄12・8・4	二―五七
弘治1（1555）	駿河・富士下方	直轄領	増分	矢部文書	永禄5・2・24	二―四五
弘治1（1555）	駿河・富士下方	直轄領	増分	狩宿井出文書	永禄5・2・24	二―四五一
弘治2（1556）以前	駿河・村松	永寿庵領	先年検地	旧永寿寺文書	弘治2・11・22	二―八二二
弘治2（1556）	駿河・村松	永寿庵領	今度検地・増分	旧永寿寺文書	弘治2・11・22	二―八二二
弘治3（1557）	駿河・富士下方	五社別当職領	去巳年増分	旧東泉院文書	永禄2・4・14	二―七六
弘治3（1557）	駿河・富士原田郷	永明寺領	坪付去巳年帳面	永明寺文書	永禄2・6・8	二―二三
弘治3（1557）	遠江・堀江	中安氏領	去巳年指出	中村文書	永禄6・3・12	五―五八三
弘治3（1557）	遠江・見付府	惣社神領	当巳年彼府検地・増分	大久保文書	弘治3・9・17	五―一三九
弘治3（1557）	遠江・飯田郷	観音寺領	去巳年興津美濃奉行検地	旧観音寺文書	永禄7・9・27	四―六七〇
永禄1（1558）以前	駿河・阿野庄	大泉寺領	増分・郷中検地	大泉寺文書	永禄1・⑥・23	一―五〇六
永禄1（1558）	遠江・一宮庄天宮郷	天宮社領	去午年検地	天宮神社文書	永禄2・7・4	四―六九五

永禄2（1559）	駿河・安倍郡服織郷	龍津寺領	新田本田境改・加増分	龍津寺文書	永禄3・7・24	三−二〇五	
永禄3（1560）以前	駿河・原	徳源寺領	増分	臨済寺文書	義元印判アリ	三−五八二	
永禄3（1560）以前	駿河・原	松隠庵領	増分	臨済寺文書	義元印判アリ	三−五八二	
永禄3（1560）以前	駿河・大津郷花蔵方	慶寿寺領	増分	慶寿寺文書	義元花押アリ	三−七六二	
永禄3（1560）以前	駿河・上野郷堀内	妙蓮寺領	両度之増分	上野妙蓮寺文書	永禄3・4・19	二−五〇九	

第十章　十代今川氏真

1　桶狭間の戦後処理

家督相続までの氏真

氏真は天文七年（一五三八）の生まれである。父はもちろん義元、母は前年、甲斐から輿入れしてきた武田信虎の娘である。前に述べたように、従来、氏真の弟とされてきた象耳泉奘が、実は義元の兄だったということから、氏真には妹が二人いただけで、男は一人だけということになり、大事な家督継承者として、温室のような環境のもとで育てられたらしい。

史料には氏真のことはしばらく出てこないが、北条氏康の娘（彼女はのち早川殿の名でよばれる）との結婚のことで『妙法寺記』に出てくる。

此年（天文二十三年）七月、駿河ノ屋形様（御息脱カ）へ相州屋形様ノ御息女ヲムカヒ申候。御供人数ノキラメキ色々持道具、我々ノ器量程被成候。去程ニ見物先代未聞御座有間敷候。請取渡ハ三嶋テ御座候。

つまり、天文二十三年七月、氏真は十七歳となっていたが、そのときの婚儀の模様に氏真のことがはじめて出てくるくらいであった。しかし、それからは史料に頻出する。すなわち、山科言継《やましなときつぐ》が日記『言継卿記』に克明に書き記しておいたからである。

『言継卿記』弘治二年（一五五六）十一月二十日の記事に、

次飯尾長門守礼に来、樽代五十疋持来、則五郎殿へ同道、迎に斎藤佐渡守・牟礼備前守・飯尾長門守・甘利佐渡守同道、中門外迄三浦内匠出合奏者、五郎殿被レ出、太刀・竹門之御筆自讃歌・百人一首出レ之、次盃出引渡、寒酒にて一献了、相伴関口刑部少輔計也、則罷帰、庭迄三度被レ送了、

とあり、ここに「五郎殿」と出てくるのが氏真である。このときには、山科言継は氏真に面会し、竹門、すなわち竹内門跡覚恕《かくじょ》法親王（『今川氏と観泉寺』での推測による）の筆蹟の百人一首などを贈られている。なお、二十三日には、言継から氏真夫人（『言継卿記』では「五郎殿女中」となっている）に「ひいなはりこ」・「金龍丹」などが贈られている。

ついで翌弘治三年（一五五七）正月十三日の記事によって、氏真邸で歌会始が行われ、題が「遐齢如松」というものであった。京都から下ってきていたたくさんの公家の影響をうけ、すでに氏真は和歌の世界に相当のめりこんでいた様子がうかがわれる。また、後年、信長の前で蹴鞠《けまり》を演じたりしているが、その鞠も、同年二月、言継が京都にもどる際に氏真に贈っており、存外、こんなところからも文弱な体質が形作られていったのかもしれない。

しかし、今川義元はやはり名将である。わが子を遊ばせてばかりはいなかった。今日、義元の発給文書とならんで、永禄元年（一五五八）あたりから氏真発給の文書がかなりみられる。最近の研究によって、家督はすでに弘治三年正月以前に氏真に譲られていたことが明らかにされている。

仮にこれを氏真の政治見習、政務勉強の期間としておくが、とりわけ発給文書を子細にみていくと、永禄元年から三年にかけての時期、義元の文書は遠江・三河方面に集中し、氏真の発給文書はほとんど駿河に限定されていたという事実が指摘できるのである。つまり、義元は、駿河支配を子氏真にゆだね、自らは遠江、さらに新開拓地である三河の支配に専念しようとしていたとみてまちがいないのではないだろうか。その証拠となるのが、永禄元年八月十三日付の氏真印判状（「静岡浅間神社文書」）である。これは浅間神社の社家村岡左衛門尉に宛てた氏真の印判状で、浅間社と青山八幡宮の流鏑馬銭を沙汰したもので、ほとんど同文のものが天文十八年（一五四九）の段階では義元から出されていたのである。

神社を一国統治の要《かなめ》にするという発想が、戦国大名一般にかなり共通するものであるという指摘をしたが、この場合、氏真が浅間神社にこのような文書を出したこと自体、「駿河は氏真が治める」ということを内外に宣言したものではなかったろうか。その八月十三日以前にも何通かの文書を発給しているが、私は「駿河国浅間宮御流鏑馬千歳方郷役之事」ではじまる八月十三日付の氏真印判状の発給によって、事実上、氏真の駿河国務権が発動されたものととらえている。

なお、このように考えれば、永禄三年五月の、義元による三河・尾張方面への軍事行動に氏真が従軍しなかったことも、説明がつくのではなかろうか。駿河は氏真が、遠江・三河は義元がという今川領国のある意味での二元支配が行われ、そのうち遠江・三河、とりわけ三河の安定的な支配のため、三河の隣国である尾張の織田信長をたたいておこうという出陣であった。そのため、義元のみが出陣したのである。もし今川氏の浮沈にかかわる戦いであったならば、いかに大事な嫡子とはいえ、氏真を一人駿府に置いておくようなまねはしなかったであろう。

　しかし、前章でみたように、義元は尾張の桶狭間で織田信長のために殺されてしまった。これは氏真にとって大きな誤算であった。今川軍二万五千、織田軍二千という兵力差からみて、義元が殺されるようなことは夢にも思わなかったことと思われる。氏真には、戦後の敗戦処理のみが重くのしかかってきたのである。

　こんな文書がある。「森竹兼太郎所蔵文書」（同前一一二八ページ）といって、『静岡県史料』にも未収録の文書である。その時点で見い出せなかったのか、あるいは後世の写しであることから収録しなかったのか、どちらかわからないが、宮本勉氏の『史料編年井川村史』第一巻ではじめて紹介されたものである。

　当郷年来陳（陣）夫之を相勤むと雖も、刈屋陳の刻、百性（姓）等困窮について逐電に及ぶの上、陳夫一円免許たるの旨申すの間、今度奉公人に相尋ぬるの処、歴然たるの由申すの条、儀に任せ、向後一切免許し畢。殊に材木以下別して奉公せしむるに仍って、自余に準ぜざるの条、永く相違有るべからざる者也。仍って件の如し。

永禄四辛酉年十一月十六日
氏真書判在
尊俣
坂本
長津俣
朝倉六郎右衛門尉殿

宛名の尊俣は現在の仙俣、長津俣は長妻田（ともに現在、静岡市葵区）であるが、文中「刈屋陣」というのは、永禄三年五月の桶狭間の戦いのことをさしている。つまり、桶狭間の戦いから一年を経た時点で、氏真は仙俣・坂本・長妻田の農民からの要求を入れ、今後の陣夫免除を指示しているのである。こうした事例が他の郷村にもあったものであろう。そうした領国内の状況を押してまで、弔い合戦をするという事態ではなかったことを物語っている。

元康＝家康の離反

桶狭間における義元の死は、さまざまな波紋を投げかけたが、特に三河においては、すぐに影響が出てきた。つまり、桶狭間の戦い後、今川方の軍兵が岡崎城を引き揚げたあと、岡崎城に入った松平元康が自立したのである。もともと岡崎城は松平氏の居城であったが、天文十八年（一五四九）、松平広忠が殺されたあと、今川氏から城代が送りこまれ、本来、城主となるべきはずの元康が駿府に人

徳川家康銅像　愛知県岡崎市・岡崎城跡

質となっていたのである。したがって松平家臣団にしてみれば、ほぼ十二年ぶりに城主を迎え入れることになったのである。しかも、自立した元康は、氏真に弔い合戦をすすめ、それが受け入れられないとみるや、すかさず尾張の織田信長と結ぶことになった。

この元康・信長同盟の仕掛け人は、どうやら元康の生母於大《おだい》の方の兄水野信元《のぶもと》らしく、元康は家臣と相談の上、氏真と断って信長と結ぶことになったのである。もっとも、家臣のうちの何人かは、その妻子が駿府に人質にとられていることを理由に反対したが、氏真より信長を成長株とみた元康の判断によって、信長との同盟に踏み切ったのである。

氏真は、こうした形で領国内の家臣が離反することを最もおそれていたわけで、そのため、遠江との境に近い東三河の田峯・長篠・野田方面の諸将、すなわち形原松平家広《いえひろ》・西郷正勝《まさかつ》・菅沼定勝《さだかつ》・菅沼定盈《さだみつ》らが元康と同調する動きを見せるや、すかさずそれら部将の妻子を吉田城下の龍拈寺に引き出し、串刺しの刑に処したのである。これは他へのみせしめのためもあって、凄惨をきわめたらしい。

さて、元康はその年の内にほぼ西三河を征圧した。もっとも、氏真としては、元康の正室築山殿《つきやまどの》は、父義元の姪にあたる女性だったため、これを殺すことができないまま日を送るということになったわけだが、翌五年（一五六二）、元康は三河西郡城主鵜殿長《なが》照《てる》を攻め、長照の子氏長《うじなが》と氏次《うじつぐ》の二人を生け捕りにし、その結果、この捕虜と正室築山殿らとの人質交換を成功させたのであった。

つづいて元康は東三河にまで兵をくり出し、翌六年には、ついにそれまでの元康という名を捨て、家康という名に改めた。元康の〝元〟は義元の一字を与えられたもので、これによって文字通り、今川からの呪縛を解いたのである。それ以後二、三年は、ちょうど三河国内に三河一向一揆が起こったりして、領内を固めるのに費やされたのである。

では、その間、氏真はどのような動きをとっていたのであろうか。氏真にとって、有能なブレーンとなりうる部将を多く桶狭間で失っていたのは痛手であった。三河は元康、すなわち家康によって切りとられるという形になり、駿河・遠江だけは何とか確保しようという消極的な戦法に出たのである。

そのころの氏真について、ふつうは、京下りの公家の『伊勢物語』・『源氏物語』の講義を聞いていたとか、和歌ばかり詠んでいたとか、闘鶏にうつつをぬかしていたとか、風流踊りに興じていたなどの事例をあげ、国務をみない文弱大名の典型のようにいわれている。事実、後述するように、氏真は現在判明しているだけでも千七百首以上の歌を詠んでおり、江戸時代、老中となった松平定信《さだのぶ》あたりからも、

日本治りたりとても、油断するは東山義政の茶湯、大内義隆の学問、今川氏真の歌道ぞ

と批判されている（『閑なるあまり』）ことから明らかであるが、これらは氏真の一つの顔であり、永

禄三年の桶狭間以後の氏真発給文書を一通々々みていくと、もう一つの氏真の顔があることに気づくのである。

たとえば、こんな文書（「遠州棚草村文書」同前一二六五ページ）がある。

一、（朱印・印文「如律令」）棚草の宇津梨山の事
一、井堰用水場の事
一、原野山の事
右、前々の如く、地頭の計いとして之を申し付くべし。縦い判形・印判を帯びると号し、他郷より彼の山少も截取輩に於ては、衣類・道具押し取り、堅く申し付くべし、幷用水の事、是又前々の如くたるべし。若し難渋の族に於ては、重ねて下知を加うべき者也。仍って件の如し。
永禄九年丙刁
六月十八日
朝比奈孫十郎殿

一読して明らかなように、用水等の特権を保証したものであり、また、一条目に出る宇津梨山というのが棚草地方の灌漑用水の水源地であり、丹野池の開発にたずさわっていたことを暗示している。つまり、この地の農民たちにとって、この文書一通のもつ重みははかり知れないものがあった。

そのため、この地の本城山に小さな祠があり、その中に、

維時元治二乙丑年三月

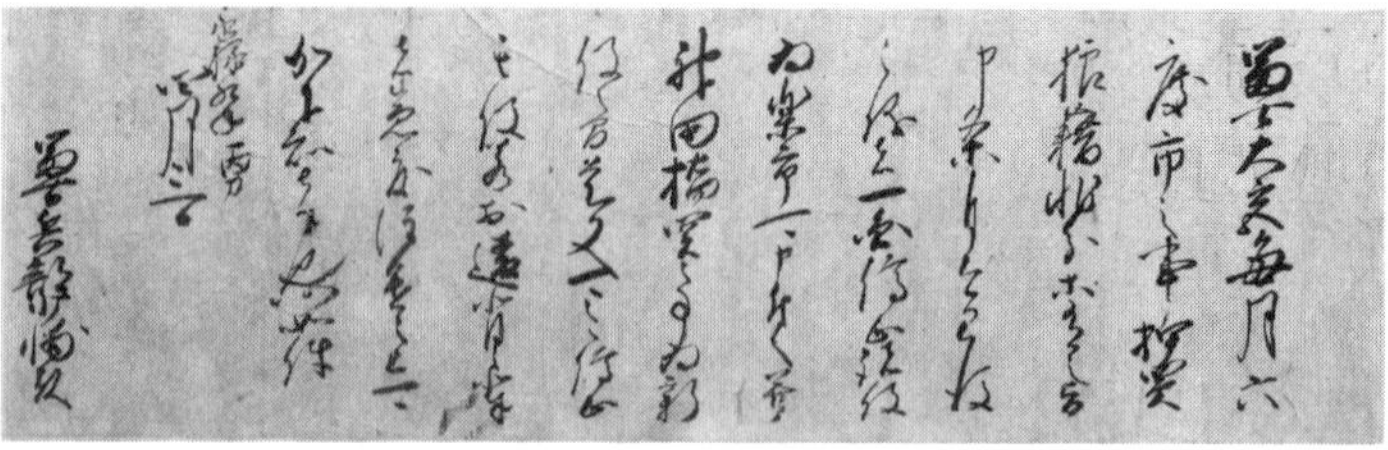

永禄９年４月３日付　今川氏真朱印状　静岡県立中央図書館蔵

今川十四代孫　　十四日郷中悉民傾誠
氏　真　将　軍　　実令営新社奉酬井水
　　　　　　　　　宏恩者也

という木札が納められているように、村人たちは、「酬井水宏恩」するため、氏真をこのように祀っていたのである。特殊な例であるかもしれないが、遊びほうけている反面、領国経営に少なからず意を用いていた点があったことを指摘しておきたい。

もう一つはよく知られている例であるが、永禄十一年、遠州井伊谷の本百姓たちの要求によって、氏真は徳政を施行し、その結果、それまで井伊氏独自の「領」を形成していた井伊谷城が直接、今川領に組みこまれていったということもある。さらに、永禄九年、富士宮門前の富士大宮を楽市にしたことなど（「富士家文書」）、氏真の施策であった。

2　戦国大名今川氏の終焉

信玄の駿府攻め

しかし、そうした氏真の努力にもかかわらず、事態は悪化していった。すなわち、家康が三河・遠江国境を越えて遠江に進入してきたのである。永禄十一年（一五六八）二月、家康は松平家忠《いえただ》に下知状を与え、遠州宇津山城の在番を命じているが、家康が遠江をうかがいはじめたのはそれより以前のことだったろう。

さて、三河を切りしたがえた家康が遠江をうかがうようになって、一番焦ったのは武田信玄であった。信玄はわが子義信に義元の娘を嫁として迎えてあったことからも明らかなように、今川氏とは同盟関係にある。その今川氏真の領国が、次第に西から家康によって食いちぎられていくことをだまってみすごすことはできなかったのである。

同盟関係を守ろうとすれば、みすみす家康によって今川領国が奪われていく。それならば同盟関係を破棄して、少なくとも今川領国の内、駿河国だけでも確保したい。海をもたない甲斐の武田氏が駿河国を得ることは長い悲願でもあったろう。ついに、氏真と断ち、駿河へ進出する決心を固めることになる。

信玄が今川氏真と断交したのがいつのことか、正確にはわかっていない。しかし、永禄十年八月以

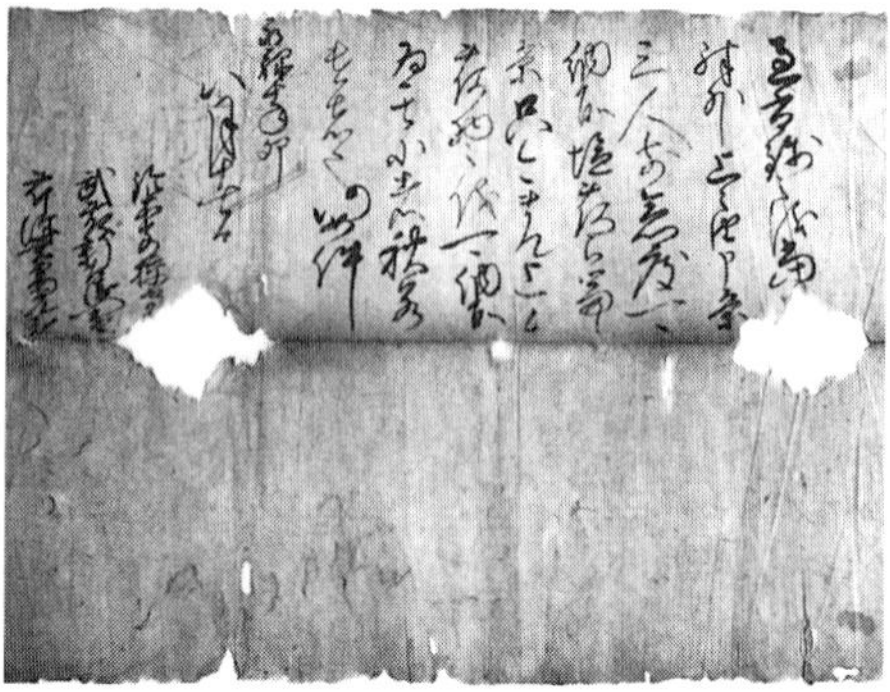

永禄10年8月17日付　葛山氏元印判状（「萩原芹沢文書」）

前らしいことが推測される。というのは、世に有名な「塩止め」が行われているからである。信玄からの一方的な甲相駿三国同盟の破棄通告に怒った氏真が、それまで送っていた駿河湾産の塩をストップさせたのである。なお、そうした「塩止め」に対し、越後の上杉謙信が塩に困った甲斐に日本海産の塩を送ったというエピソードが伝えられているが、上杉謙信の方の話はさておき、駿河湾産の塩が止められたことは史実である。すなわち、「萩原芹沢文書」（同前一二九九ページ）に、

過書銭の儀、当月殊の外上すの由申す条、三人前急度納所すべし。塩荷留められ候条、只今までに上し候荷物の儀、納所すべし。その為、小者秋若遣わす者也。仍って件の如し。

永禄十年卯

八月十七日（朱印・印文「萬歳」）

鈴木若狭守殿

武藤新左衛門尉殿

芹沢玄蕃允殿

とある。これは今川氏の支城の一つ、駿東郡の葛山城城主葛山氏元《うじもと》の印判状であるが、これによって、永禄十年八月以前には「塩止め」が行われていたこと、したがって武田・今川が断交していたことがうかがわれるのである。

なお、その年の十月十九日には、信玄の嫡子で、今川義元の娘を娶っていた義信が、幽閉先の東光寺という寺で自殺している。自殺といっているが、信玄にとっては親今川派の義信は邪魔な存在になったのであろう。当然、妻の義元娘は駿府に送り返されている。ことの順序としては、義元娘が駿府に送り返され、それを怒った氏真が報復として「塩止め」を断行し、最終的に義信が殺されたとみた方がよいであろう。いずれにせよ、信玄は嫡男義信を犠牲にしてまで今川氏の領国を奪おうとしたのである。信玄の並々ならぬ決意のほどがうかがわれる。

武田義信の墓　山梨県甲府市・東光寺

さて、家康の方であるが、家康は永禄十一年十二月十二日、引佐郡の井伊谷三人衆といわれる菅沼忠久・近藤康用・鈴木重時に本領安堵と加増の誓書を与え、その三人を道案内として遠州に入り、井伊谷・刑部・白須賀などの城を落とし、十八日には引馬城に入った。こうした家康の破竹の進撃ぶりをみて、遠江の今川方の部将たちが、続々と家康に帰属する状態であった。

なお、信玄の方も、ほぼ時を同じくして甲斐から今川領国の駿河国に進入を開始した。信玄と家康との間で、大井川を境に遠江は家康が、駿河は信玄が領有するという、今川領の分割領有の約束が成ったのは、その年の二月ごろだったといわれている。

信玄が大軍を率いて甲府を出発したのは永禄十一年十二月六日のことであった。駿州往還を南下し、由井口・八幡坂の左を通って十二日、内房（現在、富士宮市内房）に陣を敷いた。これに対し氏真は一万五千の兵をくり出し、庵原安房守を大将として薩埵山に出陣させ、小倉内蔵助資久《すけひさ》・岡部中兵衛直規《なおのり》を大将として、七千の兵を八幡平にむかわせたのである。

そのときの模様は「小倉家由緒書」にくわしい。次の通りである。

永禄十一年辰の十二月六日に信玄公かうふ《（甲府）》を御立駿河へ御はたらき被レ成候、同十二日にゆい《（由比）》口うつふさ《（内房）》に御陣を御取被レ成候、駿河勢は、いはら《（庵原）》殿さつたを御かため候、八幡たいらをは小倉内蔵介《（助）》・岡田《（部）》忠兵衛両大将にてかため申候、今川殿の十八人衆とて武道の侍、右より内蔵助に御つけ被レ成候、今川氏真公清水《（見）》寺まで御出馬被レ成候、おきつ《（興津）》よりさつた《（薩埵）》まて人数相つゝき合戦可レ被レ成所に、御一門家老の衆氏真公に右より御ふそく《（不足）》を申により、信玄公と心を合せ二十一頭御敵になり申により、氏真公府中へ御引取被レ成候、日根備中守・小倉内蔵介、氏真の御前にめし朝比奈兵衛大夫心かわりのよし両人して討可申旨被二仰付一候へは、城《（駿府城）》の内ながいろりに兵衛大夫具足をもぬきすてせなかあふりして被レ居候へは、備中守・内蔵介に被レ申様、兵衛大夫心かわりにてはなし両人の者に気遣せす刀脇指に心をかけぬは人の云なし也、討べからすと内蔵介をと、め御前へ罷出候、其後兵衛大夫日をくらし人しち《質》をぬすみとり城より外へ出るを内蔵之介うはい《奪》取、氏真公の御前へ罷出、朝比奈兵衛大夫むほんのうへは御城御持被レ成事成間敷候、信玄公の御人数御取かけ無レ之以前に此人しちをも御つれ御のき《退》可レ被レ成と申上、則遠州へ御供申候処に掛川の城主朝比奈備中《泰朝》御むかひを出し掛川へ御籠城被レ成候、駿河をは信玄公御取被レ成候、氏真公の御供仕り候衆の子共《供》をも兵衛大夫あまたとらへ、人しちかへにかつのすけを御取もどし候、

この文章からも明らかなように、信玄の駿河乱入に際し、今川氏の重臣がかなり信玄になびいたことがわかる。『松平記』に、

今川氏の大将分二十一人連々信玄に謀せられ、或は駿河を一国給わん、遠州を半国とらせんと偽しを誠なりと悦び、瀬名・葛山・朝比奈等を我先にと甲州へ降（下略）、

とあるのが、今川氏家臣たちのいつわらざる姿であった。

十三日の戦いであっけなく氏真の軍は敗れ、氏真軍はひとたまりもなく敗走し、そのまま駿府館に逃げ帰った。逃げる氏真軍を追って信玄の軍勢がそのまま駿府に乱入し、氏真は駿府館をも保つことができないまま、さらに敗走を続けることになる。

このときの敗走がいかに急なものであったかは、氏真夫人が乗物をも得られず、着のみ着のままで

徒歩で駿府館を脱出しなければならなかったことからもうかがわれる。すなわち、氏真夫人の父北条氏康が上杉謙信に宛てた手紙（『歴代古案』一、同前一二五三ページ）の中で、

武田信玄多年氏政と入魂に在り。数枚の誓句取り替す。忽《たちま》ち打ち抜き、旧冬十三、謂われず駿府へ乱入。今川氏真その構無く、時に至り、手を失われ候間、遠州懸川の地へ移られ候。愚老息女乗物を求め得ざる躰、この耻辱雪《すす》ぎ難く候。中んずく、今川家断絶歎かわしき次第に候。

と述べているように、「愚老息女」というのが氏真夫人であり、「此耻辱難レ雪候」というのもうなずかれるであろう。駿府館はこのときの信玄の攻撃によって焼失してしまった。館ばかりでなく、浅間神社、臨済寺をはじめ、駿府の町もほとんど灰燼に帰してしまったのである。

掛川城に籠城する

氏真は駿府館を捨て、詰めの城である賤機山城に籠もろうとしたようである。賤機山城は浅間神社の裏山続きの山で、臨済寺の背後の山城で、そこに籠もればある程度は武田軍の攻撃を支えられる予定であった。その間に北条氏政が救援にくれれば、武田軍を前と後からはさみ撃ちできる可能性があったのである。

しかし、氏真のそうしたもくろみはくずされてしまった。すでに駿府館攻撃と同時に、武田の軍兵が籠鼻砦に陣を置き、また八幡山砦など拠点を築いて攻撃をはじめたため、駿府を逃れ、重臣の内で一番信頼されていた掛川城の朝比奈泰朝《やすとも》を頼って、掛川まで落ちていくことになったのである。

ところで、氏真の逃避行の逃走経路はどのようなものであったろうか。まず、これまでの通説を示そう。安倍川を越えて羽鳥の建穂寺に逃れ、そこから藁科川を溯行し、伊久美郷の犬間城に入り、さらに徳山郷堀之内の土岐一族の拠る徳山城を経て、遠江の水川（静岡県川根本町）から掛川城に入ったとする。たしかに、武田軍・徳川軍のいる東海道筋を避けているという点で説得力がある。

しかし、こうした逃走経路にはいくつかの矛盾もある。たとえば、犬間から徳山城に向かうという必然性がない。はじめから徳山城に籠もろうとしたならいざしらず、掛川城をめざしたにしては無駄な時間と労力を費やしたことになる。

さらにもう一つ、十二月十六日付の氏真書状に「懸河城え相移の所」云々という表現があり、十五日には掛川に着いていたと考えられ、そうなると、十三日に駿府を出て、徳山城にまで行っているとすると、行程的に無理ではないかと考えられるのである。

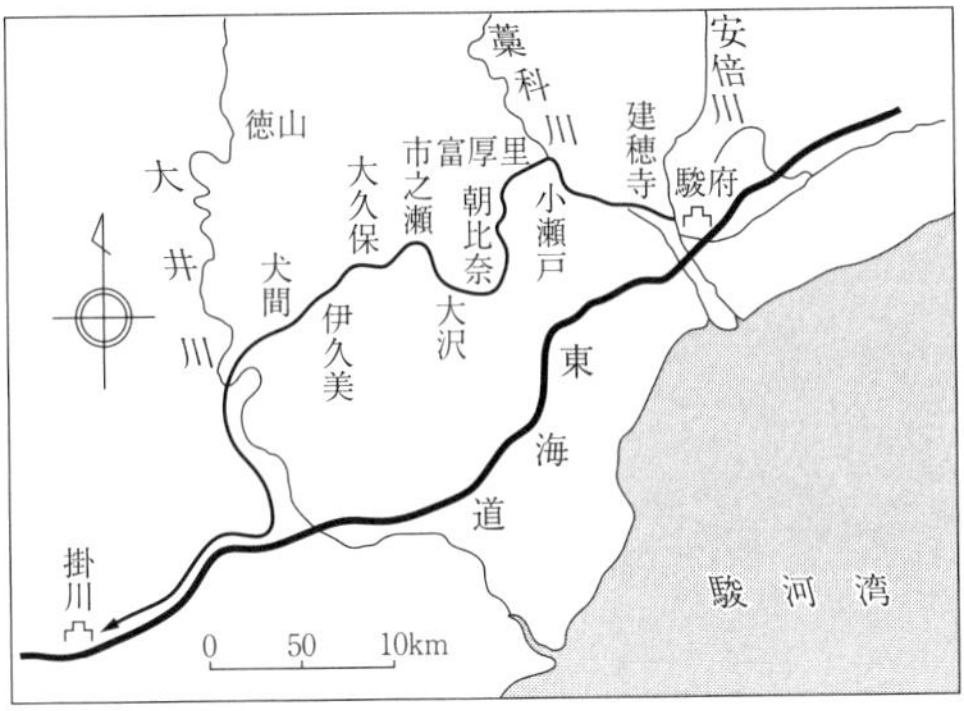

図20　今川氏真の逃走経路

この点を究明した種石昌雄氏は、氏真に従った三浦義次宛の氏真文書の中に、「代々の判形を葉梨大沢において失った」とか、「朝比奈谷において失った」とあることに注目し、さらに、葉梨大沢（現在、藤枝市西方字大沢）の地に「殿《と》ン《ん》場《ば》平《だいら》」という地名のあること、そこから瀬戸・古銭の発掘があったことに注目し、氏真一行の通過地・夜営地に想定したのである（「今川氏真の没落とその周辺」『古城』第十号）。「ケチ山」という地名は「徒山《かち》」というのが転訛したものと考えられ、氏真一行が徒歩で逃げたところではないだろうか。そうなると、図20に示したように、駿府を出て、建穂寺を過ぎ、小瀬戸・富厚里を通り、朝比奈・宮崎・笹川を通り、大沢・市之瀬・大久保を経由して伊久美の犬間に行ったものと思われる。そこからは東海道に出たか、あるいは山中を通るかして掛川に至ったのであろう。

駿府を出るとき二千だったという一行も、掛川に着いたときには百ほどに減っていた。一説に五十騎ともいうが、実際はどのぐらいだったのか明らかではない。いずれにせよ、氏真とその夫人、それと駿府館に仕えていた女房たち、さらに中御門宣綱《のぶつな》ら、それこそ当主氏真の身の回りの人々だけであったようである。

氏真が籠もった掛川城は、今度は徳川家康に攻められることになった。家康が掛川城を包囲したのは十二月二十七日。その年は何ごともなく暮れ、翌永禄十二年（一五六九）一月十二日、家康方の総攻撃が開始され、今川義忠の時代に築かれていた天王山が陥落し、二十三日には、城兵が討って出て、奪われた天王山を取り返すべく攻撃をしかけ、そこに天王山の争奪の大激戦がくりひろげられたのである。

家康の攻撃にもかかわらず、掛川城は容易に落ちなかった。そうこうするうちに、信玄が遠江の徳川方将兵を誘うような動きも出てきたため、力攻めをすることをあきらめ、家康の家臣奥平定能《さだよし》らの提唱する講和策を進めることになった。このとき、家康方からは、「駿河から信玄勢力を逐ったら、氏真に駿河一国を返還しよう」という内容であった。結局、五月十七日、氏真は降服して開城したのである。

掛川城を出た氏真はまず掛塚湊に行き、そこから蒲原まで船に乗って、蒲原からは陸路をとって伊豆の戸倉城に入った。当時、戸倉城の城主は北条氏堯《うじたか》で、氏真ら一行はようやく北条氏政の保護をうけることができたのである。氏真夫人が氏政の妹《(姉カ)》だった関係で、氏真夫人にとって後北条氏は実家である。氏真もようやく安堵したところであった。

その五月二十三日、氏真は形の上で氏政の子国王丸（氏直《うじなお》）を養子とし、これに駿河国を譲った（『安得虎子』）。つまりここにおいて、戦国大名としての今川氏は断絶してしまったことになる。

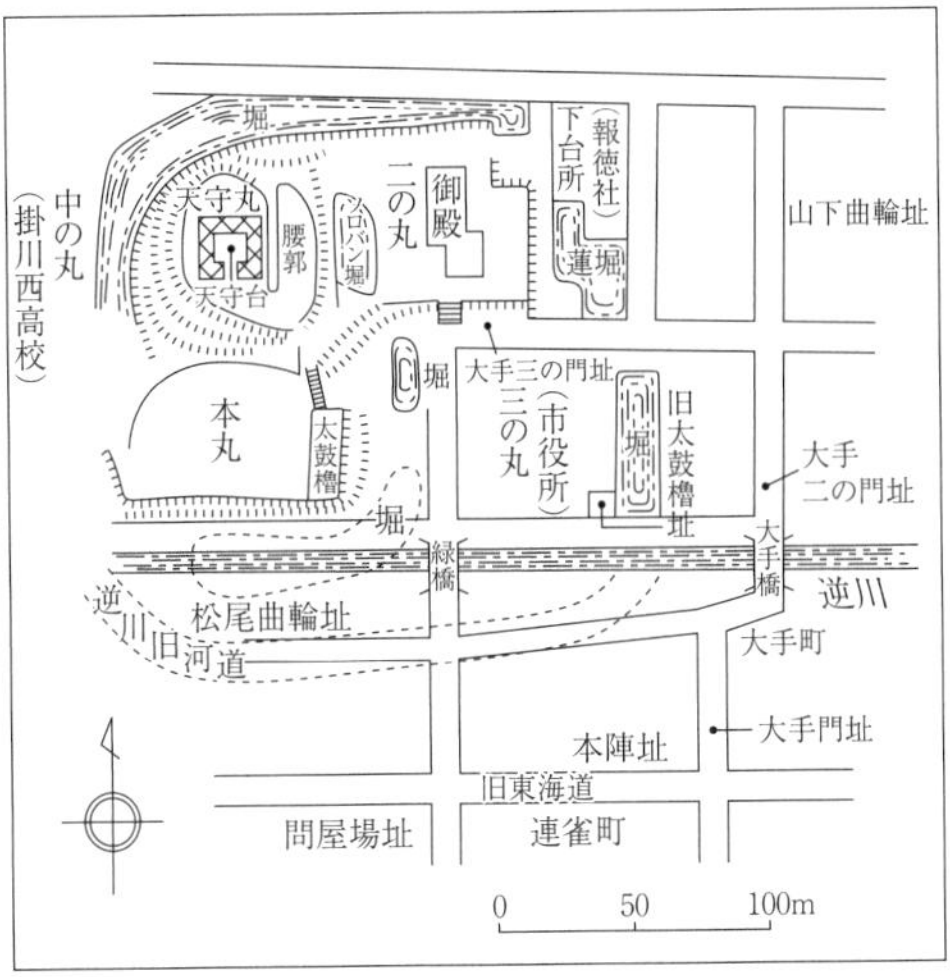

図21 掛川城略図

3　流浪の日々

小田原、そして京都へ

いつまで戸倉城にいたのかは明らかでない。やがて後北条氏の本城小田原城によばれたらしい。夫人の実家であり、夫人の父北条氏康がまだ健在だったからである。そのため夫人は、早川殿の名でよばれている。小田原における居所が早川の近くであったのか、あるいは小田原城内早川郭に屋敷地を与えられたためであろう。

しかし、小田原での生活は長続きしなかった。早川殿の父北条氏康が元亀二年（一五七一）十月三日に死んでしまったのである。実父が死のうが、ふつうならば何ら問題とはならないところであるが、この場合はそうはいかなかった。というのは、第九章のところでみたように、甲相駿三国同盟のとき、氏政の妻として武田信玄の娘を迎えたことが関係してきたのである。

氏康が元気なときは、氏康は今川氏との同盟を堅持していたが、氏康が死に、子の氏政の代になったとたん、氏政は氏真との同盟関係より、自分の妻の実家である武田信玄との結びつきを強化しはじめたのである。そのため、氏真とその妻早川殿は小田原にもいられなくなった。

小田原も追われ、ましてや駿河にも基盤がなくなった氏真にとって、最後に頼れるのは家康であった。家康との口約束である「武田を追い払ったあと、駿河一国をもどそう」という一言を、すべての

長篠古戦場跡　愛知県新城市

頼みとせざるをえなかったのである。

このとき、すでに武田領内である駿河国を氏真がどのように通ったのかは明らかでないが、とにかく浜松城の家康のもとに走り、その庇護をうけることになる。家康としてみても、自分が人質時代世話になった義元の子である。それと、衰えたりとはいえ駿河の前国守である。信玄の駿河支配をうちくずす、何らかの政治的利用価値があるものと認めたのであろう。しばらく家康のもとにいることになった。

家康は同盟者である信長に、氏真が自分のところにころがりこんできていることを話したことがあったのだろう。おそらく信長の招きと思われるが、天正三年（一五七五）、氏真は上洛し、名所見物などをした上、信長に謁見している。『信長公記』巻八に、

三月十六日、今川氏実（真）御出仕。百端帆御進上。已前も千鳥の香炉・宗祇香炉御進献の処、宗祇香炉御返しなされ、千鳥の香炉止置せられ候キ。今川殿鞠を遊ばさる丶の由聞食及ばれ、三月廿日、相国寺において御所望。御人数、三条殿父子・藤宰相殿父子・飛鳥井殿父子・弘橋殿・五辻殿・庭田殿・烏丸殿

信長は御見物。

とあり、氏真からはこのとき百端帆が信長に進上され、しかも以前に千鳥の香炉と宗祇の香炉を進上しようという話があったとき、信長は一つを断り、千鳥の香炉だけを受けとっていたことが読みとれる。

しかもこの記事で注目すべきは、三月二十日、京都の相国寺において、信長が見物する目の前で、氏真が京の公家たちにまじって蹴鞠を演じてみせたことである。父義元を殺したその信長の眼前で、流浪の身をさらしながら蹴鞠を演じなければならなかった氏真の胸中はいかばかりであったろう。あるいはすでに、恩讐を超えた境地にいたのだろうか。

信長に謁見したあと、氏真は今度は家康に従って長篠・設楽原の戦いに加わっている。国立公文書館内閣文庫所蔵の『今川氏真詠草』は、天正三年中に氏真が詠んだ四百二十八首の歌集であるが、その三百二十五首めと三百二十六首めの詞書に、

五月十五日、三州牛久保打着、後詰のほと毎日備ありて、同廿一日、甲州勢敗軍、廿五日迄山中さかし出すとて張陣、廿七日駿河筋動所々放火其ひま〳〵に、

とあり、次の五首を詠んでいる。つまり、氏真が家康に従って再び駿府にもどり、故郷の景色を詠んだものである。

目路絶て雲のをりゐる賤機の
　山も緑の五月雨の頃

諏訪原城跡から大井川をのぞむ　静岡県島田市

月日へてみし跡もなき故郷に
　その神垣そかた計なる
清見かたはる〻向ひの水底に
　ならふる三保の松原

玉鉾の跡ともみえす茂りつつ
　こゆるも迷ふうつの山哉
雲霧の晴行富士の日雲は
　時しらねとも時わかれけり

氏真の故郷に寄せる感慨が、何となく伝わってくるような歌である。信長はその年六月の上杉謙信への書状の中で、「氏真を駿河におくつもりである」と述べている。氏真を駿河にもどそうというのは、その時点での家康・信長に共通する政治方針だったのかもしれない。

少なくとも、家康・信長側には、客観的にみて、氏真をもう一度武将として復活させる腹づもりがあったようである。その証拠には、長篠・設楽原の戦いが終わってすぐ、その年天正三年八月、家康が信玄の属城だった諏訪原城を陥し、牧野城と名を改めたのにともない、氏真をそこの城主にしていることによって確かめることができる。もっとも、城主とはいっても、あくまで形だけの名目上のものであったと思われ、実質的な軍事面は、補佐役となった松平家忠および松平康親《やすちか》が背負っていたものであろう。家康は、駿河攻略の前面に氏真をたたせた。これはある程度功を奏したようで、武田領に組み込まれた旧今川領の駿河では、信玄の支配に抵抗する今川遺臣の一揆がたびたびひきおこされていることからもうかがわれるのである。

しかし、どうみても、氏真には武将としての資質に欠ける面があったようである。和歌は得意でも、合戦は不得手であった。蹴鞠は上手でも、人づかいは下手だった。結局、牧野城主としての任務を遂行するだけの能力をもちあわせていなかったということになる。天正五年、とうとう家康も見切りをつけ、氏真は牧野城主を解任され、浜松に引き揚げさせられている。広島大学文学部所蔵の「海老江文書」に、そのときの氏真発給の文書がある。これは、今日知られる限りで、氏真発給の最後の文書ということになる。また、これは氏真の武将としての政治生命の終焉をも意味していた。

その後しばらくは、氏真の足どりが判然としない。いわば家康に養われる一人の厄介者でしかなく、政治的意味をもたないそのような人間を、記録にとどめる意味もなかったからである。おそらく浜松にいたのではないだろうか。もっとも、家康は天正十四年（一五八六）からは駿府に移っているので、それに従ったものかもしれないが、少なくとも天正十八年の家康の関東移封後は、江戸にはついていかず、京都に上っていたようである。というのは、天正十九年の段階から『言経卿記』などに名が見えるようになるからである。そのころ、氏真はすでに出家して宗誾《そうぎん》を名乗っている。さきにみた天正五年の文書でも宗誾を名乗っている。京都では公家たちとの交流により歳月を費やしているが、その隠棲の場所は京都の四条であったと伝えられる。『志士清談』（『続武将感状記』ともいう。『史籍集覧』十一に所収）に次のようにある。

身ヲ源君（家康）ノ所ニ投ズ、源君ヨク保育シ給ヘリ、秀吉ノ時、慇ンデ四百石ノ地ヲ与ヘテ衣食ノ料トシテ京都四条ニ世捨人ノ如クニ居ラレケル、秀吉他界アリテ数年ヲ経テ、源君、馴シ東ハサゾユカシク思ヒ出ラルベシト江戸ニ召テ、終ニ江戸ニテ卒去セラレヌ、

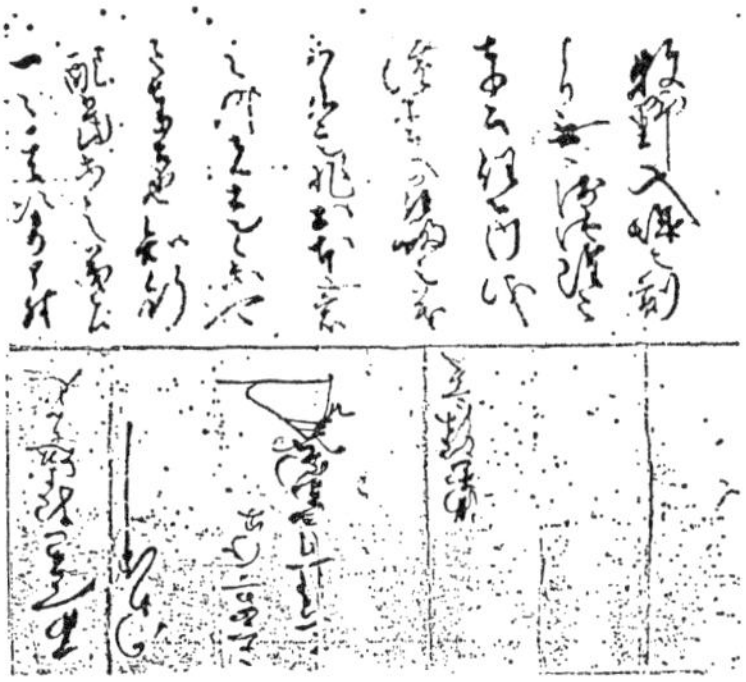

天正５年３月１日付　今川氏真書状　広島大学文学部蔵

もっとも、氏真が京都四条に寓居していたという記載があるのはこの『志士清談』だけであり、どこまで事実であるのか明らかではない。しかし、『言経卿記』などによっても冷泉為満《ためみつ》などとも交流がうかがわれ、四条あたりに寓居していた可能性は高いといえよう。

なお、京都滞在中の天正末から慶長十七年（一六一二）、江戸に下るまでの氏真の事蹟については『今川氏と観泉寺』の第二部第三章が詳細であるので、ここでは省略する。冷泉為満邸における月次《つきなみ》和歌会などに出席する程度の、自適の生活であった。なお、同書の考証によって、そのころ、家康か

ら近江国野洲郡において五百石の知行が与えられていたらしいことが明らかになり、京都滞在時代の氏真の生活基盤がどのようなものであったかもうかがわれる。

江戸への下向と氏真の死

ところで、その後の氏真であるが、京都を去って江戸に下った。江戸下向の年次は不明であるが、『駿府記』の慶長十七年（一六一二）四月十四日の記事に、

十四日　今川入道宗誾俗名氏真、京都より来府、すなわち御前に出て御物語に及ぶと云々。

とあり、氏真が京都から駿府の家康を訪ねたことが明らかになる。このとき氏真七十五歳、家康七十一歳である。昔話に花を咲かせたことであろう。

なお、このときの駿府下向は、わざわざ駿府に下ったと考えるよりも、江戸下向の途中に立ち寄ったと考えた方がよいのではないだろうか。おそらく、氏真は何日間かの滞在ののち、江戸に下ったものと考えられる。江戸での居住地は品川であった。そのため、氏真のことを「品川殿」などとよんでいる。

江戸に下った翌年、最愛の妻早川殿を失う。これは『北条氏過去帳』に、

本国駿河今河氏真入道北方

日牌　蔵春院殿天安理性禅定尼　霊位

慶長十八年二月十五日　勝仙院澄存立之

とあることによって明らかである。そして翌慶長十九年十二月二十八日、氏真自身も江戸で没した。享年七十七であった。

戦国武将随一といってよいほどの歌人である氏真であるから、辞世の歌もいいものを残したであろうと考える。ふつう人口に膾炙されているのは、

なかなかに世をも人をも恨むまじ
　時にあはぬを身の科にして

という歌で、これは『北条五代記』に収められている。戦国を代表する武田信玄と徳川家康、この二人の強豪戦国大名にはさまれた身の不運を嘆いたのも無理はない。おそらく死ぬ間際の氏真の心境としては、まさしくこの歌の通りであったろう。しかし、残念ながらこの歌は氏真作としての確証はない。

むしろ、死ぬ間際の、つまり辞世という意味ではないが、国立公文書館に所蔵されている『賜蘆拾葉』所収の「宗誾詠草」に、

悔しともうら山し共思はねと
　我世にかはる世の姿かな

という歌の方が、氏真の本当の心のうちをのぞかせているようである。かつては自分の父義元のもとに人質となっていた家康が征夷大将軍となり、天下に君臨する。それにわが身を対比させたとき、「悔しい」とか「うらやましい」といった感情がなかったといえばうそになる。「悔しいともうらやま

上：観泉寺本堂　下：今川氏真の墓
東京都杉並区・観泉寺

しいとも思っていない」と強弁するところに、かえって氏真の本音があらわれたというべきである。

法名は仙岩院豊山泰永大居士（『北条氏過去帳』による）。岩は巖とも書かれる。なお、『今川家略記』には「仙巌院殿機峰宗峻大居士」とある。はじめ江戸市谷の久宝山万昌院に葬られ、のち寛文二年（一六六二）、江戸郊外の観泉寺（現在、東京都杉並区）に改葬した。今も墓はそこにある。

終章　その後の今川氏

1　高家今川氏

氏真の子供

以上みてきたように、氏真は家康との密接な関係から捨扶持《すてぶち》ともいうべき五百石を与えられ、江戸で晩年を過ごし、江戸を終《つい》の住みかとしたわけであるが、それは孫が江戸に出ていたからであった。以下、氏真以後の今川氏についてふれ、本書をしめくくることにしよう。もっとも、私の専門は中世史であり、氏真以後の今川氏ということになると、近世史の分野であり、概略を述べるにとどまってしまうことを、あらかじめお断りしておく。前にも紹介した『今川氏と観泉寺』が高家《こうけ》時代の今川氏に関しては詳細であり、この終章の叙述も同書に多くを依拠している。

さて、氏真には四男一女があった。いずれも母親は氏真の正室、すなわち北条氏康の娘早川殿であろう。長男範以《のりもち》は元亀元年（一五七〇）の生まれ。二男高以《たかもち》は天正四年（一五七六）の生まれ。三男安信《やすのぶ》は、慶長十八年（一六一三）に死んでいることがわかるが生年は不明。四男が京都若王寺《にゃくおうじ》の住職になった澄存《ちょうそん》で、天正七年の生まれ。一女は、吉良義定《よしさだ》の妻となっている。

ところが、長男範以は父氏真に先立って死んでしまい、結局、範以の子、したがって氏真にとって孫にあたる直房《なおふさ》が継ぐことになった。この直房が、はじめ範英《のりひで》と称した人物で、高家に任ぜられたのである。以来、今川氏は徳川幕藩体制の下において、高家として家名を存続することになった。

なお、氏真の二男高久も高家に任ぜられているが、第五章のところで述べたように、今川家の今川という苗字は嫡流一家に限るという「お墨付き」が生きており、二男の家系であるというので、その居住地を苗字とし、そのとき住んでいたのが江戸品川であったため、以来、高久の系統は品川氏を称している。

高家の家系

高家といえば、われわれはすぐ忠臣蔵の吉良上野介を思いうかべる。吉良氏も高家であった。今川氏の本家筋にあたっている。ふつう高家二十六家とよばれている。大体は戦国時代の大名家で没落し、近世大名として生き残ることができなかった名家が多い。たとえば、この吉良・今川のほか、織田・京極・武田・土岐・畠山・六角・有馬・由良などである。

なお、高家というのは、端的にいえば幕府の儀典係で、老中の下に属し、勅使公家衆の接待とか、伝奏御用・京都名代・日光名代などを務めたもので、役高は千五百石であった。

直房は『寛政重修諸家譜』によると、寛永十三年（一六三六）十二月二十九日に高家に就任したという。それからは刑部大輔の官途名を名乗り、京都御使、伊勢大神宮・日光東照宮の代参使を何回か務め、与えられた職責を果たしている。

直房の実子二人（範明《のりあき》・範興《のりおき》）が早世したため、妹の孫にあたる氏堯《うじなり》を養子としてあとを継がせた。以後は煩雑になるので、略系図を示すにとどめよう。幕末・維新期の当主が範叙《のりのぶ》である。

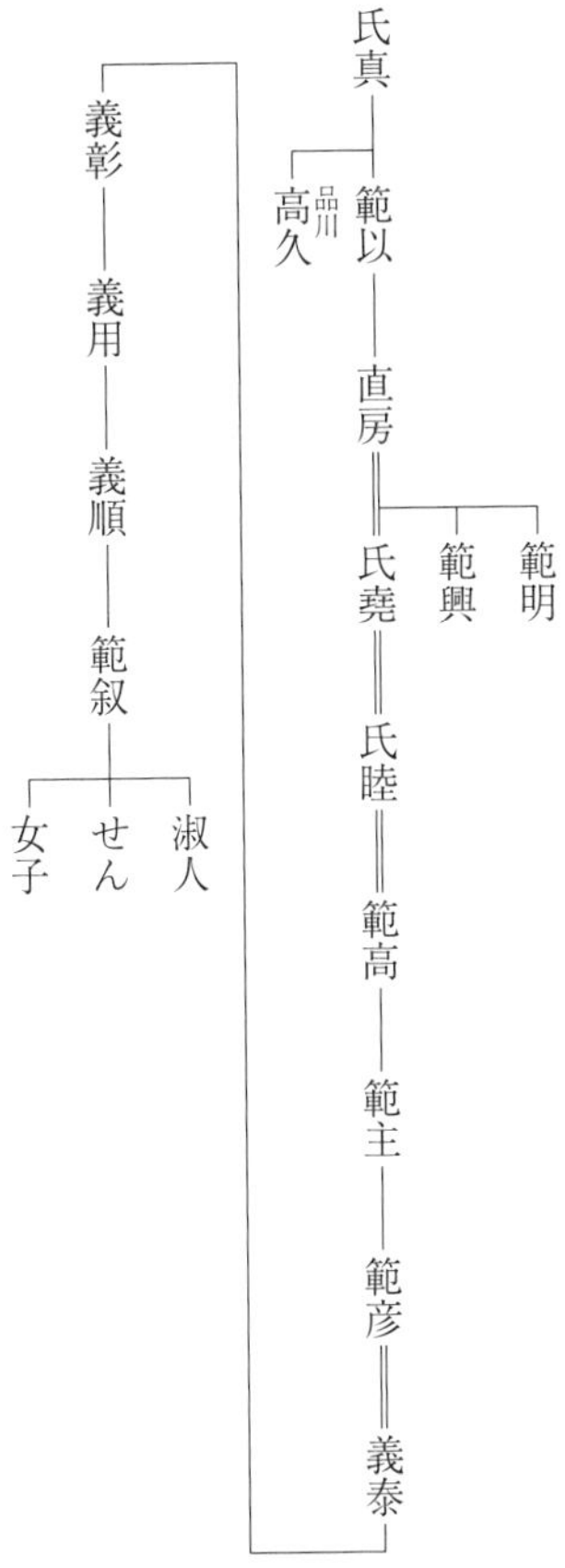

（『今川氏と観泉寺』所収近世今川氏系図を簡略化して作成、＝は養子関係）

系図 10　氏真以降の今川氏

2　今川家の断絶

幕末・維新期の今川氏

範叙が高家に就任したのは嘉永三年（一八五〇）十一月のことであった。このころになると、幕府と京都との間はにわかにあわただしさをましており、安政元年（一八五四）には、京都の大火で禁裏御所・仙洞御所等が炎上した見舞いとして遣わされている。

なお、慶応四年（一八六八）、すなわち明治元年、鳥羽・伏見の戦いのあと、範叙は高家在勤のまま若年寄《わかどしより》に抜擢されている。この人事は、徳川家の存続をはかるため、従来、朝廷との交渉にあたってきた高家の中から、慶喜の歎願運動にあたらせるためのものとされるが（『今川氏と観泉寺』）、それにしても、範叙にとってみれば名誉なことであった。しかも、新政府のもとでは朝臣《あそん》になり、旧幕臣から朝臣になったものの、触頭にもなっているのである。

しかし、その栄光も長くは続かなかった。明治四年（一八七一）二月、病気を理由に触頭を辞し、士族触頭板倉小次郎の触下士族となったが、秩禄《ちつろく》処分の影響をもろにかぶり、そのころから経済的にも窮乏の度が加わっていったようである。しかも、明治二年（一八六九）には妻に先立たれ、同五年には嫡子淑人も失っており、精神的ショックも重なったものと考えられる。家屋敷を手放し、ついには浅草居住の森角蔵という士族のところに居候する身となってしまった。名門今川家の末路としてはあまりにみじめである。

今川家の断絶

範叙が没したのは明治二十年（一八八七）十一月三日である（『長延寺過去帳』）。さきに述べたように、嫡子淑人はすでに死んでおり、二人の女子のうち、一女はすでに上鷲宮の篠富孝に嫁いでおり、もう一人の娘に婿養子をとるしか今川家の家名を存続させる道はなかったのであるが、没落しきった今川家に婿養子のきてがなかったものか、あるいは範叙自身に今川家を存続させようという意志もなかったものか、とにかく、範叙の死によって鎌倉末期から存続した今川家の歴史は終わりをつげたのである。

あとがき

私が今川氏の研究に手をそめはじめたのは一九六四年、大学三年のときである。そのころコピーの技術は今ほど発達していなかった。私が通った早稲田大学の図書館にようやくコピーの機械一台が設置されたばかりで、白黒が逆になる、つまり、活字の部分が白ぬきで出てくるというしろものであった。しかも一枚五十円もしていた。学生食堂の定食が四十五円のときにである。暇はあるが金のない学生の身では、そんなコピーを駆使することなど思いもよらなかった。

しかし、今考えると、かえってそれが幸いしたといえそうである。大学三年の夏、炎天下、今川氏の関係の遺跡を飛びまわり、九月と十月と図書館に通いつめ、夕方五時から夜九時の閉館まで、くる日もくる日も『静岡県史料』全五輯所収の今川氏関係文書を原稿用紙に写しとる作業に専念したのである。

ほかの友達が、喫茶店で談笑し、あるいはマージャンを楽しんでいるとき、とにかくせっせと今川氏関係文書を手書きで写したのである。実はこのときの二ヵ月間が、その後の私にとって、かけがえのない期間であったことに気づいたのは、はるかのちのことである。

今ならば、コピーしてしまえば一日、二日ですんでしまう作業であるが、その史料を手写したことは、私の大きな財産になったようである。写すということは、史料を読むことである。以来、今川文書は、私の頭の中にプログラミングされたことになる。そのときの原稿用紙は今でも保存している。

これは私の研究者としての一里塚、やや気どったいい方をすれば、青春の記念碑ということになろうか。

のち、私は後北条氏の研究も同時進行の形で行うことになるが、このときの経験からやはり、後北条氏関係の文書を手写した。先輩下山治久氏の協力をうけて、三千通を越す後北条氏関係の古文書を一通々々写したのである。ただ読むだけだと何が書いてあるか忘れてしまう。しかし、手写すると書いてある内容は手が覚えているものである。何年何月何日の文書とまでは私の頭のコンピューターは作動してくれないが、どういう内容の文書があったかは、すぐ作動してくれる。

今のコピー世代の人々、とりわけ学生諸君にとっては、史料を手写しするなどといえば、「何て非能率的なことを」と笑われるかもしれない。しかし、史料はコピーしたままでは死んだも同然である。史料を生き返らせるにはやはり自分の手で、その史料を書いてみることではないだろうか。

なお、本書執筆の動機について一言ふれておこう。今川氏の通史を書いてみたいというのは、私が今川氏研究に着手しはじめたころからの夢であった。しかし、そのためには、それなりの基礎づくりが必要であることはいうまでもない。いわばコンクリートパイルを地下に打ち込むために思いの外の長期間を要してしまったが、『静岡市史』通史編の中世の部を執筆して、はじめて今川氏の通史が書けそうだという感触をもった。市史の性格上、静岡市の叙述に力点をおいたため、今川氏関係のみを中心にすることができず、せっかく収集した史料がそのままになってしまうことは、私としても残念なことであった。本書では、わかりやすくするために史料を読み下しにして引用した。

もちろん、本書が完璧な今川氏通史とは考えていない。本書の各所でもふれたが、新説をいくつか提起している。その私の仮説が正しいか誤りか、今後検証されるだろうし、新しい研究が生まれて、本書の叙述も書き直すべき点も多くなる事態は十分予想されるところである。しかし、今の時点で私なりの到達点をまとめておく必要性は大きいと思われる。最後に本書の出版について、新人物往来社第一編集局長大出俊幸氏のお世話になった。あつくお礼申し上げる。

小和田哲男

【著者紹介】

小和田哲男（おわだ・てつお）

1944 年、静岡市に生まれる。

1972 年、早稲田大学大学院文学研究科博士課程修了
現在、静岡大学名誉教授。

戦国時代史研究の第一人者で、NHK 大河ドラマでは「秀吉」、「功名が辻」、「天地人」、「江～姫たちの戦国～」、「軍師官兵衛」の時代考証を担当。

近年の主な著書に、『戦国の群像』（学研新書、2009 年）、『歴史ドラマと時代考証』（中経の文庫、2010 年）、『お江と戦国武将の妻たち』（角川ソフィア文庫　2010 年）、『黒田如水』（ミネルヴァ書房、2012 年）、『戦国の城』（学研M文庫、2013 年）、『名軍師ありて、名将あり』（NHK 出版、2013 年）、『黒田官兵衛　智謀の戦国軍師』（平凡社新書、2013 年）、『戦国史を歩んだ道』（ミネルヴァ書房、2014 年）他多数。

装丁：川本要

中世武士選書　第25巻
駿《する》河《が》今川《いまがわ》氏《し》十《じゅう》代《だい》　戦《せん》国《ごく》大名《だいみょう》への発展《はってん》の軌跡《きせき》

二〇一五年一月二八日　初版初刷発行

著者　小和田哲男
発行者　伊藤光祥
発行所　戎光祥出版株式会社
東京都千代田区麹町一―七
相互半蔵門ビル八階
電話　〇三―五二七五―三三六一㈹
FAX　〇三―五二七五―三三六五
印刷・製本　モリモト印刷株式会社

http://www.ebisukosyo.co.jp
info@ebisukosyo.co.jp

ISBN978-4-86403-148-6